Wandern und Einkehren
Schwäbische Alb - westlicher Teil

Im westlichen Teil der Schwäbischen Alb bietet sich dem Wanderer alles, was das Herz begehrt: Herrliche Wege durch die vielfältige Landschaft, die geprägt ist durch wildromantische Täler, idyllische Streuobstwiesen und die typischen Wacholderheiden, laden dazu ein, in einem der schönsten Wandergebiete Süddeutschlands genussvolle Streifzüge zu unternehmen. Dabei gibt es einen wahren Reichtum an landschaftlichen und kulturhistorischen Attraktionen zu entdecken: Die hübschen Bachtäler beispielsweise, den Donaudurchbruch und die Donauversinkung, den wunderbaren Albtrauf, von dem sich atemberaubende Aussichten bieten. Auf bizarr anmutende, weißgraue Felsen stößt man unterwegs, auf geheimnisvolle Höhlen und trutzige Burgen, verwunschene Burgruinen, prächtige, berühmte Schlösser, Kirchen und Klöster, die von früheren Zeiten erzählen. Das reizvolle Wechselspiel der historischen Gebäude und modernen Architektur, attraktive Veranstaltungen und charmanter Trubel begeistern beim Flanieren durch die Städte der westlichen Alb. Zahlreiche (Freilicht-)Museen mit interessanten Ausstellungen zu Geschichte, Geologie und Kultur bieten spannende Abwechslung. Nach einem erlebnisreichen Tag kann dann das Verwöhnprogramm beginnen: Dass die schwäbische Küche weit mehr zu bieten hat als Linsen und Spätzle, Maultaschen & Co., davon kann man sich in beliebten Ausflugsgaststätten, urigen Wirtschaften und traditionsreichen Landgasthöfen überzeugen. Dazu darf natürlich ein gutes »Viertele« aus den baden-württembergischen Spitzenlagen nicht fehlen!
Dieser Wander- und Gastronomieführer verbindet die schönsten Wege mit den besten Einkehrtipps.

Ein Buch für Genießer

Symbolerklärung

- eindrucksvolle Landschaft
- mittlere Steigungen
- stärkere Steigungen
- etwa zur Hälfte Wald
- über die Hälfte Wald
- Weinberge
- prägnanter Fluss/Bach
- romantischer Wasserfall
- schöner See/Teich
- markante Felsen
- Höhle/Grotte
- teilweise schöne Aussicht
- großartige Rundblicke
- lohnender Aussichtspunkt
- Burgen und Schlösser
- sehenswerte Sakralbauten
- historische Profanbauten

- Ortsportraits, Sehenswürdigkeiten und allgemeine Informationen
- Rundwege, weitere Wandertipps, Stadtrundgänge
- Gasthöfe, Restaurants, Hotels und Pensionen
- Startpunkt der Tour in den Wanderkarten

Abkürzungen

AP	Aussichtspunkt
AT	Aussichtsturm
i	Tourist-Info
ND	Naturdenkmal
NSG	Naturschutzgebiet
ÖZ	Öffnungszeiten
P	Parkplatz
P	Parkhaus
P	Tiefgarage
(!)	Wegführung beachten

Wanderkarten

Landesamt für Geoinformation und Landentwicklung/Schwäbischer Albverein, **Wanderkarten 1:35000**: Blatt 19: Reutlingen - Bad Urach. - Blatt 20: Geislingen - Blaubeuren. - **Freizeitkarten 1:50000**: Blatt 520: Stuttgart. - Blatt 523: Tübingen - Reutlingen - Schönbuch - Zollernalb. - Blatt 524: Bad Urach - Biosphärengebiet Schwäbische Alb. - Blatt 525: Ulm - Blaubeuren - Donau. - Blatt 526: Sigmaringen - Tuttlingen.

Schwäbische Alb westlicher Teil

Wandern und Einkehren

Herrliche Wandertouren

Ausgewählte Gasthöfe, Restaurants, Hotels und Pensionen

Anfahrtsstrecken

Parkmöglichkeiten

nach den Wanderungen
von Vagabundus
Wanderer zwischen Weg und Wirtschaft

herausgegeben von
Emmerich Müller

Ein Wanderführer im Drei Brunnen Verlag

Einbandgestaltung:	Verlag / Jürgen Reichert
Titelfoto:	Burg Hohenzollern (Nino Strauch, Zollernalb)
Redaktion:	WortReich, Berlin - Kiel - Aberdeen Jana Güttler, Anna Herr
Herstellung:	Gunda Jantschke
Karten und Skizzen:	cartomedia, Karlsruhe
Wanderungen:	Anja Bech Sabine Yvonne Frech Armin Hafner Marion Hahn Peter Münch Gert Rokitte Joachim Roller Klaus Zimmermann Zollernalb-Tourist-Info

Alle Abbildungen in dieser Ausgabe sind urheberrechtlich geschützt. Die Veröffentlichung erfolgt mit freundlicher Genehmigung der zuständigen Städte, Gemeinden, Verkehrsämter und Fotografen.

Für das vom Auftraggeber für die Anzeigen zur Verfügung gestellte Bildmaterial übernimmt der Verlag keinerlei Haftung (insbesondere urheberrechtlicher, leistungsrechtlicher oder persönlichkeitsrechtlicher Art).

Bibliografische Informationen Der Deutschen Nationalbibliothek

Die Deutsche Nationalbibliothek verzeichnet diese Publikation in der Deutschen Nationalbibliografie; detaillierte bibliografische Daten sind im Internet über http://dnb.ddb.de abrufbar.

Die Benutzung dieses Führers geschieht auf eigenes Risiko. Eine Haftung für etwaige Unfälle und Schäden jeder Art wird vom Herausgeber oder vom Verlag aus keinem Rechtsgrund übernommen.

ISBN 978-3-7956-0329-8
5., überarbeitete und aktualisierte Auflage 2015

Alle Rechte dieser Auflage vorbehalten.
© 2015, für die redaktionell beschriebenen Wanderungen und Stadtrundgänge, by Drei Brunnen Verlag, Heusee 19, 73655 Plüderhausen, www.drei-brunnen-verlag.de, E-Mail: mail@drei-brunnen-verlag.de

Inhalt

Touren-Übersicht 2
Symbole - Zeichen - Abkürzungen - Karten 4
Wichtige Hinweise 10
Ortsregister 219
Übersichtskarte der Einkehrorte 224
Register der Gasthöfe, Restaurants und Hotels 226

Touren

- ⓘ Die Schwäbische Alb 12
- ⓘ Biosphärengebiet Schwäbische Alb 14
- **01** Zainingen - Aussichtsturm Hursch - Böhringen - Römersteinturm - Zainingen 18
- **02** Zainingen - Ehemaliger Truppenübungsplatz Münsingen mit den Aussichtstürmen Hursch und Waldgreut - Zainingen 20
- **03** Schopfloch - Bahnhöfle - Schertelshöhle - Schopfloch 23
- ⓘ Beuren, der Kurort - Sehenswürdigkeiten und Wanderwege .. 25
- ⓘ Die Panorama Therme - Gesundheitserlebnis in Beuren 27
- ⓘ Freilichtmuseum Beuren 30
- **04** Beuren - Hohenneuffen - Erkenbrechtsweiler - Heidengraben - Beurener Fels - Beuren 35
- ⓘ Burg und Festung Hohenneuffen - Von den Kelten bis zur Dreiländerkonferenz 37
- **05** Bad Urach-Wittlingen - Rundweg Fischburgtal 39
- **06** Dettingen a. d. Erms - Linsenbühl - Rossberg - Hohe Warte - Höllenlöcher - Dettingen 42
- **07** Metzingen-Glems - Grüner Fels - Wolfsfelsen - Speicherbecken - Glems 44
- **08** Gächingen - Kleiner und Großer Föhrenberg - Auental - Gächingen 47
- **09** Lonsingen/St. Johann - Gächingen - Degental - Lonsinger Tal - Lonsingen 49
- **10** Honau - Echazquelle - Schloss Lichtenstein - Hauff-Denkmal - Ruine Alter Lichtenstein - Traifelbergfelsen - Honau 51
- **11** Stahlecker Hof - Ruine Stahleck - Eckfelsen - Ruine Greifenstein - Holzelfingen - Stahlecker Hof 54
- **12** Hofgut Übersberg - Mädlesfelsen - Urselhochberg/Wollenfels - Zellertal - Hofgut Übersberg 56
- ⓘ Die Gemeinde Sonnenbühl 58
- **13** Sonnenbühl-Willmandingen - Bolberg - Riedernberg - Ruchberg - Himmelberg - Willmandingen 61

7

14	Genkingen - Rundweg zur Nebelhöhle	63
15	Hechingen - Historischer Stadtrundgang	65
ⓘ	Hechingen-Stein - Das Römische Freilichtmuseum im landschaftlich reizvollen Starzeltal	71
16	Hechingen-Stein - Jagdschloss Lindich - Römisches Freilichtmuseum - Hechingen-Stein	74
17	Brielhof/Hechingen - Burg Hohenzollern - Hexenlinde - Ziegelbacher Hof - Brielhof	76
ⓘ	Burg Hohenzollern	78
18	Hechingen-Boll - Wallfahrtskirche Mariazell - Zeller Horn - Backofenfelsen - Hängender Stein - Kohlwinkelfelsen - Junginger Wald - Hechingen-Boll	80
19	Haigerloch - Eyach-Rundweg	82
20	Balingen - Historischer Stadtrundgang	84
ⓘ	Die Zollernalb und der Donau-Zollernalb-Weg	90
ⓘ	Wanderregion Oberes Schlichemtal	97
21	Schömberg - Rundweg Täbinger Hörnle	101
22	Berg- und See-Tour - »Vom Läuten gegen Blitz und Hagel«	103
23	HochAlbPfad Tieringer Hörnle	106
24	Klippeneck - Dreifaltigkeitsberg - Spaichingen - Denkingen - Klippeneck	108
ⓘ	Das Donaubergland und der Donauberglandweg	110
ⓘ	Das Freilichtmuseum Neuhausen ob Eck	114
25	Fridingen - Stiegelesfels - Knopfmacherfels - Kloster Beuron - Lourdesgrotte - Fridingen	118
26	Fridingen-Bergsteig - Rissifelsen - Maria Hilf - Buchhalde - Dickenloch - Fridingen - Bergsteig	120
ⓘ	Naturpark Obere Donau	124
27	Leibertingen - Burg Wildenstein - Donautal - St. Maurus - Kloster Beuron - Petershöhle - Paulsfelsen - Leibertingen	126
28	Dietfurt - Inzigkofen (Fürstlicher Park und Kloster) - Gebrochen Gutenstein - Teufelslochfelsen - Gutenstein - Dietfurt	128
29	Sigmaringen - Historischer Stadtrundgang	133
ⓘ	Schloss Sigmaringen	138
30	Gutenstein - AP Am Eichenbühl - Rabenfelsen - Thiergarten - Gutenstein	140
ⓘ	Mengen-Ennetach - Das Römermuseum	143
ⓘ	Die Heuneburg - Eine Keltenstadt bei Herbertingen-Hundersingen	146
31	Stetten-Frohnstetten - Kaiseringen - Schmeietal - Storzingen - Frohnstetten	148
32	Hartheim - Sägetal - Meßstetten - Heinstetter Weg - Hartheim	151
33	Albstadt-Ebingen - Historischer Stadtrundgang	153
ⓘ	»Traufgänge« - Premiumwanderwege	157
34	Traufgang »Schlossfelsenpfad«	158

35	Traufgang »Einzigartige Ochsenbergtour«	161
36	Traufgang »Hinauf über die Hossinger Leiter«	163
37	Gammertingen - Rundweg Lauchert- und Fehlatal	165
38	Trochtelfingen - Hennenstein - Mägerkingen - Lauchert - Hochbuch - Grafental - Trochtelfingen	167
39	Rund um Trochtelfingen durchs Grafental	169
40	Rund um die ALB-GOLD Nudelfabrik bei Trochtelfingen	171
41	Gomadingen - Pfaffental - Sternberg - Gomadingen	174
42	Dapfen - Gomadingen - Der Planetenweg - Dapfen	176
43	Gomadingen-Dapfen - Rundwanderweg Nr. 7: Steingen - Rund um den Plaun - Finstertäle - Dapfen	178
ⓘ	Münsingen	180
ⓘ	Der Münsinger Beutenlay	182
44	Gundelfingen-Wittstaig - Steigerhof - Hundersingen - Bichishausen - Hohengundelfingen - Wittstaig	185
45	Bichishausen-Münsingen - Ruine Hohengundelfingen - Heiligental - Wittstaig - Gundelfingen - Bichishausen	187
46	Ehestetten - Ehestetter Tal - Burg Derneck - Aussichtspunkt Bürzel - Steighöfe - Ehestetten	189
47	Wimsener Höhle - Gossenzugen - Zwiefalten - Prälatenweg - Hayingen - Glastal - Schloss Ehrenfels - Wimsen	191
48	Indelhausen - Gerberhöhle - Ruine Wartstein - Lautertal - Anhausen - Indelhausen	193
49	Ehingen - Historischer Stadtrundgang	196
50	Dächingen - Käthrakuche - Dächingen	200
51	Kirchen - Schloss Mochental - Untermarchtal - Lauterach - Saubergh - Kirchen	202
52	Blaubeuren - Historischer Stadtrundgang	204
53	Blaubeuren-Asch - Ruine Rusenschloss - Blaubeuren - Blautopf - Sonderbuch - Asch	208
54	Heroldstatt-Sontheim - Eistal - Tiefental - Sontheimer Höhle - Sontheim	212
55	Feldstetten - Nattenbuch - Laichinger Tiefenhöhle - Hohler Stein - Feldstetten	215

WICHTIGE HINWEISE

Lieber Wanderfreund,
bitte beachten Sie die folgenden Vorbemerkungen zum Gebrauch dieses Wander- und Gastronomieführers:

● **Weg und Zeit** - Bei diesen Angaben ist die Kilometerangabe entscheidend. Die Zeitangabe bedeutet reine Gehzeit bei einer durchschnittlichen Wegstrecke von 4 km pro Stunde auf der Ebene oder bei leichten bis mittleren Steigungen. Bei stärkeren Steigungen verringert sich diese Leistung etwas. Bitte beachten Sie deshalb das entsprechende Symbol! Die Höhendifferenz wird ab 150 m angegeben.

● **Wegmarkierungen** - Das Markierungsnetz wird vom Schwäbischen Albverein sowie von den jeweiligen Landkreisen, Städten und Gemeinden betreut.

● **Wegeskizzen** - Sie sollen Ihnen eine Übersicht vermitteln. Beachten Sie bitte zur Ausrichtung der Skizze den Nordpfeil!

● **Rundwanderwege** - Durch die Rundwege bzw. die Verbindungswege zwischen den Gasthöfen ergeben sich völlig neue, schöne und originelle Routenkombinationen. Selbstverständlich kann eine Wanderung bei jedem Gasthof eines Weges aufgenommen und beendet werden.

● **Geschichte - Kunst - Kultur** - Vagabundus, Historiker und Kunsthistoriker, stellt jeweils in knapper Form das geschichtliche, kunstgeschichtliche und kulturelle Umfeld eines Weggebietes vor.

● **Parken** - Wer einen Gästeparkplatz benutzt, sollte in diesem Gasthaus auch einkehren. Meist sind als Alternative auch öffentliche Parkplätze angegeben.

● **Öffentliche Verkehrsmittel** - Für die Ausgangspunkte der Wanderungen sind, wenn möglich, Bushaltestellen und Bahnhöfe angegeben. Nähere Informationen sind erhältlich bei der Deutschen Bahn AG (Tel.: 01805/996633, kostenlose Fahrplanauskunft Tel. 0800/1507090, www.bahn.de), bei der Nahverkehrsgesellschaft Baden-Württemberg/ »3-Löwen-Takt« (Tel. 01805/779966, www.nvbw.de und www.efa-bw.de) und bei den regionalen Verkehrsverbünden: Hohenzollerische Landesbahn AG - HzL (ZAB 1-4 sowie HzL-Buslinien 2-11: Tel. 07471/1806-11, HzL-Buslinien 390 und 400: Tel. 07574/9349760, Ringzug und Seehäsle: Tel. 07462/204210 - www.hzl-online.de), naldo Verkehrsbund Neckar-Alb-Donau GmbH (Tel. 07471/93019696, www.naldo.de), TUTicket Verkehrsverbund Tuttlingen (Tel. 07461/926-3500, www.tuticket.de), Naturpark-Express - Naturpark Obere Donau (Tel. 07466/9280-14, www.naturpark-obere-donau.de), Verkehrs- und Tarifverbund Stuttgart (Tel. 0711/19449, www.vvs.de).

● **Hotels - Gasthöfe - Restaurants - Pensionen** - Durch die sorgsame Auswahl engagierter und profilierter Gastronomen ist es gelungen, für Wanderer, Spaziergänger, Ausflügler oder auch „reine Einkehrer" hervorragend geeignete Betriebe aufzunehmen. Die hier genannten Einkehrziele zählen zum Empfehlenswertesten, was die Gastronomie dieser Region zu bieten hat. Selbstverständlich kann es durch Besitzer- oder Pächterwechsel immer wieder einmal zu Veränderungen von Angebot, Qualität, Preis, Öffnungszeiten und Ruhetag kommen.

Vorwort zur 5. Auflage - Alle 55 Wanderwege und Stadtrundgänge des Buches wurden neu konzipiert und erwandert, um sie den aktuellen Gegebenheiten anzupassen. Ergänzt werden die Tourenbeschreibungen durch Info-Texte zu beliebten Ferien- und Wanderregionen und wichtigen Sehenswürdigkeiten und Ausflugszielen.

Wir wünschen auch den Benutzern der Neuauflage ein genussreiches Wandern und Einkehren!
Der Herausgeber

»Das heißt leben,
die Seele laben in Wald und Flur,
den Körper wandernd stärken,
dem Herzen Gutes tun in freier Luft.
Das Hochgefühl vertiefen,
voll frohen Sinns und Heiterkeit
bei guter Speis und edlem Trank
im Schoß eines gastlichen Hauses.
So zu leben, heißt lang zu leben.«
Vagabundus

● **Angrenzende Wandergebiete** werden in folgenden Bänden der Reihe **Wandern und Einkehren** behandelt: Band 1 Remstal - Schwäbischer Wald. - Band 2 Schwarzwald - nördlicher Teil. - Band 4 - Naturpark Südschwarzwald. - Band 6 - Schwäbische Alb - östlicher Teil. - Band 22 - Region Stuttgart. - Band 45 - Allgäu - Bodensee - Oberschwaben.

Die Schwäbische Alb

Das ca. 200 km lange Mittelgebirge in Süddeutschland erstreckt sich zwischen Ellwangen im Nordosten und Tuttlingen im Südwesten, zwischen Reutlingen im Westen und Ulm im Osten, eingegrenzt von Neckar und Donau. Die Hochfläche wurde durch Erosion zerteilt und fällt in nordwestlicher Richtung am so genannten Albtrauf steil ab, während der südöstliche Teil über das obere Donautal sanft in das Alpenvorland übergeht.
Streuobstwiesen, Wacholderheiden, Buchenwälder und bizarre Felsformationen prägen die gewachsene Kulturlandschaft, die im Biosphärengebiet Schwäbische Alb im Zusammenspiel zwischen Mensch und Natur besonders geschützt und für kommende Generationen erhalten werden soll. Zu einer Reise in die Vergangenheit laden nicht nur die fast 400 Burgen und Schlösser ein, die hoch über der Landschaft thronen und von der Herkunft zweier bedeutender Kaisergeschlechter, der Staufer und der Hohenzollern, zeugen. In verschiedenen Höhlen im Lone- und Aachtal wurden die ältesten Kunstwerke der Menschheit - Werkzeuge, Musikinstrumente und Figuren der Neandertaler - entdeckt. Rund 3000 Höhlen, von denen 30 als Schauhöhlen besichtigt werden können, entführen den Besucher in die »Unterwelt«. Wegen ihrer einzigartigen geologischen und archäologischen Besonderheiten zeichnete die UNESCO die gesamte Schwäbische Alb als GeoPark aus. Der Limes markierte einst die Grenze zwischen dem Römischen Reich und den germanischen Stammesverbänden und verlief auch durch das Gebiet der Schwäbischen Alb. Zahlreiche Kastelle, Wachtürme und Museen vermitteln Wissenswertes über Geschichte, Kultur und Alltagsleben der Römer. Im Jahr 2005 wurde der Limes in das UNESCO-Welterbe aufgenommen.

✪ **Weitere Informationen** - Informationen zum Biosphärengebiet, zum GeoPark, zu Sehenswürdigkeiten und Möglichkeiten zur Freizeitgestaltung bekommt man beim Schwäbische Alb Tourismusverband e. V., Marktplatz 1, 72547 Bad Urach, Tel. 07125/948106, Fax: 07125/948108, E-Mail: info@schwaebischealb.de, Internet: www.schwaebischealb.de

✪ **Die Schwäbische Westalb** - Die Region lockt als wunderbares und ursprüngliches Wandergebiet mit imposanten Bergen wie den Tausenderbergen auf der Südwestalb, das sind der Lemberg, der Plettenberg, der Hochberg und der Schafberg, oder dem Albtrauf im Norden mit zahlreichen Aussichtsfelsen und schroffen Tälern wie dem Durchbruchstal der Donau oder dem idyllischen Oberen Schlichemtal. Stille Wälder, weite Felder und herrliche Wacholderheiden prägen die Landschaft der Region. Über 100 noch erhaltene Burgen, Schlösser und Ruinen eröffnen weite Ausblicke und erzählen von der bewegten Geschichte des Gebietes. Zu ihnen gehören überregional bekannte wie die berühmte Burg Hohenzollern oder die Prachtschlösser in Sigmaringen und Haigerloch. Neben keltischen, römischen und alemannischen Zeugnissen beeindrucken so bekannte Klosterbauten wie in Stetten oder Albstadt. Einblicke in die Jahrmillionen alte Erdgeschichte der Schwäbischen Alb geben die zahlreichen Höhlen wie die Nebelhöhle, die Bärenhöhle und die Schertelshöhle. Überaus sehenswert sind

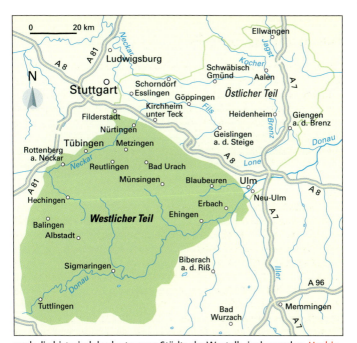

auch die historisch bedeutsamen Städte der Westalb, insbesondere Hechingen, Balingen, Sigmaringen, Albstadt-Ebingen und Ehingen. Wissenswertes über die Geschichte und Kultur der Region wird kompetent in Museen vermittelt. Sehr anschaulich geschieht dies in den Freilichtmuseen in Beuren und Neuhausen ob Eck und dem Heuneburgmuseum in Herbertingen, dem Museum für Waage und Gewicht in Balingen, dem Römermuseum in Mengen-Ennetach, dem Weinbaumuseum in Metzingen und diversen anderen.

✪ **Der Schwäbische Albverein** - Der größte europäische Wanderverein mit 110000 Mitgliedern wurde 1888 gegründet und betreut heute das Gebiet zwischen Taubergrund, Bodensee, Schwarzwald und Ries. 570 Ortsgruppen mit ihren reichhaltigen Wander- und Veranstaltungsprogrammen bieten viele Möglichkeiten der Erholung, Entspannung und Geselligkeit. Wichtige Elemente der Vereinsarbeit sind darüber hinaus der Naturschutz, die Pflege der heimischen Traditionen und Kultur sowie die Jugend- und Familienarbeit. Zudem werden Kurse zur Ausbildung von Natur- und Wanderführern und Jugendbetreuern angeboten. Ein Hauptanliegen des Schwäbischen Albvereins ist aber nach wie vor die Pflege des gut markierten Wanderwegenetzes von über 23000 km, die Verwaltung von 21 Wanderheimen und der Erhalt von 29 Aussichtstürmen. Der Verein ist zudem Herausgeber von zahlreichen Wanderbüchern, Wanderkarten, Bildbänden und der Vereinszeitschrift »Blätter des Schwäbischen Albvereins«.

✪ **Weitere Informationen** - Schwäbischer Albverein e. V., Hospitalstraße 21 B, 70174 Stuttgart, Tel: 0711/22585-0, Fax: 0711/22585-92, E-Mail: info@schwaebischer-albverein.de, Internet: www.schwaebischer-albverein.de

Biosphärengebiet Schwäbische Alb

✪ **Biosphärenreservate** - Biosphärenreservate sind von der UNESCO ausgezeichnete Modellregionen mit hoher Aufenthalts- und Lebensqualität, in denen aufgezeigt wird, wie sich Aktivitäten im Bereich der Wirtschaft, der Siedlungstätigkeit und des Tourismus zusammen mit den Belangen von Natur und Umwelt gemeinsam innovativ fortentwickeln können. Dabei haben sie die Aufgaben des Schutzes, der Entwicklung und der Logistik. Darunter sind die Bewahrung von Landschaften und Ökosystemen, der Erhalt der Artenvielfalt sowie die Förderung einer sozialen und wirtschaftlichen Entwicklungen, die Bildung nachhaltiger Entstehung und Forschung zu verstehen. Um diese verschiedenen, international einheitlichen Ziele umzusetzen, sind die Biosphärenreservate in drei Zonen gegliedert: Kernzonen dienen dem langfristigen Naturschutz gemäß den Schutzzielen. Pflegezonen grenzen an die Kernzonen an und dienen als Puffer zwischen den Schutzzonen und Bereichen der üblichen Nutzung. Hier sollen naturnahe Landnutzung sowie ökologisch angepasste Landwirtschaft und umwelt- und sozialverträglicher Tourismus stattfinden. In den besiedelten Entwicklungszonen der Biosphäreservate wird in Modellprojekten die nachhaltige Bewirtschaftung von Ressourcen beworben und gefördert. Zurzeit gibt es 631 Biosphärenreservate in 119 Ländern, 15 davon in Deutschland (Stand Juni 2014).

✪ **Biosphärengebiet Schwäbische Alb** - Bereits im Oktober 1991 hatten Michael Succow und Markus Rösler vom NABU-Bundesverband die Idee für ein Biosphärengebiet Schwäbische Alb. Es folgten eine Dissertation von Rösler zu diesem Thema und jahrelange Lobbyarbeit. Im Jahr 2005 wurde dann der Truppenübungsplatz Gutsbezirk Münsingen aufgegeben. Auf 6700 ha war hier im Laufe der Jahre ein herausragender naturkundlicher und kulturhistorischer Schatz entstanden, der nur mit einem großräumigen integrativen Konzept zu erhalten war. So war es dieses Gebiet, das der Ausgangspunkt für die Entstehung eines Biosphärengebietes auf der Schwäbischen Alb war. Die an den Truppenübungsplatz angrenzenden Städte und Gemeinden Bad Urach, Münsingen und Römerstein im Landkreis Reutlingen nahmen als erstes die Idee eines Biosphärengebiets auf. Auch dank der sehr engagierten Naturschutzverbände rückte zunehmend die weiträumigere Region in den Mittelpunkt der Planung. Heute erstreckt sich das 85270 ha große Territorium des »Biosphärengebiets Schwäbische Alb« über weite Teile der Mittleren Schwäbischen Alb und ihres Vorlandes. Zunächst wurde es im Januar 2008 als Biosphärengebiet des Landes Baden-Württemberg ausgewiesen und im Mai 2009 auch als Biosphärenreservat der UNESCO anerkannt. Das Land hat bewusst auf die Bezeichnung »Reservat« verzichtet, weil dieser Begriff zu sehr mit Isolation und Ausgrenzung assoziiert wird, was den eigentlichen Zielen dieser Modellregionen entgegenspricht. Am Biosphärengebiet sind 29 Städte und Gemeinden aus zwei Regierungsbezirken und drei Landkreisen beteiligt. Das Gebiet liegt rund 50 km südöstlich von Stuttgart und hat eine etwa 40 km lange Nord-Süd-Ausdehnung. Somit erstreckt es sich über

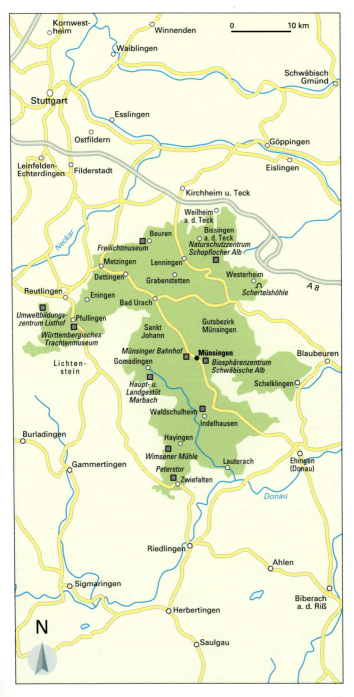

Fotografie: Ralph Koch

Biosphärenzentrum Schwäbische Alb

Entdecken Sie das Biosphärengebiet Schwäbische Alb auf spielerische Art und Weise! Unsere interaktive Ausstellung ist täglich außer dienstags für Sie geöffnet:

11.00 - 17.00 Uhr (November - März)
10.00 - 18.00 Uhr (April - Oktober)

www.biosphaerenzentrum-alb.de

Biosphärengebiet
Schwäbische Alb

Albtrauf-Streuobstwiesen um Beuren

den steil aufsteigenden Albtrauf, die Albhochfläche und bis an die Donau im Süden. Das Gebiet ist landschaftlich durch die markanten Hang- und Schluchtwälder geprägt, die sich abwechseln mit Streuobstwiesen im Albvorland, mit traditioneller Kulturlandschaft auf der Schwäbischen Alb mit ihren Wacholderheiden, Magerrasen, Wiesen, Weiden, Ackerflächen und Wäldern.

✪ **Das Biosphärengebiet als Reiseziel** - Eine große Herausforderung für das Biosphärengebiet Schwäbische Alb sind nachhaltiger Tourismus und Bildung für eine nachhaltige Entwicklung. So finden sich über die gesamte Region des jüngsten Biosphärengebietes Deutschlands insgesamt 16 Informationszentren mit ganz unterschiedliche Themen- und Arbeitsschwerpunkten. Diese informieren über die beeindruckende Vielfalt an Natursehenswürdigkeiten, über traditionelle Kulturlandschaften, geologische Attraktionen und historische Stätten. Das Naturschutzzentrum Schopflocher Alb bietet beispielsweise naturkundliche Führungen durch einen ehemaligen Marmorsteinbruch an. Im Glemser Obstbaummuseum können sich die Besucher über das Thema Streuobst informieren. Tief hinab geht es in einer der schönsten Schauhöhlen der Schwäbischen Alb, der Schertelshöhle Westerheim. Das Thema »historische Stätten« wird im Freilichtmuseum Beuren (s. S. 30) aufgegriffen. Zusätzlich wurde in Münsingen das Biosphärenzentrum Schwäbische Alb errichtet, das die Besucher auf 450 m^2 Ausstellungsfläche anschaulich aus einem anderen Blickwinkel über das Biosphärengebiet informiert. Um das Gebiet in seiner ganzen Vielfalt kennen zu lernen, bietet sich die Nutzung des gut ausgebauten Netzes von Rad- und Wanderwegen an. Kanutouren im Lauertal, Nordic-Walking-Touren, geführte Höhlentouren, Inline-Skating, Schneeschuhlaufen, Langlauf, Mountainbike-Routen und eine Vielzahl an Erlebnispfaden runden das attraktive Angebot ab.

TOUR 01

Zainingen - Aussichtsturm Hursch - Böhringen - Römersteinturm - Zainingen

15 km

4 Stdn.

120 m

Charakteristik - Eine Wanderung ohne allzu große Höhenunterschiede. Zainingen ist mit seiner einmalig schönen Hüle (die größte der Schwäbischen Alb) faszinierend. Zwei Aussichtstürme bieten Gelegenheiten zu überwältigenden Ausblicken über die Albhochfläche. Der schöne Rastplatz mit Grillstelle und Spielwiese beim Römersteinturm eignet sich bestens für einen Familienausflug und kann mit einer kleinen Rundwanderung von ca. 9 km Länge erreicht werden.

Anfahrt - A 8 bis Ausfahrt Kirchheim/Teck (Ost). Weiter auf der B 465 in Richtung Römerstein Zainingen. Aus Richtung Reutlingen und Ulm über die B 28. - Bahnlinie Stuttgart - Tübingen bis Metzingen, Ermstalbahn bis Bad Urach, von dort mit Buslinie 7646 nach Zainingen, Haltestelle Rathaus.

Parken - Gäste-P beim Gasthaus »Zum Engel«. Weitere P-möglichkeiten gegenüber dem Rathaus an der Hüle.

Gasthaus »Zum Engel« - Das gepflegte Gasthaus verwöhnt seine Gäste schon in der dritten Generation in seinem schönen Ambiente. Serviert wird Fleisch aus der eigenen Schlachtung, alle weiteren Zutaten stammen von regionalen Erzeugern, zudem werden keine weiteren Zusatzstoffe verwendet. Die gutbürgerliche Küche bietet regionale, schwäbische Gerichte wie das Engelpfännle mit frischen Filets und köstlichen, hausgemachten Spätzle. - P am Haus. - ÖZ: Donnerstag, Freitag und Sonntag 11.30 Uhr bis 19 Uhr, Samstag 11.30 Uhr bis 14 Uhr. Am letzten Sonntag des Monats ist bis 15 Uhr geöffnet. Montags bis mittwochs ist das Haus geschlossen. Wandergruppen, Busausflügler, Familien- oder Firmenfeiern sind nach Absprache auch an den Ruhetagen herzlich willkommen.

Gasthaus zum Engel

Familie Mutschler
Mühlensteige 1
72587 Römerstein-Zainingen
Tel.: 0 73 82 / 38 8

info@metzgerei-schwenkedel.de
www.metzgerei-schwenkedel.de

Do., Fr. und So.: 11.30-19.00 Uhr • Sa. 11.30-14.00 Uhr
Jeden letzten Sonntag im Monat bis 15 Uhr geöffnet.

✪ **Die Aussichtstürme** - ÖZ: Turm Hursch ist zwischen dem 15.03. und dem 15.11. an Sonn- und Feiertagen geöffnet. - Der Römersteinturm kann zur Wanderzeit an Sams-, Sonn- und Feiertagen besichtigt werden. Außerhalb der ÖZ sind die Schlüssel zur Besichtigung der Türme nach Voranmeldung (ÖZ beachten!) gegen Kaution im Gasthaus »Zum Engel« erhältlich.

➡ **Der Rundweg** - Von den P rund um das Gasthaus »Zum Engel« führt der Wanderweg mit der [Gelben Raute] für 2½ km zunächst rechts am Rathaus vorbei und weiter zum Aussichtsturm Hursch. Entlang der Uracher Straße und links in die Münsinger Straße geht es aus dem Ort hinaus. Am Ortsende geradeaus, hier ist auf der Anhöhe rechts bereits der Turm zu sehen. Vom Wander-P führen freigegebene Wege durch den ehemaligen Truppenübungsplatz. Der Abstecher zum 42 m hohen, im Jahre 1981 aus Stahlgitter auf einer Höhe von 895 m erbauten Beobachtungsturm (ca. 2 km hin und zurück) wird durch eine prächtige Aussicht belohnt. Ab dem Wander-P verläuft der Wanderweg parallel zur Panzerringstraße. Am Wegedreieck geht man geradeaus. An der nächsten Wegegabel wandert man auf dem geteerten Weg mit dem [Gelben Dreieck] in den Wald hinein. Diesem Weg folgt man bis zur B 28, welche man überquert. Daraufhin dem Loipenweg entlang der Hecke bis zur zweiten Kreuzung folgen. Hier biegt man nach rechts und gleich daraufhin im Wald wieder nach links ab. Nun wandert man weiter durch den Wald für ca. 1 km bis zur L 252. Gegenüber, beim Wander-P Kohlhau, geht es weiter bis zur K 6704. Dort links halten, für ca. 80 m entlang der Straße und daraufhin auf der anderen Straßenseite im Wald weitergehen. Auf einem kleinen Waldpfad läuft man nun stetig aufwärts bis zum auf 872 m gelegenen Römersteinturm. Hier erwartet den Wanderer ein schöner Rastplatz mit vielen Tischen, Bänken, zwei Grillstellen und einer großen Spielwiese. Der Turm wurde 1912 erbaut, ist 28 m hoch und für den Aufstieg müssen 126 Stufen bewältigt werden. Mit der [Gelben Gabel] geht es vom Turm aus auf einem Schotterweg für ca. 300 m am Waldrand entlang und weiter links in den Wald bis zur L 252. Diese quert man geradeaus und folgt dem Feldweg bis zum geteerten Weg. Weiter links am Rand des Waldes entlang. Bei der Kreuzung an der Linde geht es rechts, geradeaus auf den Wald zu. Diesen durchquert man und geht am Wegedreieck hinter dem Bauernhof geradeaus weiter in Richtung Zainingen. Vorbei an der Linde Deutsche Einheit, durch die Unterführung geht man rechts entlang der Ulmer Straße zurück und zur wohlverdienten Einkehr im Gasthaus »Zum Engel«.

TOUR 02

Zainingen - Ehemaliger Truppenübungsplatz Münsingen mit den Aussichtstürmen Hursch und Waldgreut - Zainingen

11 km

3 Stdn.

260 m

Charakteristik - Der kinderwagenfreundliche Rundweg - lediglich der letzte ½ km besteht aus Wiesenwegen, sonst führt er über befestigte Wege - verläuft meist über freies Gelände durch das heutige Naturparadies des ehemaligen Truppenübungsplatzes Münsingen. Von den beiden Aussichtstürmen bietet sich eine herrliche Aussicht über die Schwäbische Alb. Wegen der langen militärischen Nutzung ohne Besiedlung, Industrie und Landwirtschaft hat sich eine artenreiche Flora und Fauna erhalten. Es besteht ein absolutes Betretungsverbot außerhalb der markierten Wege, da eine hohe Belastung durch Munition und sonstige Kampfmittel besteht sowie aus Naturschutzgründen.

Anfahrt - A 8 Stuttgart - München, Ausfahrt Kirchheim/Teck-Ost, dann B 465 Lenninger Tal und Gutenberger Steige, 1 km vor Zainingen rechts ab auf B 28 nach Römerstein-Zainingen. - Von Ulm oder Bad Urach über die B 28 - Bus: Buslinie 7646 von Bad Urach oder von Laichingen sowie mit DB-Buslinie 30 von Bad Urach oder von Ulm jeweils Haltestelle Rathaus Zainingen, ca. 250 m vom Gasthof zum Löwen entfernt.

Parken - Beim Gasthof zum Löwen oder öffentliche P im Bereich des Rathauses, ca. 250 m vom Ausgangspunkt der Wanderung entfernt.

✪ **Zainingen** - Der 801 m hoch gelegene Teilort der Gemeinde Römerstein beherbergt knapp 4000 Einwohner. Weitere Teilorte sind Böhringen und Donnstetten. Zainingen wurde erstmals im Jahre 788 im Lorscher Codex urkundlich erwähnt. Sehenswert sind die Hüle (Hülbe, Hüle = Wasseransammlung) und die Martinskirche. Als letzte von ehemals vier Hülen, in der Dorfmitte gelegen, zeigt diese schöne Hülenanlage, die auch die größte der Schwäbischen Alb ist, noch eindrucksvoll die Albwasserversorgung. Die Martinskirche, erbaut im 15. Jahrhundert, gilt als eine der ältesten Missionsstationen der Alb. Sie wird von einer drei Meter hohen Schutzmauer umgeben. Im Inneren der Kirche beeindruckt ein überlebensgroßes Christophorus-Fresko von 1496.

✪ **Ehemaliger Truppenübungsplatz Münsingen** - Im Jahre 1895 unterzeichnete König Wilhelm II. die Ermächtigung zu ersten Zwangsversteigerungen für einen Truppenübungsplatz im Bereich des Münsinger Hardt. Zu Beginn des 20. Jahrhunderts wurde der Platz immer mehr vergrößert. 1939 wurden die 665 Bewohner des Dorfes Gruorn zwangsumgesiedelt. Amerikanische und französische Streitkräfte übernahmen nach dem Zweiten Weltkrieg den Truppenübungsplatz, später auch die Bundeswehr. 1981 wurden für die Bundeswehr drei Beobachtungstürme (Hursch, Wald-

greut und Heroldstatt) in Stahlgitterkonstruktion errichtet. Nach der Wiedervereinigung wurde der Truppenübungsplatz nur noch von der Bundeswehr genutzt, die ihn schließlich 2005 aufgab. Wegen der langen, ausschließlich militärischen Nutzung hat sich eine artenreiche Tier- und Pflanzenwelt erhalten. Dieses Naturparadies ist heute - auf begrenzten Strecken - wieder für die Allgemeinheit zugänglich, ebenso die drei Aussichtstürme (ÖZ siehe unten).

➡ **Der Rundweg** - Vom Gasthof zum Löwen geht man wenige Meter vor bis zur Münsinger Straße. Hier biegt man links ab mit der Markierung [Gelbe Raute]. Gegenüber dem Gebäude 23 verlässt man die Münsinger Straße nach rechts und damit auch den Ort Richtung Wald. Der Weg (links und rechts jeweils eine Betonspur) führt abwärts in eine Senke und anschließend durch den Wald. Bald nach dem Waldaustritt mündet der Weg in einen Schotterweg, der fast parallel zu einer Fahrstraße (Ringstraße) verläuft. Hier geht man links leicht aufwärts bis zu einem kleinen P und dort rechts an einer Schranke vorbei zur Ringstraße. Auf der Ringstraße geht man wenige Meter nach rechts bis links ein befestigter Weg mit der [Gelben Raute] abzweigt. An der nächsten Kreuzung wandert man rechts aufwärts. Auf der Höhe biegt man rechts ab - geradeaus ein gesperrter Weg - zum Aussichtsturm auf dem Hursch (853 m). Vom 42 m hohen Aussichtsturm hat man eine schöne Aussicht über die Schwäbische Alb mit Teck und Römerstein - mit 872 m die höchste Erhebung der mittleren Alb. - ÖZ des AT Hursch: 15. März bis 15. November an Sonn- und Feiertagen, ansonsten ist der Schlüssel u. a. beim Rathaus Römerstein in Römerstein-Böhringen sowie bei den Gasthöfen Löwen und Engel in Zainingen jeweils während deren Öffnungszeiten und gegen Kaution erhältlich. - Anschließend geht man auf demselben Weg bis zur Kreuzung zurück und dort geradeaus weiter. Der Schotterweg verläuft fast parallel zur Ringstraße und führt leicht aufwärts. Wenn man die Hochfläche erreicht hat, sieht man rückblickend den Aussichtsturm auf dem Hursch, der die Baumkronen deutlich überragt. Der Weg führt nun durch eine leichte Senke. Mehrere verbotene Wege zweigen nach rechts ab. Der Schotterweg entfernt sich allmählich von der Ringstraße. Bevor der Weg abwärts führt, weist das Wanderzeichen nach rechts zum 150 m entfernten Aussichtsturm Waldgreut (864 m). Vom 20 m hohen Turm bietet sich ebenfalls eine schöne Aussicht (ÖZ: siehe Aussichtsturm Hursch). Von hier sieht man auch den dritten Aussichtsturm, Heroldstatt, des ehemaligen Truppenübungsplatzes. Man geht auf demselben Weg zurück und auf dem Schotterweg rechts weiter. Nach etwa 300 m verlässt man den Weg nach links mit [Gelber Raute] und [Zainingen 3 km]. Nach kurzer Zeit erreicht man die Ringstraße. Auf dieser wandert man ca. 20 m nach links aufwärts und verlässt sie nach rechts. Nach 200 m biegt man an einer Kreuzung nach links ab mit der [Gelben Raute] und [Zainingen 2½ km]. Auf der Asphaltstraße geht man weiter aufwärts. An einem Abzweig, kurz bevor der Asphaltbelag (geradeaus) endet, biegt man bei einigen kleineren Felsbrocken nach rechts ab auf einen Schotterweg, der später wieder in einen Asphaltweg übergeht. Bei einem einzelnen Hof bleibt man rechts mit der [Gelben Raute]. Man wandert nach dem Wald geradeaus. Der Weg macht einen Linksbogen. Kurz dahinter biegt man nach rechts ab auf einen Feldweg, wieder mit der [Gelben Raute]. Nun geht man geradeaus vor bis kurz vor (!) den Wald, dann wieder rechts an einem Holzlagerplatz vorbei auf den Wiesenweg. Auf diesem erreicht man den Wald und innerhalb des Waldes einen Grill- und Rastplatz, immer der [Gelben Raute] folgend. Man wandert nun, den Wald verlassend, auf einem Wiesenweg abwärts mit schönem Blick auf Zainingen am gegenüberliegenden Hang. Unten geht man auf dem Schotterweg nach links zur Kirche mit Friedhof. Man hält sich an der hohen Friedhofsmauer weiter links abwärts. Am Ende der Mauer biegt man links ab in die Kirchstraße. Auf dieser geht man vorbei an einem stattlichen Haus (erbaut 1788, Schul- und Rathaus bis 1872) vor bis zur Uracher Straße und dort nach links zur gemütlichen Einkehr im

Gasthof zum Löwen - Das seit 1849 im Familienbesitz befindliche, renommierte Haus bietet im hellen, elegant eingerichteten Gastraum mit 70 Plätzen, dem Schäferstüble, das 20 Gästen Platz bietet sowie auf der neuen Terrasse, auf der 40 Personen den Albsommer genießen können, regionale und saisonale Köstlichkeiten. Frische und Qualität werden großgeschrieben und durch regionale Händler sichergestellt. Die Mischung aus Neuem und Bodenständigem lässt die Gerichte zu kulinarischen Erlebnissen werden. Sympathisch sind (nicht nur) die Extra-Kinderkarte und die Tatsache, dass Kindern unter 6 Jahren Spätzle mit Soße und Pommes frites vergütungsfrei serviert werden. Auch Bus-, Vesper- und Tageskarten werden geboten. P am Haus.- ÖZ der Küche: Mi.-Sa. 11.30-14 Uhr und 17.30- 21.30 Uhr, So. durchgehend bis 21 Uhr. Ruhetage sind Montag ab 15 Uhr und Dienstag.

TOUR 03

Schopfloch - Bahnhöfle - Schertelshöhle - Schopfloch

Charakteristik - Wald, Wiesen und Felder; auf dieser Tour kann man die Weite der Albhochfläche erleben. Am Bahnhöfle lohnt der schöne Ausblick zur Burgruine Reußenstein lohnend. Den Höhepunkt der Tour bildet die Schertelshöhle, eine sehenswerte Tropfsteinhöhle.
Anfahrt - Aus Richtung Stuttgart entlang der A 8 bis Ausfahrt Kirchheim/Teck. Weiter auf der B 465 in Richtung Gutenberg, dann auf der L 1212 bis Schopfloch. - Aus Richtung Ulm und Reutlingen zunächst auf der B 28, dann auf der B 465 in Richtung Kirchheim und auf der L 1212 bis Schopfloch. - S-Bahn- und Busbahnhof in Schopfloch.
Parken - Gäste-P beim Restaurant-Café »Der Sommerberg«, Wander-P Berg.

15 km

4 Stdn.

190 m

➥ Der Rundweg - Vom Restaurant-Café »Der Sommerberg« geht man auf der Kreislerstraße [ohne Markierung] leicht aufwärts aus dem Ort hinaus. Am Ortsende wandert man weiter auf dem geteerten Weg, der parallel zur Stromleitung verläuft und nach 200 m links bis zum Funkmasten. Rechts, am Wander-P Berg vorbei führt die Markierung [Rote Raute] zum Bahnhöfle. Hierfür läuft man bis zu einem Schafhaus, an diesem rechts und an der nächsten großen Wegegabelung links. Dieser Weg führt direkt zur K 1247. **(!)** Die Straße mit aller gebotenen Vorsicht überqueren und leicht schräg nach hinten versetzt in den Wald hinein geht man auf dem befestigten Weg parallel zur Straße bis zum Bahnhöfle auf 709 m Höhe. - Im Volksmund nannte man wichtige Plätze, an denen sich wichtige Straßen kreuzten oder Waren umgeladen wurden, Bahnhöfle. - Von hier aus hat man einen herrlichen Blick zur Burgruine Reußenstein. Nun geht es 300 m zurück bis zum Fahrradweg, links über die Straße und geradeaus bis zu einer kleinen Baumgruppe und an dieser wieder links [Filsursprung]. An der Kreuzung geradeaus am Waldrand entlang und an der nächsten Kreuzung mit der [Roten Raute] und dem Wegweiser [Schertelshöhle 2 km] nach rechts wandern. Im Wald geht man nach 100 m an der Gabel rechts aufwärts. Nach kurzem, kräftigen Anstieg folgt man oben dem breiten Weg nach links und am darauffolgenden Scheideweg dem mittleren Pfad mit der [Roten Gabel]. Nach einem weiteren kurzen Anstieg geht man bei der großen Waldkreuzung mit [HW] und dem [Roten Strich] nach rechts. Kurz darauf sind die Aufstiegswege zu den Höhlen erreicht. Die Schertelshöhle ist eine Schauhöhle, die in den Sommermonaten besichtigt werden kann. Zudem wird hier auf Infotafeln viel Interessantes vermittelt. Der Weg zur sehenswerten Schertelshöhle führt über 107 Stufen steil aufwärts, sie ist jedoch auch bequem über einen breiten Forstweg zu erreichen. Die Höhle Steinernes Haus (ND) kann nicht besichtigt werden. In der 55 m

langen Höhle gab es Funde aus der Jungsteinzeit und aus der Bronzezeit. Nun folgt man der [Roten Gabel] für etwa 2 km aufwärts bis auf die Anhöhe oberhalb von Donnstetten. Dort geht man rechts aus dem Wald hinaus und bei der nächsten Möglichkeit nach links. An der Schäferei vorbei, folgt man rechts dem Wanderweg mit der [Roten Raute] in Richtung Reußenstein. (!) Nach ca. 150 m geht man linker Hand abwärts auf einen Wiesenweg bis zum 1½ km entfernten Waldende. Dort wendet man sich nach rechts und hält sich am folgenden Wegedreieck mit den Wegweisern [Gutenberg] und [Schopfloch] links. An der zweiten Kreuzung geht man mit dem Wegweiser [Gutenberg] und der [Roten Gabel] links, vorbei am ND Binsenlache und weiter bis zum Skilift Pfulb. Dort folgt man schließlich [ohne Markierung] einem kleinen befestigten Fahrweg, der parallel zur Autostraße verläuft, und gelangt, das Bergwachthaus passierend, zurück zum Ausgangspunkt der Wanderung, wo mit der wohlverdienten Einkehr das Restaurant-Café »Der Sommerberg« wartet.

Restaurant-Café »Der Sommerberg« - In wunderschöner Aussichtslage liegt dieses geschmackvoll eingerichtete Haus mit seiner herrlichen Gartenterrasse und dem Biergarten. In gepflegter Atmosphäre bietet die kreative Küche lecker zubereitete schwäbische Spezialitäten mit saisonalen Akzenten. Tagesangebote. Kinder- und Seniorenteller. Salatbuffet. Große Auswahl an selbst gemachten Kuchen. Viel Platz für Kinder zum Spielen. Mittlere Preise. Großzügige Ferienwohnung (Informationen auf Anfrage) - ÖZ: Im Sommer 10.30-19.30 Uhr, im Winter 10.30 bis 18 Uhr. Ruhetage sind Donnerstag und Freitag.

Der Sommerberg
RESTAURANT CAFE

Gerhard und Waltraud Abegg

Kreislerstraße 2
73252 Lenningen/Schopfloch

Telefon 0 70 26 - 21 07
Telefax 0 70 26 - 23 88

Geöffnet von 10.30 Uhr bis 19.30 Uhr
Ruhetage Donnerstag und Freitag

info@restaurant-sommerberg.de - www.restaurant-sommerberg.de

Beuren, der Kurort - Sehenswürdigkeiten und Wanderwege

Anfahrt - A 8, Ausfahrt Kirchheim/Teck-Ost, B 465 bis Owen, dann auf die L 1210 bis Beuren. - Von Stuttgart mit der Regionalbahn bis Nürtingen, dann mit der Tälesbahn bis Neuffen, von dort mit den Buslinien 179 oder 199 bis Beuren. - Von Tübingen mit der Regionalbahn bis Metzingen und weiter mit der Buslinie 199 bis Beuren.
Parken - Großer P bei der Panorama Therme, Zufahrt Linsenhoferstraße, Abzweig Balzholzer Straße.

✪ **Beuren** - An der Pforte zur Schwäbischen Alb, am Fuße der Vorderen Alb, überragt von der mächtigen Burgruine Hohenneuffen, inmitten eines großen Naturparks liegt der kleine Kurort Beuren. Der staatlich anerkannte Erholungsort mit Heilquellenkurbetrieb liegt zwischen 400 m und 750 m in einer klimatisch begünstigten, fruchtbaren und gesunden Mittelgebirgslage mit Obst- und Weinbau (»Schlosssteige«), mit Weideflächen und bewaldeten Hängen. Fernab jeglichen Massentourismus hat sich der Ort seine Ursprünglichkeit bewahrt. Die erste urkundliche Erwähnung fand Beuren Anfang des 14. Jahrhunderts. Seit 1304 gehört der Ort ununterbrochen zu Württemberg. Das homogene, gut erhaltene Ortsbild mit mehreren Fachwerkhäusern, zu denen z. B. das Rathaus gehört, und der schmucken Kirche zeugen von der Blütezeit im 15. und 16. Jahrhundert. Notzeiten erlebte Beuren im 17. Jahrhundert während des Dreißigjährigen Krieges und im 19. Jahrhundert durch mehrere aufeinander folgende Missernten. Drei Männer halfen in dieser Zeit der Bevölkerung durch die Not: Pfarrer und Ehrenbürger Knecht, Schultheiß Jakob Klaß und Bauer Karl Buck. Im Jahre 1970 beschlossen die Gemeindeväter, im Vulkangraben der Schwäbischen Alb, auf dem das Dorf eingebettet ist, auf Schatzsuche zu gehen. 1970/71 hatten sie den Schatz gefunden: Heißes Thermal-Mineralwasser aus den Tiefen des Karstgesteins, die Hinterlassenschaft längst erloschener Vulkanberge. Aus 755 m und 381 m Tiefe schütten die Wilhelms- und Friedrichquelle täglich über 500000 Liter heißes Heilwasser aus. Zwischen 1976 und 1977 wurde ein Thermal-Mineral-Bewegungsbad gebaut, das im Laufe der Jahre ständig erweitert und modernisiert wurde und heute über sechs Thermalwasser- und ein Kaltwasserbecken mit einer Wasserfläche von insgesamt fast 1000 m^2, Thermengrotte und Saunaanlage verfügt. So entstand in Beuren ein »staatlich anerkannter Erholungsort mit Heilquellenkurbetrieb«. Inzwischen gilt die Panorama Therme Beuren als größte Attraktion des Ortes. Aber auch der Ortskern von Beuren bietet vielfältige Sehenswürdigkeiten wie das historische Rathaus, die spätgotische Nikolauskirche mit geschnitztem Palmesel, eine historische Kelter und viele Fachwerkbauten aus dem 15. und 16. Jahrhundert. Das Freilichtmuseum (s. S. 30 ff.) bietet dem Gast ein reizvolles Ensemble komplett eingerichteter historischer Wohn- und Wirtschaftsgebäude, die Stein für Stein wieder aufgebaut wurden. So kann hier auf den Spuren der Vergangenheit gewandelt werden. Die Gemeinde Beuren gehört mit beinahe der gesamten Gemarkung mit 1169 Hektar zum Biosphärengebiet Schwäbische Alb (s. S. 14 ff.) und steuert mit seiner Streuobstwiese, den historischen Fachwerkbauten, der weithin bekannten Panorama Therme (s. S. 27 ff.) und dem faszinierenden Freilichtmuseum wertvolle »Biosphäregebietsthemen« bei.

Wanderwege um Beuren

Das Wanderwegnetz um Beuren ist sehr vielfältig und außerordentlich attraktiv. Die Gemeinde hat mehrere Rundwanderwege mit Wegeskizzen zusammengestellt, die in der Panorama Therme erhältlich sind. Die Beurener Albtrauf-Touren führen durch ausgedehnte Streuobstwiesen, bunte Felder und buchenbewaldete Hänge und sind durchgängig mit einem [Schwarzen Dreieck auf gelbem Spiegel und farbiger Zahl] (je nach Tour 1-10, je nach Schwierigkeit blau: leicht; rot: mittel; schwarz: anspruchsvoll) ausgeschildert und markiert.

➥ **Albtrauf-Tour 1** - Zum Schelmwasen - ca. 3½ km - ca. 1 Std. - P Panorama Therme - Friedhof - Balzholz - durch den Hartwald Richtung Neuffen - Schelmenwasen - Balzholzer Hütte - P Panorama Therme.

➥ **Albtrauf-Tour 2** - Ins Mittelwäldle - ca. 4 km - ca. 1 Std. - P Panorama Therme - Friedhof - Balzholz - Mittelwäldle - Balzholzer Hütte - Eselsbrunnen - P Panorama Therme.

➥ **Albtrauf-Tour 3** - Zum Eselbrunnen - ca. 5 km - ca. 1½ Stdn. - P Panorama Therme - Friedhof - Balzholzer Hütte - Eselsbrunnen - Philosophenweg - Hohbölle - Neufferackerstraße - Jahnstraße - P Panorama Therme.

➥ **Albtrauf-Tour 4** - Zum Philosophenweg - ca. 7 km - ca. 2 Stdn. - ca. 168 Höhenmeter - P Panorama Therme - Balzholzer Hütte - Eselsbrunnen - Philosophenweg - Willi-Gras-Bank - Seehütte - Hohbölle - Neufferackerstraße - Jahnstraße - P Panorama Therme.

➥ **Albtrauf-Tour 5** - Rund um Beuren - ca. 12 km - ca. 3 Stdn. - ca. 218 Höhenmeter - P Panorama Therme - Balzholzer Hütte - Philosophenweg - Tobelweiher - Weinberge - Freilichtmuseum - Breitenlauhütte - Stumpenwald - Sportanlage - Balzholz - P Panorama Therme.

➥ **Albtrauf-Tour 6** - Um den Engelberg - ca. 4 km - ca. 1 Std. - P Freilichtmuseum - Engelberg - Blumentobelhütte - Schuppenanlage - Spielplatz und Grillstelle Lehmgrube - P Freilichtmuseum.

➥ **Albtrauf-Tour 7** - Zum Tobelweiher - ca. 4 km - ca. 1 Std. - P Freilichtmuseum - Sandgrube - alter Sportplatz - Waldliegewiese - Tobelweiher - Mühläckerstraße - Kelter - Brühlstraße - P Freilichtmuseum.

➥ **Albtrauf-Tour 8** - Nach Neuffen - ca. 6 km - ca. 2 Stdn. - ca. 198 Höhenmeter - P Panorama Therme - Hütte Raufwäldle - Höhenweg - Schlossgasse - Metzinger Straße - Bushaltestelle Max-Planck-Straße - Kirchheimer Straße - Ortskern mit Rathaus und Kelter - Burgstraße - Schlossgasse - Freibad Neuffen - Hartwald - Mittelwäldle - P Panorama Therme.

➥ **Albtrauf-Tour 9** - Auf den Hohenneuffen - ca. 7 km - ca. 2½ Stdn. - ca. 303 Höhenmeter - P Panorama Therme - Skihütte - Burgruine Hohenneuffen (Möglichkeit zur Besichtigung der Burgruine) - oberhalb Neuffener Weinberge - Balzholzer Hütte - P Panorama Therme.

➥ **Albtrauf-Tour 10** -- Zum Beurener Fels - ca. 7 km - ca. 3 Stdn. - ca. 294 Höhenmeter - P Freilichtmuseum - Sandgrube - Beurener Fels - Heidengraben - Burgweg - Waldliegewiese - P Freilichtmuseum.

Die Panorama Therme - Gesundheitserlebnis in Beuren

Anfahrt - s. S. 25
Parken - Gäste-P an der Panorama Therme.

✪ **Beuren** - Der kleine Kurort, der sich mit dem Titel »staatlich anerkannter Erholungsort mit Heilquellenkurbetrieb« schmücken darf, sich aber dennoch seine Ursprünglichkeit bewahrt hat, liegt fernab von jeglichem Massentourismus. Die intakte Landschaft mit Bergen und Burgen, Streuobstwiesen und Weinbergen ist Beurens großes Plus und wäre allein schon ausreichend, um Gästen aus nah und fern vielfältige Möglichkeiten zur Freizeitgestaltung und Erholung zu bieten. Die größte Attraktion des Ortes ist jedoch unzweifelhaft die Panorama Therme Beuren.

✪ **Die Panorama Therme Beuren** - Die Panorama Therme Beuren zählt zu Süddeutschlands schönsten Heilbädern. Sie bietet ihren Bade- und Saunagästen nicht nur vielfältige Angebote, sondern vermittelt durch ihre landschaftlich reizvolle Lage zudem das Gefühl, sich in einer Gesundheitsoase »mitten im Grünen« aufzuhalten. Aus zwei Quellen, der Wilhelms- und der Friedrichsquelle, sprudelt das Thermalwasser aus einer Tiefe von 755 m bzw. 381,5 m an die Erdoberfläche. Insgesamt sieben Becken im Innen- und Außenbereich und in der Saunalandschaft werden hierdurch ständig mit wohlig 28-40°C warmem und quellfrischem Thermalwasser versorgt. Ein Kaltwasserbecken mit 24°C sorgt im Außenbereich für Abkühlung. Ein typisches Stück Schwäbische Alb erlebt man in der Thermengrotte, welche in ihrer Gestaltung einer Tropfsteinhöhle nachempfunden wurde. In diesem gesonderten Bereich, dessen Nutzung im Grundeintrittspreis bereits enthalten ist, erwarten den Gast das Dampfbad »Nebelhöhle«, Wärme- und Salzstollen, die Duscherlebnisgrotte, die Quellenhöhle, eine Sonnenwiese und der Ruheraum »Sternenhimmel«. Zwei weitere Dampfbäder - das Thermarium und das Caldarium - im sogenannten Themengarten runden das Angebot ab. Der großzügige Freibereich bietet umfangreiche Liegemöglichkeiten mit direktem Blick auf die Burg Hohenneuffen (s. S. 37 ff.), Kneippmöglichkeiten und einen Barfußpfad, der eine besondere Wohltat für die Füße ist. Die Saunalandschaft mit Finnischer Sauna, Kräuter-Bad, Panorama-Sauna, Mineralwasser-Sauna, Rhasoul, Dampfbad »Salomelium« und Thermal-Mineral-Sprudelbecken vervollständigen das Angebot der Panorama Therme zum ganztägigen Gesundheitserlebnis. Für das leibliche Wohl sorgen Gastronomiebereiche der Therme. Da es sich bei der Panorama

▌ *Entspannen und Erholen*

Zeit für Körper und Seele

Die Panorama Therme Beuren ist ein starkes Stück Gesundheit. Genießen Sie die einzigartige Wohlfühl-Atmosphäre der faszinierenden Panorama Badelandschaft. Entspannen Sie in der großzügigen 5-Sterne Saunaanlage. Tanken Sie neue Kraft und Gesundheit in den Thermalquellen.

Willkommen im Thermal- und Heilbad Panorama Therme Beuren.

Zeit für eines der schönsten Thermalbäder Süddeutschlands
- *1.000 qm Beckenlandschaft*
- *sieben temperierte Thermalwasser- und ein Kaltwasserbecken*
- *Dampfbadbereich und Thermengrotte*
- *viele verschiedene Anwendungsmöglichkeiten*

Panorama Therme Beuren ... *die Kraft der Quellen*

Am Thermalbad 5, 72660 Beuren, Tel. 07025/91050-0 **www.beuren.de**

Therme um ein Heilbad handelt, haben Kinder erst ab einem Alter von 6 Jahren Zutritt zur Therme. - ÖZ: Die Panorama Therme Beuren und die Panorama Sauna haben ganzjährig zu untenstehenden Zeiten geöffnet. Ein bis zwei Wochen vor Weihnachten und an Silvester hat die Panorama Therme für Sanierungs- und Grundreinigungsarbeiten geschlossen. An Neujahr öffnen Therme und Sauna erst um 12 Uhr. Therme und Dampfbäder - ÖZ: So.-Do. 8-22 Uhr, Fr. und Sa. 8-23 Uhr. Thermengrotte: So.-Do. 9-22 Uhr, Fr. und Sa. 9-23 Uhr. Panorama Sauna: Di.-Do. 11-22 Uhr, Fr. 11-23 Uhr, Sa. 9-23 Uhr, So. und Mo. 9-22 Uhr. Kassenschluss ist jeweils eine Stunde vor Schließung der Therme. Montags und dienstags (gilt nicht an Feiertagen): Saunatage für weibliche Besucher im separaten Bereich mit Vario Sauna, Kaminzimmer und Panoramaliegedeck. An Feiertagen, die auf einen Werktag fallen und zwischen dem 26.12. und dem Ende der Weihnachtsferien öffnet die Panorama Sauna bereits um 9 Uhr.

✪ **Weitere Informationen** - Kurverwaltung Beuren, Am Thermalbad 5, 72660 Beuren - Telefon: 0 70 25 / 910 500 - Fax: 0 70 25 / 910 301 0 - E-Mail: beuren@beuren.de - Internet: www.beuren.de

Außenbecken der Panorama Therme Beuren

Freilichtmuseum Beuren

Anfahrt - s. S. 25
Parken - Großer Gäste-P am Museum.

✪ **Das Museum** - Die Zeit steht still. Ein braunrotes, zotteliges Rind blinzelt den Besucher an, rupft Gras und kaut vernehmlich. In der Wohnung von Lehrer Deile liegt noch die Zeitung auf dem Stuhl und verkündet in großen Lettern Kennedys Ermordung. Im Wohnzimmerschrank steht vielbändig der Große Brockhaus. Huldvoll blickt Bundespräsident Theodor Heuss von der Wand des Ratsaales und achtet darauf, dass die Ratsmitglieder Entscheidungen zum Wohl der Gemeinde Häslach treffen. Dieses Gebäude ist ein typisches württembergisches Dorfrathaus, in dem nicht nur das Bürgermeisteramt, sondern auch die Lehrerwohnung untergebracht war. Hier lebte 1963 die junge Lehrerfamilie Deile und der neu eingesetzte Bürgermeister Otto Bauer wirkte hier. Und dann blieb die Zeit stehen, das Haus zog um. Jetzt erzählt jedes Zimmer eine Geschichte und zwar an einem neuen Standort: im Freilichtmuseum Beuren!

Veranstaltungen laden zum Mitmachen ein

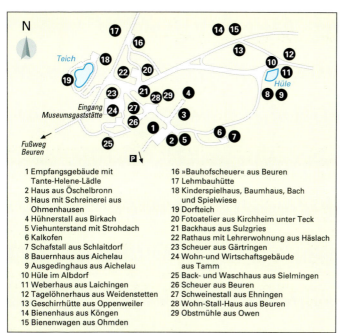

1 Empfangsgebäude mit Tante-Helene-Lädle
2 Haus aus Öschelbronn
3 Haus mit Schreinerei aus Ohmenhausen
4 Hühnerstall aus Birkach
5 Viehunterstand mit Strohdach
6 Kalkofen
7 Schafstall aus Schlaitdorf
8 Bauernhaus aus Aichelau
9 Ausgedinghaus aus Aichelau
10 Hüle im Albdorf
11 Weberhaus aus Laichingen
12 Tagelöhnerhaus aus Weidenstetten
13 Geschirrhütte aus Oppenweiler
14 Bienenhaus aus Köngen
15 Bienenwagen aus Ohmden
16 »Bauhofscheuer« aus Beuren
17 Lehmbauhütte
18 Kinderspielhaus, Baumhaus, Bach und Spielwiese
19 Dorfteich
20 Fotoatelier aus Kirchheim unter Teck
21 Backhaus aus Sulzgries
22 Rathaus mit Lehrerwohnung aus Häslach
23 Scheuer aus Gärtringen
24 Wohn-und Wirtschaftsgebäude aus Tamm
25 Back- und Waschhaus aus Sielmingen
26 Scheuer aus Beuren
27 Schweinestall aus Ehningen
28 Wohn-Stall-Haus aus Beuren
29 Obstmühle aus Owen

✪ **Eine Zeitreise über das Museumsgelände** - Markant ist das stattliche Wohn- und Wirtschaftsgebäude aus Tamm. Der Bauherr des imposanten Hauses Johann Georg Mannsperger, Bauer, Metzger und zeitweise Ochsenwirt, war wohlhabend und gehörte zur dörflichen Oberschicht. Ein Anbau mit Stuckdecke, das war für ein Bauernhaus des 18. Jahrhunderts wirklich außergewöhnlich. Heute lädt hier das Gasthaus des Museumsdorfes zur Einkehr ein, bei gutem Wetter auch draußen unter dem Schatten spendenden großen Birnbaum. Das Restaurant lockt mit regionaler und exzellenter Küche.

🍽 **Museumsgastronomie Landhaus Engelberg** - Die Museumsgastronomie im Haus Mannsperger, einem annähernd 300 Jahre alten Haus aus Tamm, wird von Luise Rohner als Gastgeberin und Emre Demiryüleyen als Küchenchef geführt. Regionale Produkte aus dem Umland und von der Schwäbischen Alb bilden die Grundlage der guten Küche, ebenso wie Zutaten aus den Museumsgärten und Obstwiesen. Passend zu den Museumsveranstaltungen werden im Restaurant Engelberg auch kulinarische Themenabende angeboten. An drei Abenden in der Woche verwandelt sich der barocke Stucksaal im Tammer Haus in das Gourmetrestaurant Mannsperger's. Bei der Namensgebung knüpft das junge Pächterpaar an den Erbauer des Hauses, Johann Georg Mannsperger, an. Während die Gäste der Tammer Stuben mit rustikaler, bodenständiger Küche serviert werden, wird im Mannersperger's abends ambitioniertes Kochhandwerk in jungen und kreativen Varianten angeboten. - ÖZ: Das Landgasthaus Engelberg ist ganzjährig geöffnet und es gibt durchgehend warme Küche.

Zum Museumsdorf gehören auch Tiere

✪ **Fortsetzung der Zeitreise** - Eine besondere Attraktion des einzigen Freilichtmuseums für ländliche Kultur in der Region Stuttgart ist das Fotoatelier von Otto Hofmann aus dem Jahre 1890. In dem Holzbau aus Kirchheim unter Teck zeugen Kulissen vom sorgfältigen Arrangement, in dem der Fotopionier seine Kundinnen und Kunden inszenierte - das gepflegte herrschaftliche Wohnzimmer, die romantische Landschaft am Fuße der Teck, alles nur auf Leinwand gebannter Schein. Selbst Hermann Hesse ließ sich hier mit Freunden verewigen. Im Museumsdorf nahe der Burg Teck bzw. der Burgruine Hohenneuffen sind schon die Häuser und Gebrauchsgegenstände aus der Zeit unserer Vorfahren die kleine Reise wert. Zudem öffnet sich der Blick in das Leben der früheren Bewohner der Häuser. Hier wird die Vergangenheit lebendig. Auch das Wohn-Stall-Haus aus Beuren weiß Geschichten zu erzählen. Die Kittelbergers, die hier Ende des 18. Jahrhunderts wohnten, waren offenbar kleine Leute. Auch das Bett ist viel zu kurz für unsereins. Halb sitzend lässt es sich besser husten, damals wurden die Menschen oft von Erkältungen geplagt. Romantische Anwandlungen verflüchtigen sich beim Lesen der liebevoll gestalteten Stelen und Hausbücher: Von den neun Kindern der Familie Kittelsberger überlebten nur drei. Nur knapp 100 Jahre stand das Backhaus aus Esslingen-Sulzgries an seinem ursprünglichen Platz. Gebaut wurde es auf Befehl des Königs. Zu oft brannten die Häuser ab, weil das Feuer vom Ofen auf das Gebäude übergriff. Das Backhäusle war mehr als ein Ofen mit Dach. Hier trafen sich die Frauen, backten ihr Brot und sorgten dafür, dass nichts geheim blieb in der Nachbarschaft. In Streuobstwiesen eingebettet liegen 23 Häuser, Ställe und Scheuern aus den Regionen Mittlerer Neckar und Schwäbische Alb. Jedes der Wohn- und Wirtschaftsgebäude aus den Landkreisen Esslingen, Ludwigsburg, Böblingen, Reutlingen und dem Alb-Donau-Kreis, die sich heute zu einer Schicksalsgemeinschaft am Fuße des mächtigen Albtraufs zusammengefunden haben, erzählt eine andere Geschichte. Dabei geht es um Schicksale wie das der Luise Digel, die als junges Mädchen ihren Arm bei der Fabrikarbeit verlor. So wurde es nichts mit Heirat, Mann und Kind. Sie wachte über die Nichten und die sagten: »D'Danda gilt.« - was die Tante sagt, wird gemacht. In das Weberhaus aus Laichingen hatte es in den Wirren des Zweiten Weltkrieges den kleinen Horst aus Essen verschlagen, Kinderlandverschickung hieß das damals - die Kleinen wurden vor den Bomben in die ländliche Sicherheit verfrachtet. Nebenan im Ausgedinghaus lebte das Ehepaar Stemmer in winzigen Kammern. 25 Putz- und Tünchschichten zeugen davon, wie das Haus immer wieder gepflegt und gestrichen wurde. Wer genau hinschaut, entdeckt zudem einen Grabstein in der Mauer des Wohnhauses. Er erinnert an die Urgroßmutter - musste aber vor allem das Gebäude stabil halten. In einem anderen Haus hängt die Jacke über dem Stuhl, als habe Herr Habisohn gerade die Stube verlassen, um mal kurz auf die Toilette zu gehen, die außen an der Wand des winzigen Häuschens klebt. 30 Jahre lang lebte er mit seiner Frau nach der Flucht 1944 auf der Ulmer Alb in einem alten Tagelöhnerhaus. Auch die nützlichen Tiere brauchten ein Zuhause. Geradezu luxuriös und bequem hatten es die Bienen im Bienen-

Haus Mannsperger: Einkehren in historischem Ambiente

wagen, den Albert Hanne aus Ohmden benutzte, um seine Völkchen auf den Schurwald zu karren, wo sie fleißig ausschwärmten und ihre fruchtbringende Arbeit erledigten. Wohl fühlten sich die Hühner im Hühnerstall aus Birkach. Etwas oberhalb graste die Schafherde und einige Schritte weiter schnatterte die Gans. Die Zeit steht schon lange nicht mehr still an diesem Ort, man könnte meinen, sie liefe gemächlich rückwärts und Zeitreisen gäbe es nicht nur im Kino. Im Freilichtmuseum in Beuren kann sich jeder selbst auf eine Zeitreise begeben - zurück in eine gar nicht so ferne, manchmal vertraute, ab und an auch fremde Welt. - ÖZ: Das Freilichtmuseum ist von April bis Anfang November dienstags bis sonntags 9-18 Uhr geöffnet, Ruhetag ist Montag (außer an Feiertagen).
✪ **Weitere Informationen** - Im Museumsdorf finden eine Vielzahl an Vorführungen, Mitmachaktionen für Kinder, Festen und Vorträgen statt. Aktuelle Informationen diesbezüglich findet man im Internet unter www.freilichtmuseum-beuren.de - Das Museum ist als besondere Sehenswürdigkeit der Region Stuttgart ausgezeichnet und liegt im Biosphärengebiet Schwäbische Alb (s. S. 14 ff.).

TOUR 04

Beuren - Hohenneuffen - Erkenbrechtsweiler Heidengraben - Beurener Fels - Beuren

Charakteristik - Der teils recht steile Aufstieg zur Burgruine Hohenneuffen verleiht dem ersten Teil der Wanderung eine sportliche Note. In Verbindung mit den prächtigen Ausblicken, die man vom Albtrauf mit seinen einzigartigen Felsformationen hat, ergibt sich eine sehr abwechslungsreiche Tour.
Anfahrt - A 8 von Stuttgart bzw. Ulm, Ausfahrt Wendlingen. Weiter in Richtung Nürtingen über die B 313, dann links abzweigen über Frickenhausen nach Beuren, der Beschilderung zur Panoramatherme folgen. - IC-, RE- und RB- sowie WEG-Verbindungen nach Nürtingen, dort weiter mit der Tälesbahn nach Frickenhausen und mit dem Bus nach Beuren.
Parken - Großer Gäste-P bei der Panorama Therme.

11 km

3 ½ Stdn.

320 m

➡ **Der Rundweg** - Am Ende des P biegt man nach links ab auf einen betonierten Weg, den man nach 300 m nach rechts verlässt. Kurz danach erblickt man den Wegweiser [Hohenneuffen], dem man - umgeben von herrlichen Wiesen - bis zu einer Links-Abzweigung mit Sitzbänken folgt. Der Naturweg verläuft nun recht steil auf den Wald zu, wo man [ohne Markierung] dem Philosophenweg folgt. Nach 600 m geht man scharf links **(!)** einen sehr steilen Pfad nach oben, wo man scharf rechts abbiegt

und nach kurzer Zeit rechter Hand die Markierung [Blaues Dreieck] sieht, an welcher man sich nach links wendet. Der weitere Aufstieg durch den herrlichen Laubwald ist ebenfalls mit dem [Blauen Dreieck] markiert. Von den oben erreichten Infotafeln zieht sich der Weg noch einige hundert Meter bis zur größten Burgruine der Schwäbischen Alb, der Burg Hohenneuffen mit der Burggaststätte, von der aus sich fantastische Fernblicke bieten (siehe auch Seite 37 ff.). Von der Burg wie auf dem Hinweg zurück bis zu den Infotafeln gehen. Nun folgt man mit dem [Blauen Dreieck] einem breiten Weg bis zum P. Sich links haltend orientiert man sich am Ende des P am [Roten Dreieck] und an [HW 1] und erreicht am Albtrauf den Wilhelmsfels, von dem aus sich ein wunderbarer Ausblick zurück zum Hohenneuffen und nach Beuren eröffnet. Kurz danach zweigt ein breiter Weg nach rechts ab, der teils parallel zur Kreisstraße am Klingenteichfels und am Marienfels vorbei nach Erkenbrechtsweiler führt. Am Ortseingang in die Schloss-Straße gehen, dann links in die Friedrich-Römer-Straße und daraufhin in die Obere Straße einbiegen. Wenig später begibt man sich links in den Burgenweg, auf dem man, die Kreisstraße überquerend, auf den Wander-P Bassgeige stößt, an dem Infotafeln über den Heidengraben, eine spätkeltische Befestigungsanlage, berichten. Mit einer Gesamtfläche von über 1600 ha gehört sie zu den größten Oppida Europas (Oppidum = lat. Befestigung, Schanzanlage, fester Platz) und stammt wahrscheinlich aus dem 2. Jahrhundert v. Chr. Nach Überschreiten des Heidengrabens wendet man sich bei einer Gabelung mit dem [Blauen Dreieck] nach links und betritt kurz darauf den Wald dort, wo rechts der Weg vom bzw. zum Brucker Fels verläuft. Durch eine Senke wandert man am Schlupffels und an einer Schutzhütte vorbei aufwärts zum 730 m hohen Beurener Fels am Ende der sogenannten Bassgeige, von dem aus man herrlich die Blicke schweifen lassen kann. Der Weg schlängelt sich nun in Serpentinen abwärts. Unten biegt man in einen breiten Querweg nach links ab und nimmt den ersten Pfad [ohne Markierung] rechts abwärts. Nach einem Zaundurchlass biegt man in den ersten Querweg nach links ein und stößt so auf die K 1262, von der, wenn man sich wiederum nach links wendet, nach einigen Metern eine Treppe mit dem [Blauen Dreieck] rechts abwärts führt. Zurück in Beuren geht man die Alte Steige, die in die Owener Straße mündet, abwärts, biegt daraufhin nach einigen hundert Metern rechts in die Gartenstraße ein und erreicht kurz darauf in der Neuffener Straße den Ausgangspunkt der Wanderung.

Burg und Festung Hohenneuffen - Von den Kelten bis zur Dreiländerkonferenz

Anfahrt - A 8 bis Ausfahrt Kirchheim/Teck-Ost. Weiter über die B 465 nach Owen, dann über die L 1254 nach Erkenbrechtsweiler, ab dort beschildert. - A 8, Ausfahrt Wendlingen, über Nürtingen nach Neuffen.
Parken - Großer Wald- und Wander-P nahe der Burg (beschildert). Von dort führt ein breiter, bequemer Weg mit Wegweisern und Wandertafeln weiter aufwärts zur Burgruine Hohenneuffen.

✪ **Burgruine Hohenneuffen** - Die 743 m hoch gelegene Burgruine ist die größte und mächtigste Burg- und Festungsanlage der gesamten Schwäbischen Alb. Die Burg wurde im 11. Jahrhundert von den Edelfreien von Neuffen an dem Ort erbaut, den die Kelten bereits ein Jahrtausend zuvor besiedelt hatten. Die erste urkundliche Erwähnung datiert von 1198. Die Herkunft des Namens »Neuffen« ist unklar. Einerseits führt man ihn auf das Wort »nipen«, was in etwa »Streitburg« bedeutet, zurück. Andererseits könnte sein Ursprung auch im germanischen Begriff »hnipa« liegen, der mit »Steil- oder Berghang« übersetzt werden kann. Im 14. Jahrhundert erfolgte eine Erweiterung der Burg durch die Grafen von Württemberg. Ab dem 16. Jahrhundert bauten die Herzöge von Württemberg den Hohenneuffen zu einer imposanten Landfestung aus, die im Belagerungsfall ihre Wehrhaftigkeit bewies. - Wie andere Festungen diente der Hohenneuffen ab dieser Zeit auch als Landesgefängnis. Sein prominentester Insasse war

Burg Hohenneuffen

1737 Josepf Süß Oppenheimer, der jüdische Finanzberater Herzog Karl Alexanders. Später wurde er auf den Hohenasperg verlegt, wo er 1738 vor den Toren Stuttgarts Opfer eines Justizmordes wurde. - Im 18. Jahrhundert wollte Herzog Karl Alexander den Hohenneuffen zu einer Festung nach dem Vorbild der Anlagen des französischen Baumeisters Vauban ausbauen lassen. Er starb jedoch vor der Vollendung dieses Plans, der unter seinem Nachfolger Carl Eugen aufgrund der zu hohen Kosten aufgegeben wurde. Die Festungsanlage wurde daraufhin zur Schleifung freigegeben. 1801 erfolgte der endgültige Abbruch und die Baumaterialen wurden an die Bewohner des Umlandes verkauft. Ab 1830 besann man sich anders und begann mit der Sicherung der Reste. 1860 wurde die Ruine schließlich wieder zugänglich gemacht. Am 2. August 1948 trafen sich hier die Staatspräsidenten der drei Länder Südbaden, Württemberg und Hohenzollern im Rahmen der Dreiländerkonferenz zur Vorbereitung der Gründung des Südweststaates Baden und Württemberg. Heute beherbergt die Burgruine Hohenneuffen ein beliebtes und bekanntes Restaurant mit Biergarten, von dem sich ein einmaliger Blick ins Umland bietet. Auch einen Kiosk kann man hier finden. Regelmäßig finden Veranstaltungen wie der überregional bekannte Mittelaltermarkt oder Musikkonzerte im Burghof statt. Informationen zu Veranstaltungen und Burgführungen gibt es unter www.hohenneuffen.de

Burg Hohen Neuffen - Die Burggaststätte - Im stilvollen und zauberhaften Ambiente der festlichen und zugleich gemütlichen Räume, im Gartenrestaurant, auf der Sonnenterrasse und im romantischen Burghof, der als Biergarten dient und auch für Empfänge genutzt werden kann, werden die Gäste des Hauses mit Köstlichkeiten verwöhnt. Die exzellente Küche bietet ein breites Spektrum an Speisen, von regionalen, schwäbischen Gerichten bis zum Gala-Dinner oder der »Mittelalterlichen Tafeley«. Erstklassige kulturelle Veranstaltungen runden das Angebot ab. - ÖZ Kiosk: November bis März Mi.-So. 9-18 Uhr, April bis Oktober Mi.-Sa. 9-22 Uhr, So.-Di. und Fei. 9-19 Uhr. Restaurant: Im Januar und Februar Sa. und So. 10-17 Uhr. Im März, November und Dezember Mi.-So. 9-18 Uhr (Küche 11.30-17 Uhr), April bis Oktober Mi.-Sa. 9-22 Uhr (Küche 11.30-21.30 Uhr), sonn- und feiertags 9-19 Uhr (Küche 11.30-18.30 Uhr). Von April bis Oktober sind Montage und Dienstage Ruhetage, der Kiosk ist geöffnet.

TOUR 05

Bad Urach-Wittlingen - Rundweg Fischburgtal

Charakteristik - Der Weg beeindruckt durch die mächtigen Felsen im Fischburgtal und durch die einzigartige Romantik der Bachtäler.
Anfahrt - A 8 Stuttgart - München, Abfahrt Reutlingen/Tübingen, B 27/B 312 bis Metzingen, B 28 bis Bad Urach, B 465 Richtung Münsingen, Abzweig K 6706 nach Wittlingen. Oder Abfahrt Merklingen, über Laichingen B 28 Richtung Bad Urach, Abzweig L 245 Richtung Seeburg/Hengen, K 6706 nach Wittlingen. - Bahnlinie Stuttgart - Tübingen bis Metzingen, von dort mit der Ermstalbahn bis Bad Urach und weiter mit der Buslinie 7646 nach Wittlingen, Haltestelle Rathaus.
Parken - Beim Café Stefanie oder etwas oberhalb am Wander-P 62 Zimmerplatz oder am Sportplatz P 63.

10 km

2 ½ Stdn.

170 m

Café Stefanie - Der traditionsreiche Familienbetrieb ist ruhig am Ortsrand gelegen und empfängt seine Gäste in behaglicher Atmosphäre mit schwäbischer Gastlichkeit. Die Ferienwohnungen sind gemütlich und auf der Gartenterrasse oder im liebevoll eingerichteten Café lassen sich neben köstlichen, selbst gebackenen Kuchen und Torten auch regionale Spezialitäten wie Kässpätzle und Maultaschen sowie Vesperplatten genießen. Niedrige Preise. - ÖZ: kein Ruhetag.

Der Rundweg - Vom Café Stefanie folgt man der Fischburgstraße abwärts Richtung Ortsmitte, an der Bergstraße geht es links zum Zehntplatz, vorbei an der Ev. Kirche und dem Rathaus (Bushaltestelle). Am Bucherweg geht man links bergauf, Wegweiser [Sportplatz]. Ab dem Waldrand kurz vor dem Sportplatz ist der Wanderweg gut beschildert. Hier geht es links in den Wald mit der Markierung [Gelbes Dreieck], der Weg verläuft nahe des Waldrandes oder direkt am Waldrand entlang. Kurz vor dem Sonnenhof geht man nach rechts ca. 100 m über einen Graspfad, der Hof liegt linker Hand. Danach führt der Weg immer abwärts

· Vesperstüble mit vielseitigem Mittagstisch
· Selbstgebackene Kuchen und Torten
· Schwäbische Weine und eigener Most
· Gartenterrasse
· Ferienwohnung und Gästezimmer

Frau Stefanie Doberschek
Fischburgstraße 27
72574 Bad Urach-Wittlingen
☎: 0 71 25 / 32 73

Hofgut Uhenfels mit Schloss Uhenfels

durch den Wald bis zu einer Felsformation. Hier links (!) zwischen zwei Felsen hindurch und gleich wieder rechts abwärts in ein Wiesental. An dessen rechtem Rand verläuft ein Pfädchen (das Markierungszeichen fehlt an dieser Stelle) zu einem schluchtenartigen Erdeinschnitt (Futterstelle, Hochstand). Weiter abwärts ist kurz nach dem Hochstand links eine Felswand mit Höhle zu sehen und später wird der Blick frei auf das romantisch gelegene »Schlössle« von Seeburg und die Erms. Unten angelangt erreicht man links über den P und den Fußweg neben der B 465 die Ortschaft Seeburg. Direkt an der Brücke biegt man links ab in die Anliegerstraße [Ströbling], rechts fließt der Fischbach. Nun folgt man immer dieser Straße und geht bei Haus Nr. 46 halb links aufwärts, dann eben geradeaus. Bald erscheinen auf der linken Seite imposante, bizarr geformte Felsen, u. a. Hartbergfels, Nägelesfels, Schlupffels. Rechts ist der Burgberg mit einem Kriegerdenkmal zu sehen. Immer konstant geradeaus folgt man der Straße [Hartberg] bis zum Ortsende, dann geht es unterhalb mächtiger Felsbastionen - meist Naturdenkmäler - entlang dem Fischbach durch das eindrucksvolle Fischburgtal. Dort wo ein Felsblock scheinbar den Weg versperrt, verläuft der Weg zweimal über den Bach. Links präsentiert sich der Engelfels, rechts der markante Kapuzinerfels. Der Wanderweg führt direkt zur L 245 und dann ca. 250 m an der Straße entlang, bis links die Abzweigung Richtung Wittlingen kommt, [Gelbe Raute]. Von nun an geht es stetig bergauf, zunächst neben einem überaus romantischen Bach, dessen Reiz die bemoosten Gesteinsstufen im Bachbett ausmachen. Später folgt die Einmündung in einen befestigten Weg, der nach Wittlingen zurückführt. Die Straße führt geradeaus, vorbei am P 62 Zimmerplatz, in die Fischburgstraße, direkt zur willkommenen Einkehr im Café Stefanie.

➥ **Weitere Wanderziele** - Im Fischburgtal und seiner Umgebung bieten sich noch weitere sehenswerte Ziele für Touren durch die schöne Gegend an. Lohnenswert ist beispielsweise die Burgruine Hohenwittlingen, erbaut um 1090 und im 17. Jahrhundert verfallen. Vom Turm bietet sich eine großartige Aussicht. - Ebenso wert, besichtigt zu werden ist die Schillerhöhle, ca. 250 m lang, von April bis November begehbar. Schöne Touren sind beispielsweise der Rulamanweg, der in die Vergangenheit führt und die interessante Tour »Jeder Schritt ergibt 1000 Jahre«. Viele Tafeln beschreiben hier das Leben der Ureinwohner.

TOUR 06

Dettingen a. d. Erms - Linsenbühl - Rossberg - Hohe Warte - Höllenlöcher - Dettingen

14 km

4 Stdn.

420 m

Charakteristik - Ein beeindruckender Weg, der zunächst durch wunderschöne Streuobstwiesen führt und dann auf dem [Kirschenweg] mit vielen Info-Tafeln Wissenswertes über der Kirschenanbau vermittelt. Zur Erntezeit heißt es nicht nur »studieren« sondern auch »probieren« - es darf genascht werden! Im späteren Verlauf durch eine Kernzone des UNESCO-Biosphärenreservates Schwäbische Alb kommen gewaltige Felsen und herrliche Ausblicke hinzu. Es empfiehlt sich, geeignetes Schuhwerk zu tragen und ggf. auch Wanderstöcke mitzuführen. Der Weg kann einerseits verkürzt und andererseits auch um ca. 1 km zum Aussichtsturm Hohe Warte verlängert werden.

Anfahrt - A 8 Karlsruhe/Stuttgart bis Ausfahrt Reutlingen/Tübingen, weiter über die B 27/B 312 nach Metzingen und B 28 in Richtung Bad Urach bis Dettingen. - Aus Richtung München/Ulm Abfahrt Merklingen, dann auf die B 28 bis Abfahrt Dettingen. - Zugverbindungen über Tübingen und Stuttgart nach Metzingen, von dort mit der Ermstalbahn oder dem Bus bis Dettingen/Mitte (Auskünfte unter www.naldo.de).

Parken - Gäste-P beim Hotel-Restaurant-Metzgerei Rößle. Weitere P am Bahnhof und in der Ulmer Straße. Direkt an der Wanderstrecke befindet sich auch der Wander-P beim CVJM-Gartenheim.

Hotel-Restaurant-Metzgerei Rößle - Das traditionsreiche Haus befindet sich seit 1864 in Familienbesitz. Die behaglichen Gästezimmer bieten viel Ruhe und Komfort. In der schwäbischen Gaststube und im lichtdurchfluteten Wintergartenrestaurant, das einen direkten Zugang zur Gartenterrasse bietet, werden die Gäste mit schwäbisch-mediterranen Kreationen aus der Küche von Stephan Schlecht verwöhnt. Die Feinkost-Metzgerei bietet köstliche Fleisch- und Wurstwaren aus eigener Schlachtung. - ÖZ:

Rößle
★★★
HOTEL · RESTAURANT · METZGEREI

Uracher Straße 30/32 (Ortsmitte)
72581 Dettingen an der Erms

Tel.: 0 71 23 / 97 80-0
Fax: 0 71 23 / 97 80-10

info@hotel-metzgerei-roessle.de

www.hotel-metzgerei-roessle.de

Metzgerei Mo. 8-13 Uhr, Di., Mi., Do. 8-13 Uhr und 14.30-18 Uhr, Fr. 8-18 Uhr, Sa. 7.30-12 Uhr, So. ist Ruhetag. Restaurant und Küche: Di.-So. 12-14 Uhr und 17.30-21 Uhr. Mo. ist Ruhetag. Die Öffnungszeiten variieren im Winter.

➡ **Der Rundweg** – Vom P am Rößle geht man über den Hof durch das kleine winklige Gässchen beim Biergarten. Die Milchgasse überqueren und links in die Karlstraße. Ab hier der Markierung [Blaues Dreieck] folgen. Den Keckbronnenweg aufwärts, am CVJM-Gartenheim und dem Wander-P vorbei, links bis zur Brücke und dann über die B 28. Rechts in den nächsten Weg. Hier hat man bereits den [Kirschenweg] erreicht, der zunächst parallel zur B 28 verläuft, später leicht ansteigt und dann auf der Höhe geradeaus **(!)** weiterläuft. Oben fehlt das Wegezeichen, anstelle dessen kann man sich hier an der Infotafel Nr. 6 orientieren. Es bieten sich die ersten schönen Ausblicke auf die Metzinger Weinberge. Nun immer dem [Kirschenweg] folgen. An der Infotafel Nr. 1 mit Grillstelle weiter geradeaus. Bei der Einmündung der Fahrstraße Linsenbühl folgt man dem Wegweiser [Rossfels]. Am Wegedreieck links und **(!)** gleich daraufhin scharf nach rechts auf einen schmalen Serpentinenpfad, der nun steil aufwärts weiterführt. Nach dem Waldaustritt hat man von der Wiese aus einen herrlichen Blick zur Burg Hohenneuffen. Die Fahrstraße zum Rossfeld dreimal überqueren, nun wird der Aufstieg steiler. Der Weg führt direkt zur Hochfläche Rossfeld mit dem Segelfluggelände. Oben kann man die traumhafte Aussicht genießen. Nach links geht es zum Olgafels, von wo aus man die Wanderung abkürzen kann, indem man hier den Rückweg antritt. Rechts auf schönem Weg mit der [Roten Gabel] durch Wald und Wiesen. Beim 775 m hoch gelegenen AP Rossfels mit Grillplatz und Wandertafel den befestigten Weg queren und dann geradeaus aufwärts an einem Denkmal mit Grillplatz vorbei, immer entlang des Traufweges. Bald gelangt man so zum 780 m hoch gelegenen Wiesfels, einem mächtigen und sehr breiten Felsmassiv. Weg und Richtung bis zum 803 m hoch gelegenen AP Grüner Fels beibehalten. Wieder zeigt sich ein beeindruckendes Panorama. Im Tal liegt Glems mit dem idyllischen Stausee. Weiter geht es geradeaus mit der [Roten Gabel] bis zu einer gut beschilderten Wegekreuzung. An dieser den Wegezeichen des [Schöne-Buche-Weges], der [Roten Raute] und dem Wegweiser [Hohe Warte 1 km] folgen. Am Ende des Weges ist an der Kreuzung ein Abstecher zur Hohen Warte möglich.

✪ **Hohe Warte** – ca. 1 km zusätzlich. – Der Aussichtsturm wurde 1922/23 vom Schwäbischen Albverein zum Gedenken an die Gefallenen erbaut und ist sonn- und feiertags zur Besichtigung geöffnet.

➡️ **Fortsetzung des Rundwegs** - Zurück am Ausgangspunkt des Abstechers folgt man links dem breiten Forstweg immer geradeaus bis zur Verlorenen Hütte mit Grillstelle. Dort biegt man mit der Markierung des [Ochsenstallweges] und der [Roten Raute] gleich in den ersten Weg nach links auf einen schönen Weg oberhalb des Längentals ein. Kurz nachdem das Tal aufhört, sieht man rechter Hand die Schutzhütte Höllenlöcher. Hier geht es links mit dem [Blauen Dreieck] zum Höllenlochfels, einem imposanten Felsspalt, den man mithilfe von Eisenleitern überwinden kann. Nach diesem eindrucksvollen Erlebnis geht man am Höllenlochfels vorbei durch eine wuchtige Felspassage und am Fuße respekteinflößender Felswände abwärts. Bei dem breiten Querweg geht man links und biegt gleich wieder rechts **(!)** auf den Pfad ein, der entlang des Hanges abwärts führt. Bei der breiten Wegekurve geht man scharf nach links auf diesem Pfad weiter. Unten stößt man auf einen breiten Weg bei einem Spielplatz. Vor der Wegegabel folgt man nun dem kleinen Pfad halbrechts, passiert den 509 m hohen Calverbühl und bleibt auf dem direkten Weg, der immer abwärts verläuft. Unten angekommen, stößt man auf den vom Anfang der Wanderung bekannten Weg neben der B 28 und geht rechts vor zur Brücke zurück zur wohlverdienten Einkehr im Hotel-Restaurant-Metzgerei Rößle.

TOUR 07

Metzingen-Glems - Grüner Fels - Wolfsfelsen - Speicherbecken - Glems

10 km

3 Stdn.

350 m

Charakteristik - Eine herrliche Aussicht vom Albrand, der Blick auf den idyllischen Stausee und die typischen Streuobstwiesen machen den besonderen Reiz dieser Rundwanderung aus. An manchen Stellen befindet man sich in einer Kernzone des UNESCO-Biosphärengebiets Schwäbische Alb. Bei Nässe ist die Tour nur bedingt zu empfehlen, da die Wege teilweise sehr rutschig sein können. Gutes Schuhwerk sollte auf dieser Tour selbstverständlich sein, Wanderstöcke können sich als hilfreich erweisen.

Anfahrt - A 8 von Karlsruhe oder Stuttgart bis Ausfahrt Reutlingen/Tübingen. Weiter auf der B 27/312 nach Metzingen, dann B 28 in Richtung Bad Urach und von dieser den Abzweig auf die L 380a fahren, der nach Glems führt. - Aus Richtung München und Ulm A 8 bis zur Ausfahrt Merklingen, dort auf die B 28 in Richtung Metzingen, dann Abzweig auf die L 380a nach Glems. - Metzingen liegt an der Bahnlinie Stuttgart - Tübingen. Vom Bahnhof Metzingen mit dem Bus - Linie 201 - nach Glems, Haltestelle am Birkenrain/Waldhorn.

Parken - Gäste-🅿 Gasthof zum Waldhorn. Wander-🅿 beim Stausee.

🍴 **Gasthof zum Waldhorn** - Im traditionsreichen Haus, welches sich seit über 125 Jahren in Familienbesitz befindet, werden die Gäste in behaglicher und familiärer Atmosphäre empfangen. Die Zimmer sind komfortabel ausgestattet sorgen mit ihrer ruhigen, schönen Lage in der heiteren Landschaft für viel Entspannung. Die Küche - regional, saisonal und klassisch -, in welcher der Chef selbst für das leibliche Wohl sorgt, arbeitet mit frischen, ausgewählten Zutaten, teils aus dem eigenen Garten und verwöhnt die Gaumen der Gäste mit fantasievollen, fein abgestimmten Köstlichkeiten. Bier vom Fass, Württemberger Weine und »Kirschwässerle« aus der eigenen Brennerei runden das Angebot ab. - ÖZ: Mi.-Mo. 10-23 Uhr. Ruhetag ist Dienstag.

➡ **Der Rundweg** - Der Weg kann auch vom Wander-P am Stausee begonnen werden, An- und Rückweg hierzu: S. 46. - Vom Gasthof Waldhorn geht man den St.-Johanner-Weg mit dem [Blauen Dreieck] und dem Wegweiser [Rossfeld] aus dem Ort hinaus. Der Linkskurve leicht aufwärts und immer geradeaus folgen. Beim Linsenbühl hat man eine erste herrliche Aussicht auf Neuhausen, Metzingen und die Weinberge. Lässt man den Blick hier nach links schweifen, kann man in der Ferne die Burg Achalm von Reutlingen erkennen. Entlang des Waldrandes führt das [Blaue Dreieck] scharf rechts auf einem schmalen Pfad in Serpentinen steil aufwärts zum Rossfeld und nach St. Johann. Beim Waldaustritt bietet sich von der Wiese aus ein schöner Blick zur Burg Hohenneuffen. Zweimal ist nun die Straße zu queren. Wo der Weg ein drittes Mal auf die Straße trifft, geht man [ohne Markierung] rechts auf der wenig genutzten Fahrstraße weiter auf-

wärts. In der Linkskehre dem Wegweiser [Grüner Fels 1 km] folgen und geradeaus weiter auf dem Waldweg aufwärts. Auf der Höhe angekommen, wendet man sich gleich nach links, wo der Traufweg in wenigen Schritten zum 803 m hoch gelegenen Aussichtspunkt Grüner Fels führt. Der Aufstieg wird hier belohnt mit einem beeindruckenden Panorama und dem Blick auf den herrlich gelegenen Stausee. Weiter geht es mit der [Roten Gabel] geradeaus bis zu einer gut beschilderten Wegekreuzung. Hier biegt man nach rechts ab ins Glemser Sträßchen mit dem Wegweiser [Eninger Weide, 2,2 km]. Nach 200 m führt der Wanderweg mit dem Wegweiser [Eninger Weide, 2 km] nach rechts. - Unterwegs bietet sich bald die Möglichkeit, einen Abstecher zum nahe gelegenen ND Wolfsfelsen zu unternehmen. Hierfür folgt man dem [Blauen Winkel]. - Die [Rote Gabel] führt weiter geradeaus. Bei der Einmündung in einen großen Querweg folgt man nun dem [Roten Dreieck] für ca. 500 m bis zum Wanderheim Eninger Weide. An diesem geht man vorbei und an der Straße rechts aufwärts bis zum Anfang des imposanten Speicherbeckens, wo sich auch eine Infotafel über das Pumpenspeicherkraftwerk Glems befindet. Schräg gegenüber wandert man nun entlang eines schmalen Wiesenpfades in den Wald. Nach 20 m geht man mit dem [Blauen Dreieck] links, vor bis zum Traufweg, wieder links und weiter bis zum 778 m hohen Grasberg. Von hier geht es nun in steilen Serpentinen abwärts. Auf halber Höhe quert man den breiten Forstweg schräg. Bald kommt man an einem weiteren schönen Aussichtspunkt vorbei, von dem aus man auf Glems und bis hinüber zur Burgruine Hohenneuffen sehen kann. Beim Verlassen des Waldes biegt man [ohne Markierung] rechts auf den Sohltweg ab und geht weiter geradeaus. An der Stelle, an der man ein Haus passiert, fängt auch der geteerte Weg an. Immer weiter abwärts bis vorbei an einer Grillstelle, bis ein Querweg kommt. Hier geht man nun links auf dem Radweg zum Stausee in Richtung Neuhausen. Bei den Häusern wandert man links in die Uhlandstraße und daraufhin an der Eberbergstraße rechts abwärts in Richtung der Ortsmitte. Linker Hand befindet sich das Obstbaummuseum, welches an Sonn- und Feiertagen 14-17 Uhr und sonst auf Anfrage besichtigt werden kann. Vorbei am Backhaus und am Rathaus folgt man nun dem Wegweiser zur wohlverdienten Einkehr im Gasthof Waldhorn.

➡ **Variante vom Stausee** - Dieser Weg ist um ca. 3 km länger. - Am Wander-P am Stausee überquert man mit der Markierung [Blaues Dreieck] und dem Wegweiser [Glems] die Straße, geht an der Obstplantage vorbei, wendet sich nach links und beim nächsten Weg gleich wieder nach rechts auf den Radweg nach Glems. Diesem folgt man nun konsequent bis nach Glems und geht ab dem Gasthof Waldhorn weiter wie oben beschrieben. - Für den Rückweg folgt man ab dem Waldaustritt immer den Wegweisern zum Stausee.

Weitere Wandermöglichkeiten
Rund um Glems gibt es neben der oben beschriebenen Tour auch weitere schöne Wanderungen zu erkunden, beispielsweise den ca. 3½ km langen Rundweg um den Stausee oder den ca. 5½ km langen und interessanten Natur-Erlebnispfad.

Gächingen - Kleiner und Großer Föhrenberg - Auental - Gächingen

TOUR 08

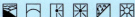

Charakteristik - Die eindrucksvolle und abwechslungsreiche Rundwanderung auf der Albhochfläche, die sich über Wiesen, Felder und Wälder erstreckt punktet mit prächtigen Aussichten ins Umland. Nur leichte Anstiege auf überwiegend befestigten Wegen lassen die Tour wenig beschwerlich erscheinen. Entlang der Strecke finden sich nur selten schattige Abschnitte.

Anfahrt - Aus Richtung Bad Urach über Sirchingen nach Gächingen.
- Aus Richtung Reutlingen über Eningen, Würtingen oder über Unterhausen, Holzelfingen und Ohnastetten nach Gächingen. - Mit dem Bus 7643 von Bad Urach.

Parken - Gäste-P beim Landgasthof Hirsch und Albmetzgerei Failenschmid. Es wird darum gebeten, den P nur dann zu benutzen, wenn hier auch eingekehrt wird. Weitere P befinden sich am Friedhof an der St.-Georg-Kirche, welche man über die Hauptstraße und die Hauffstraße erreicht.

14½ km

3½ Stdn.

➡ **Der Rundweg** - Vom P am Friedhof geht man rechts vorbei an der Kirche, dann links auf der St.-Georg-Straße abwärts. Wer am Gasthof parkt, steigt hier in die Wanderung ein: man wandert rechts vorbei am Gasthof und folgt an der Gabelung der Hauptstraße K 7601. An der zweiten Spitzkehre geht man geradeaus auf einen asphaltierten Rad- und Wanderweg und weiter vorbei an der Scheune Nummer 15. Nach dieser zweigt man nach rechts ab. Dem Weg mit der örtlichen Wegemarkierung [18], der parallel zur Autostraße K 7601 verläuft, folgen. Bald führt der Weg an einem Wander-P und der Bushaltestelle Tiefental (Linie 7643) vorbei. Nach ca. 300 m folgt erneut ein Wander-P. Alternativ-Einstiege in die Wanderung sind von beiden P aus möglich. Nach weiteren 250 m liegt linker Hand der Birkenhof. Man wandert weiter mit dem Weg

bis zum Waldrand, dort geht es nach links in Richtung Sirchingen. Nach wenigen Metern auf dem geschotterten Weg biegt man rechts in den Wald ein, wo man der Markierung [Gelbe Raute] in Richtung Eisenrüttel folgt. Bald passiert man eine Wetterschutzhütte mit Grillplatz und kurz darauf gelangt man zu einer Wegekreuzung. Hier wählt man den asphaltieren Weg, der nach links führt, und geht nach 100 m mit der [Gelben Raute] nach rechts. Auf diesem Weg umrandet man den Kleinen Föhrenberg in Richtung Rietheim. Schließlich gelangt man zu einem Wander-P mit schön angelegtem Grillplatz und einer herrlichen Aussicht auf die schmucke 100-Seelen-Gemeinde Rietheim und ihre Umgebung. Vom Wander-P auf dem Fahrweg in Richtung Rietheim gehen. Nach ca. 400 m biegt man nach links auf einen geschotterten Weg ab. Immer mit der Markierung [Gelbes Dreieck] geht man nun links in den Wald und um den Großen Föhrenberg herum. Nun wandert man teils abwärts und später aufwärts, bei einer großen Gabelung dem **(!)** mittleren Weg folgend, bis man aufwärts auf die asphaltierte Fahrstraße trifft. Nach einem kurzen Anstieg geht man nach rechts in Richtung Sirchingen und nach ca. 100 m nach links auf den Radweg mit der Markierung [R 12] in das Auental. Man folgt diesem Weg bis zu einer H-Kreuzung, folgt dann dem geschotterten Radweg mit der Kennzeichnung [R 27] und später wieder dem rechts abzweigenden, asphaltierten Radweg mit [R 12]. Nach dem Waldaustritt wandert man aufwärts über eine Hochfläche, wobei man einen herrlichen Ausblick in Richtung Gächingen genießen kann. Man hält sich, dem Weg folgend, links, passiert wieder die Scheune Nummer 15 und gelangt daraufhin links über die steil abwärts führende Straße Alte Steige zurück zur Dorfmitte, wo mit der wohlverdienten Einkehr der Landgasthof Hirsch und Albmetzgerei Failenschmid wartet. Um zurück zum P am Friedhof zu gelangen, geht man nach der Einkehr über die Hauptstraße, die Straße hinauf und an der Kirche vorbei.

Landgasthof Hirsch und Albmetzgerei Failenschmid - Der traditionsreiche Gasthof, den es schon seit 260 Jahren gibt, begeistert seine Gäste und auch die Gourmetmagazine. Das hervorragende Fleisch stammt aus der eigenen Schlachtung, die meisten anderen Zutaten vom »Bauern des Vertrauens nebenan«. Das Haus ist seit 2014 Mitglied bei »Schmeck den Süden« und im Haus der Baden-Württemberger Weine. Die hausge-

Failenschmid GmbH
Parkstraße 2

72813 St. Johann-Gächingen
Tel.: 0 71 22 / 82 87-0

www.failenschmid.de

machten Köstlichkeiten umfassen Gerichte wie Bio-Albbüffelbraten mit Kürbisstücken, Steak vom Albschwein und vom eigenen Lavagrill oder Albbüffelgöschle mit Dinkelteig. Auch die Vesperkarte lässt das Wasser im Mund zusammenlaufen. Die gemütlichen Gästezimmer laden zum Bleiben ein. - ÖZ: Donnerstag-Dienstag ab 11.30 Uhr. Warmes Essen gibt es Montag, Dienstag, Donnerstag, Freitag und Samstag 11.30-14 Uhr und 17-21 Uhr (14-17 Uhr kleine Speisekarte), an Sonn- und Feiertagen durchgehend. Vesper gibt es durchgehend. Mittwoch ist Ruhetag.

TOUR 09

Lonsingen/St. Johann - Gächingen - Degental - Lonsinger Tal - Lonsingen

Charakteristik - Ein geruhsamer Weg mit nur leichten Anstiegen auf überwiegend befestigten Wegen, der die typische Atmosphäre der Albhochfläche mit ihren weiten Wiesen und Feldern, den Wacholderheiden, kleinen Waldstücken und breiten Tälern vermittelt. Unterwegs eröffnen sich immer wieder herrliche Ausblicke in die hügelige Umgebung. Die Strecke ist nur auf kleinen Abschnitten schattig.

Anfahrt - Von Bad Urach über Sirchingen und Upfingen. - Von Reutlingen über Eningen, Würtingen oder über Unterhausen, Holzelfingen und Ohnastetten nach Lonsingen.

Parken - Gäste-P am Albhotel Bauder. Weitere P befinden sich in der Lonsinger Ortsmitte.

12 km

3 Stdn.

➡ **Der Rundweg** - Vom P am Bauder aus folgt man rechts der Albstraße und geht vorbei am Rathaus zur Ortsmitte. Hier befindet sich der andere P. Von hier geht man halb links die abzweigende Kirchbergstraße aufwärts. Man passiert den Rossbrunnen und die Kirche. Vor dem Schild [Ende 30 km/h] wandert man [ohne Markierung] aus dem Ort hinaus. Hier hat man eine großartige Aussicht auf die Orte Upfingen und Sirchingen. Nach einer langgezogenen Rechtskurve geht man an der Gabel halb links. Weitere 200 m danach geht man in einer Linkskurve nach rechts in einen schmaler werdenden Querweg mit dem [Gelben Dreieck] und dem Wegweiser [Gächingen]. Man folgt der Markierung auf einen Feldweg und gelangt weiter links abwärts über Treppen zur Ortschaft Gächingen. Im Ort wendet man sich auf der ersten Querstraße kurz nach rechts, nach ca. 10 m dann links in der Hauffstraße abwärts. Auf einem schmalen Weg läuft man rechts ab der Kirche mit romanischen Anbauten vorbei. Gleich nach der Kirche gelangt man links abwärts zur Straße nach Sirchingen. Kurz hinter dem Hirsch und Failenschmid (s. S. 48) hält man sich rechts und geht nach 30 m

an der Straße nach Münsingen links. Nach der Rechtskurve führt ein Weg der folgenden Gabel halb rechts auf dem Holzweg aus dem Ort hinaus. Man passiert nach einem kleinen Anstieg einen Wander-P und wandert sodann oberhalb der Gächinger Lauter immer am Waldrand entlang. Etwa 3 km folgt man dem Weg, dann biegt man auf einer Lichtung mit dem Wegweiser [Offenhausen - Sternberg] rechtwinklig ab und gelangt abwärts laufend zur Straße Gomadingen - Gächingen. Diese überquert man bei der Kläranlage, daraufhin geht es weiter halb rechts und am Waldrand entlang. An der nächsten Kreuzung [ohne Markierung] geradeaus weiter. In einer langgezogenen Rechtskurve läuft man durch das breite Lonsinger Tal und das Degental, die an beiden Seiten von Wald gesäumt sind. Nach ca. 3 km wandert man aus dem Tal hinaus und weiter auf einem betonierten Weg. Beim Wander-P geradeaus zur Straße nach Ohnastetten, diese überquerend und im Halbbogen rechts gelangt man schließlich zur wohlverdienten Einkehr im

Albhotel Bauder - Zentral im Ort liegt das moderne und freundliche Hotel, in dem die stilvollen Gästezimmer mit viel Komfort und die gemütliche und familiäre Atmosphäre für das Wohlgefühl der Reisenden sorgen. Ein Fitness- und Wellness-Bereich sowie das leckere Angebot an schwäbischen Spezialitäten und anderen Speisen im Restaurant Grüner Baum runden das Angebot ab. - ÖZ: Das Hotel hat täglich geöffnet, die Anreise sollte zwischen 15 Uhr und 19 Uhr, an Montagen bis 12 Uhr oder ab 17 Uhr, die Abreise bis spätestens 10.30 Uhr erfolgen. Das Restaurant ist Di.-So. 11.30-23 Uhr geöffnet, Montag ist Ruhetag.

ALBHOTEL BAUDER

TRADITIONSREICHES GASTLICHES HAUS.
WANDERN UND ERHOLEN.

- RUHIG GELEGEN IN SCHÖNER WIESENLANDSCHAFT
- KOMFORTABEL EINGERICHTETE ZIMMER
- WUNDERBARES WANDERGEBIET

FAMILIE BAUDER · ALBSTRASSE 4-6 · 72813 ST. JOHANN-LONSINGEN
TELEFON: 0 71 22 /17-0 · TELEFAX: 0 71 22 /172 17
WWW.ALHOTEL-BAUDER.DE

TOUR 10

Honau - Echazquelle - Schoss Lichtenstein - Hauff-Denkmal - Ruine Alter Lichtenstein - Traifelbergfelsen - Honau

10 km

3½ Stdn.

247 m

Charakteristik - Die abwechslungsreiche Rundwanderung mit steilem Aufstieg zum weltberühmten neugotischen Schloss Lichtenstein besticht mit traumhaften Ausblicken auf das Schloss und über das Echaztal. Es empfiehlt sich, festes Schuhwerk zu tragen. Unterwegs bieten sich auch Abkürzungen an.

Anfahrt - Von Reutlingen auf der B 312 über Pfullingen und Unterhausen bis nach Honau. - Von Sigmaringen/Riedlingen auf der B 313 über Engstingen nach Honau. - Vom ZOB Reutlingen fahren sowohl die Buslinie 400 als auch die Regionallinien 7606 bzw. 7607 direkt bis nach Honau.

Parken - Großer Gäste-P hinter dem Hotel-Restaurant Forellenhof.

Forellenhof Rössle - Das seit über 200 Jahren in Familienbesitz befindliche Traditionshotel ist weithin bekannt für seine köstlichen, frischen Fischspezialitäten aus hauseigener Fischzucht und seine hervorragende Küche. Das Haus mit den komfortablen Gästezimmern bietet neben dem Restaurant und der Bar auch Spa und Wellness und besticht durch Speisen in höchster Qualität, den persönlichen Service, seine Verwöhnmentalität und die besondere Kulinarik. Seit 2012 ist es Biosphärengastgeber, durch seine Lage ist es der ideale Ausgangspunkt für viele (auch vom Hotel geführte) Wanderungen in die schöne Umgebung. Viele ansprechende Arrangements. - ÖZ: Mo.-Sa. 7-24 Uhr, warme Küche 11.30-14 Uhr und 17-21 Uhr, 14-17 Uhr und 21-22 Uhr gibt es eine kleine Karte. An Sonn- und Feiertagen: 7-22 Uhr, warme Küche 11.30-20.30 Uhr. Forellenverkauf Mo.-So. 8-20.30 Uhr.

Heerstraße 20
72805 Lichtenstein-Honau
Telefon: 0 71 29/92 97-0

WWW.FORELLENHOF-ROESSLE.DE

➧ Honau - Föhnerquelle - Echazquelle - Schloss Lichtenstein

- Vom [P] des Forellenhofes führt links ein kleiner Weg an der Echaz entlang in Richtung des Sportplatzes. Dort rechts über die Brücke gehen und dem Wegweiser [Echazquelle] sowie der Markierung des [Burgenwegs] und dem [Blauen Dreieck] folgen. Entlang des Weges passiert man rechter Hand die Föhnerquelle. Hinter den Fischteichen des Forellenhofes kommt man am restaurierten Wasser-Pumphaus des Schlosses und an der Tobelmühle vorbei. An der Echazquelle rechts den kleinen Wanderpfad mit der Markierung des [Burgenweges] und dem Wegweiser [Schloss Lichtenstein] einschlagen und aufwärts gehen. Nach 20 m **(!)** rechts mit dem [Burgenweg] und der [Blauen Raute] in den Zickzack-Weg einbiegen und weiter rechts der [Blauen Raute] sowie den Wegweisern [Kassenelsen] und [Schloss Lichtenstein] folgen. Nach dem Felslabyrinth befindet sich rechts der Bank die Felsenkasse, dort links aufwärts. An der nächsten Wegegabel geradeaus gehen mit dem [Burgenweg], dem [Blauen Dreieck] und den Wegweisern [Schloss Lichtenstein] und [Nebelhöhle]. Durch die Bäume ergeben sich immer wieder schöne Blicke ins Tal. Oben am Berg führt der Weg geradeaus weiter. An der nächsten Kreuzung dem [Roten Dreieck] nach links folgend und über den [P] geradeaus gelangt man schließlich zum

✪ **Schloss Lichtenstein** - Angeregt von Wilhelm Hauffs Roman »Lichtenstein« ließ Wilhelm Graf von Württemberg 1840-42 das Märchenschloss im Stil des Mittelalters erbauen. Schlossführungen und die Besichtigung des Schlosshofes sind sehr empfehlenswert. - ÖZ: April-Oktober täglich 9-17 Uhr, November, Februar und März: Sa., So. und Fei. 10-16 Uhr.

➧ Schloss Lichtenstein - Geologische Pyramide - Hauff-Denkmal - Ruine Alter Lichtenstein

- Vor dem Schloss führt der Weg weiter zur geologischen Pyramide, welche die Erdgeschichte der Alb darstellt. Links befindet sich das Hauff-Denkmal mit herrlichem Ausblick auf das Schloss, das Tal und die Traifelbergfelsen. An der Pyramide geradeaus weiter mit dem [Roten Dreieck] zur Ruine Alter Lichtenstein. Diese liegt linker Hand auf einem Felssporn. Dem [Roten Dreieck] und [HW 1] bis zur Landstraße folgen. - Hier ist eine Abkürzung zurück zum Ausgangspunkt möglich: Dafür geht man mit dem [Dobelkapfweg] und [HW 2] abwärts nach Honau. - Am [P] überquert man die L 230 und geht links auf dem kleinen geteerten Weg bis über die Brücke. Daraufhin biegt man nach rechts ab und hält sich sodann immer geradeaus. An der Siedlung Traifelberg geht man zwischen der Bauernhöfen hindurch und quert an der Ampel die B 312 Auf den Berg und dann links mit dem [Burgenweg] und dem [Roten Dreieck] in die Ernst-Glück-Straße gehen. **(!)** Nach etwa 70 m dann rechts dem [Roten Dreieck] und dem [HW 1] und danach links dem kleinen geteerten Weg folgen. Mit den Markierungen und [Burgenweg] sowie [Lochenstein] geradeaus über den Fahrweg, an der nächsten Kreuzung links gehen und auf dem Weg bleiben bis zum 795 m ü. NN gelegener AP Lochenstein. Weiter am Albtrauf entlang. Von den Traifelbergfelsen ha

Schloss Lichtenstein

man einen wunderschönen Blick auf das Märchenschloss Lichtenstein und über das Echaztal. - Hier bietet sich eine weitere Abkürzung an. Hierfür folgt man dem [Blauen Quadrat] und dem [Sonnensymbol], welches links abwärts nach Honau führt. - Von den Traifelbergfelsen geradeaus mit dem [Roten Dreieck] über den AP Rötelstein bis zum Wegweiser [Biegel]. Dort links hinunter nach Honau wandern, die Wegezeichen zur Orientierung sind das [Blaue Dreieck] sowie der [Burgenweg - Variante Honau]. Auf diesem bleiben und dem Holzwegweiser [Nach Honau/Echazquelle] folgen. In Honau geht es rechts zur Olgahöhle. Der Eingang befindet sich an der rechten Seite einer entsprechend gekennzeichneten Garage.

✪ **Olgahöhle** - Die Höhle befindet sich in einer großen Kalktuffterrasse. Sie zeichnet sich durch besondere, blumenkohlartige Perlsinterformen aus, die durch Überkrustung bestimmter Algen entstanden sind. 1874 wurde sie beim Tuffsteinabbau entdeckt und 1884 als erste Höhle Deutschlands elektrisch beleuchtet. - ÖZ: Die Höhle ist von März bis November jeden ersten Sonntag im Monat von 10 Uhr bis 17 Uhr für Besucher zugänglich.

➡ **Olgahöhle - Forellenhof Rössle** - Man folgt nun der Straßenführung. Nach einer Kurve passiert man das Ev. Pfarramt und die Kirche. Rechts in die Gallusstraße einbiegen und daraufhin die Heerstraße queren und zur wohlverdienten Einkehr in den Forellenhof Rössle.

Weitere Wanderwege in der Umgebung

Um Honau herum gibt es diverse weitere Rundwanderwege, die es zu erkunden lohnt.

➡ **Rundwanderweg 1** - ca. 1¾ Stdn. - Honau - Schloss Lichtenstein - Dobelschlucht - Echazquelle - Honau.

➡ **Rundwanderweg 1a** - ca. 1¾ Stdn. - 🅿 Echazquelle - Alte Tobelmühle -Tobelschlucht - Ohafelsen - Ruine Alter Lichtenstein - Wilhelm-Hauff-Denkmal - Schloss Lichtenstein.

➡ **Rundwanderweg 2** - ca. 1¾ Stdn. - Honau - Olgahöhle - Holzelfingen - Rötelstein - Traifelbergfelsen - ehem. Bahnhof Lichtenstein - Honau.

➡ **Rundwanderweg 2a** - ca. 1½ Stdn. - Honau - Freibad - Rötelstein - Traifelbergfelsen - ehem. Bahnhof Lichtenstein - Honau.

➡ **Rundwanderweg 3** - ca. ¾ Std. - Wanderung um den Traifelberg.

➡ **Weitere lohnenswerte Ziele in der Umgebung** - Sehenswert sind das Wilhelm-Hauff-Museum und das Mineralienmuseum in Honau, das Naturschutzgebiet Greuthau an der L 230, der Kletterpark und der Spielplatz beim Schloss Lichtenstein.

TOUR 11

Stahlecker Hof - Ruine Stahleck - Eckfelsen - Ruine Greifenstein - Holzelfingen - Stahlecker Hof

9 km

2½ Stdn.

Charakteristik - Die abwechslungsreiche Wanderung mit geringen Höhenunterschieden führt durch Wiesen und Wälder zu alten Ruinen und markanten Felsen. Von einigen Aussichtspunkten hat man einen schönen Blick bis zum weltberühmten Schloss Lichtenstein.
Anfahrt - Von Reutlingen: B 312 nach Lichtenstein-Unterhausen, dann L 387 nach Holzelfingen, weiter in Rtg. Ohnastetten, vor dem Ort links zum Stahlecker Hof. - Von Zwiefalten/Riedlingen nach Engstingen, dort im Kreisel in Rtg. Holzelfingen, weiter wie oben beschrieben.
Parken - Großer Gäste-P beim Landgasthof Stahlecker Hof.

➥Stahlecker Hof - Ruine Stahleck - AP Eckfelsen - Ruine Greifenstein - Vom P des Landgasthofes folgt man der [Roten Gabel] rechts in Richtung der Ruine Stahleck. **(!)** Der Weg führt zwischen dem Wohnhaus und dem landwirtschaftlichen Gebäude ge-radeaus auf einem Trampelpfad über die Wiese. An deren Ende geht man mit dem [Roten Dreieck] und dem Wegweiser [Ruine Stahleck] nach links. Nach etwa 700 m erreicht man die Ruine Stahleck, die sich auf 711 m ü. NN in einer Talrandlage befindet. Von der ehem. Burg sind nur noch der Graben und geringe Mauerreste zu erkennen. Ihr Wirtschaftshof war der heute noch bestehende Hof Stahleck. Von der Ruine wandert man mit dem [Roten Dreieck], das den Weg durch das Waldstück Zellerbuch weist, weiter. Nach dem Wegweiser [Burgenweg] und dem [Roten Dreieck] **(!)** verlässt man den Schotterweg, wendet sich nach rechts und gelangt über einen kleinen Trampelpfad zum 748 m ü. NN gelegenen AP Eckfelsen mit herrlichem Blick ins Zellertal, auf den Urselhochberg und über die Berge jenseits des Echaztales. Bei guter Sicht kann man auch das Tübinger Schloss und die Wurmlinger Kapelle erkennen. Vorbei an einem weiteren Aussichtsfelsen, von dem man das Schloss Lichtenstein entdecken kann, führen der [Burgenweg] und das [Rote Dreieck] bis zur Ruine Greifenstein.
✪ **Ruine Greifenstein** - Über eine Holzbrücke gelangt man in den 760 m ü. NN gelegenen Burghof von Obergreifenstein. Die Burg wurde 1311 von den Reutlingern zerstört. Es bietet sich eine wunderbare Aussicht ins Tal, zum Pfullinger Schönbergturm und zum Märchenschloss Lichtenstein.
➥Ruine Greifenstein - Holzelfingen - Landgasthof Stahlecker Hof - Der Weg führt immer mit dem [Roten Dreieck] und dem [Burgenweg] an der Grillhütte vorbei zu mehreren Aussichtspunkten. Sobald man den Wald verlassen hat, ergibt sich linker Hand ein prachtvoller Blick über die Wiesen der Albhochfläche. Man gelangt zum AP Kleiner Greifenstein mit zwei Sitzbänke zum Ausruhen. Der [Burgenweg] führt zum Triebfelsen mit

herrlicher Aussicht. Weiter geradeaus bis Holzelfingen. **(!)** Nach dem ersten Haus biegt man sofort mit der [Roten Gabel] und dem Wegweiser [Hof Stahleck] sowie der [5] nach links ab. **(!)** An der nächsten Gabelung hält man sich rechts. An einem Obstbaum kann man hier die [Rote Gabel] sehen. Auf dem Teerweg rechts wandert man bis zur Landstraße, überquert diese geradeaus und biegt mit der [Roten Gabel] links ab. Der Weg läuft parallel zur Landstraße. Beim Fußgängerüberweg quert man die Landstraße erneut und hält sich links. Am Wander-P mit [Roten Gabel] in den Wald hinein. Auf dem Weg weiter, bis er aus dem Wald hinaus führt und man den Landgasthof sehen kann. Ein Wiesenweg führt nun zur verdienten Einkehr im

Landgasthof Stahlecker Hof - Der Gasthof, der schon seit Generationen ein beliebtes und bekanntes Ausflugsgebiet im Biosphärengebiet Schwäbische Alb ist, bietet neben komfortablen und gemütlichen Gästezimmern hervorragende schwäbische Speisen in besonderer Qualität: Es werden regionale Produkte verarbeitet, so gibt es beispielsweise köstliches Württemberger Rind, Alblamm und auch die Kartoffeln stammen aus der Region. Zu den leckeren Gaumenfreuden passen die hervorragenden Württemberger Weine, Most und regionales Bier. Schmecken lassen kann man sich das gute Essen in einem der vielen Galerieräume mit insgesamt 170 Plätzen oder - an schönen Tagen besonders empfehlenswert - auf der teils windgeschützten Terrasse mit 100 Plätzen, von der aus man neben den Speisen auch die wunderbare Landschaft genießen kann. - ÖZ: Während der Sommermonate 11-22 Uhr, die Küche ist täglich 11.30-21.30 Uhr geöffnet.

TOUR 12

Hofgut Übersberg - Mädlesfelsen - Urselhochberg/Wollenfels - Zellertal - Hofgut Übersberg

13 km

3½ Stdn.

260 m

Charakteristik - Abwechslungsreich und mit vielen Facetten ist dieser Teil der Schwäbischen Alb zu erleben. Imposante Felsen mit Aussichtspunkten zum Staunen und Genießen, schöne Täler Wacholderheiden und die unter Naturschutz stehenden Wiesen, die mit vielen seltenen Pflanzen wie Knabenkraut oder Enzian beeindrucken, begleiten die Tour. Immer wieder führt der Weg durch eine Kernzone des UNESCO-Biosphärengebietes Schwäbische Alb. Bei Nässe kann es an den steilen Pfaden rutschig werden.

Anfahrt - A 8 aus Richtung Karlsruhe und Stuttgart bis Ausfahrt Reutlingen/Tübingen, dann B 27/464/312 in Richtung Reutlingen und Pfullingen. In der Pfullinger Ortsmitte bei der Kirche in die Schulstraße einbiegen und der Beschilderung zum Segelflugplatz und Übersberg durch den Wald für ca. 9 km bis zum Hofgut folgen. - A 8 aus Richtung München und Ulm bis Ausfahrt Merklingen, B 28/312 in Richtung Reutlingen und Pfullingen. Ab Pfullingen weiter wie oben beschrieben.

Parken - Gäste-P beim Hofgut Übersberg.

Hofgut Übersberg - Das barrierefrei eingerichtete, traditionsreiche Gasthaus, welches als Ausgangspunkt für Wanderungen weithin bekannt und beliebt ist, erwartet seine Gäste mit schwäbischer Gastlichkeit, sauberer Luft und gutem Essen. Weitab von Lärm und Hektik kann man hier bei kulinarischen Köstlichkeiten, beispielsweise auch schwäbischen Spezialitäten, den Alltagsstress vergessen und die Seele baumeln lassen. Es gibt drei Governmenten, das Jägerstüble, die Höferstube und den Schwaben-

56

saal, die Platz für insgesamt ca. 250 Personen bieten. Im Sommer kann auf der großzügig angelegten Terrasse gespeist werden. Vesperkarte. Extrakarte mit Leckerbissen für Kinder. - ÖZ: Dienstag-Samstag 11-22 Uhr, Sonntag 10-22 Uhr. Montag ist Ruhetag.

➥ **Der Rundweg** - Beginn der Wanderung ist die große Linde (ND) vor dem Hofgut. Zunächst wandert man von ihr aus zum 774 m hohen Mädlesfels, von dem sich gleich am Anfang der Wanderung eine beeindruckende Aussicht auf die Burgruine Achalm und an ihrem Fuße Eningen und Reutlingen bietet. In der Ferne ist rechter Hand der Fernsehturm von Stuttgart zu erkennen. Links sieht man den Schönbergturm, der im Volksmund auch »Pfullinger Onderhos« genannt wird. Vom Aussichtspunkt wandert man zurück bis zum Waldrand. An der Pferdekoppel geht man mit dem [Blauen Dreieck] und dem [Burgenweg] nach links in den Wald und folgt dort dem Pfad geradeaus und abwärts, der nun unterhalb des Mädlesfels verläuft. An der Wegegabel verlässt man die Wanderzeichen und geht **(!)** [ohne Markierung] und mit dem Wegweiser [Mädchenhalde] auf den Weg, der links aufwärts führt. Auf diesem erreicht man die Fahrstraße, die man nach rechts überquert. Man wendet sich **(!)** gleich wieder links und wandert auf dem schmalen Pfad, der direkt an der Straße verläuft, steil aufwärts. Es folgt ein kräftiger Anstieg bis zur Mündung in einen breiten Querweg. Hier geht man mit dem Wegweiser [Hochbergebene] links und folgt diesem Weg, bis man die 788 m hohe Hochfläche des Naturschutzgebietes Urselhochberg erreicht. Hier führen schmale Wiesenpfade durch das Gebiet, die nicht verlassen werden dürfen! Dem Pfad links, der an der Grillstelle vorbei führt folgend gelangt man zum Aussichtspunkt Wollenfels. Eine Bank lädt hier zum Verweilen ein, von der man die Aussicht über die Albhochfläche, Unterhausen und das Zellertal genießen kann. Zurück über die Hochfläche. Am Ende der Wiese befindet sich rechts die Schutzhütte »Hochberghütte«. Links steht eine große Buche. An dieser führt ein Pfad [ohne Markierung] abwärts zur Elisenhütte auf 676 m. An der Hütte geht man mit dem [Wollenfelsweg] und dem [Blauen Dreieck] zum Imenberg. - Am Imenberger Sättele besteht die Möglichkeit, die Wanderung zu verkürzen, indem man über die Hochfläche Imenberg zum Ausgangspunkt zurückkehrt. Zum Übersberg sind es hier 2½ km, man folgt dem [Blauen Dreieck]. - Der Weg zum Zellertal verläuft entlang eines schmalen Pfades erst rechts und gleich wieder links abwärts. Man folgt der Beschilderung nach Unterhausen. Bald sind die ersten Häuser erreicht. Hier verläuft der

Wiesenpfad entlang des Waldrandes. Unterwegs eröffnen sich immer wieder schöne Ausblicke - beispielsweise zum romantisch auf der anderen Talseite gelegenen Schloss Lichtenstein. Wo der Pfad auf einen breiteren Querweg trifft, wendet man sich nach links, und geht durch das Naturschutzgebiet oberhalb von Unterhausen und Zellertal. Bald treffen der Wiesenweg und der Talweg aufeinander, ab hier folgt man dem Talweg mit dem [Blauen Dreieck] und dem [Roten Punkt]. Man gelangt zum Schützenhaus, wo man mit diesen beiden Markierungen dem Forstweg, der links aufwärts am Waldrand entlang führt, folgt. Bei der gut zu erkennenden Rechtskurve, an der eine Infotafel zur Kernzone Kugelberg und Imenberg steht, geht der Weg [ohne Markierung] weiter (Hohler Felsweg). Man folgt dem Weg vorbei an imposanten Felsen, bis die Hochfläche erreicht ist. Der Weg mündet nun in einen breiten Querweg, hier geht man mit dem [Roten Dreieck] nach links. Beim Waldaustritt geht man nach rechts und wandert über das Segelfluggelände zurück zur wohlverdienten Einkehr im Hofgut Übersberg.

INFO

Die Gemeinde Sonnenbühl

Dort, wo die Alb am schönsten ist, inmitten der abwechslungsreichen Kuppenlandschaft auf einer Höhe von 700-880 m liegt die Gemeinde Sonnenbühl, die aus den vier ländlich geprägten Ortsteilen Genkingen, dem Luftkurort Erpfingen, Undingen und Willmandingen besteht. Erste Siedlungen gab es hier bereits in vorchristlicher Zeit, im dritten Jahrhundert gab es vermutlich erste alemannische Siedlungen. Urkundliche Erwähnung fand der Ortsteil Erpfingen bereits im Jahre 777 auf einer Schenkungsurkunde des Lorscher Codex. Genkingen wurde sogar 772 erstmals erwähnt, ebenso wie Willmandingen. Undingen war 806 im Besitz des Klosters St. Gallen. Im Jahre 1975 schlossen sich die Ortsteile zur Gemeinde Sonnenbühl zusammen.

Albhochfläche zwischen den Ortsteilen Genkingen und Undingen

➦ **Wandermöglichkeiten** - Heute ist die lebendige Gemeinde mit guter Infrastruktur nicht nur ein attraktiver Wirtschaftsstandort, sondern auch ein beliebtes Ferien- und Ausflugsziel. Rund um Sonnenbühl finden sich unzählige Wander- und Radfahrmöglichkeiten. So können die Besucher bspw. von Erpfingen aus zur Bärenhöhle wandern oder den 28 km langen Weg bis zur Nebelhöhle und zurück angehen. Eine weitere Wanderung führt von Undingen aus zum Schloss Lichtenstein, dem Märchenschloss des Grafen Wilhelm von Württemberg. Das Schloss wurde 1840-42 im neugotischen Stil erbaut und lässt in seinem Baustil und in der Einrichtung die Romantik weiterleben, so dass es sich als eine Huldigung an das Mittelalter versteht. Eine Besichtigung der Innenräume und Sammlungen lohnt sich. Weiterhin bietet die Gemeinde mehrere Themenwanderwege an. So bringt der »Walderlebnispfad« nicht nur den jüngsten Wanderern den Wald anschaulich näher. Auf der »Zeitspur zum Fauthloch« zeigen fünf Stelen entlang des Weges die Entdeckung der Bärenhöhle auf. Die Reise beginnt vor 150 Mio. Jahren, führt durch die Eiszeit, als die Höhlenbären in der Höhle lebten, über die Keltenzeit bis zur Entdeckung der Höhle im 19. Jh. Der »Klimaweg Sonnenalb« führt vom Kältepol zum Sonnenparadies. Entlang eines 9 km langen Rundweges werden dem Wanderer auf 12 Schautafeln die Zusammenhänge und Auswirkungen der Entstehung der Schwäbischen Alb, der Kraft der Bäume und der Klimawandel der Neuzeit anschaulich und informativ präsentiert.

✪ **Weitere Freizeitmöglichkeiten** - Neben den zahlreichen Wanderwegen durch die traumhafte Umgebung bietet Sonnenbühl ein vielseitiges Angebot an weiteren Sport- und Freizeitmöglichkeiten. So findet sich in der Gemeinde für jeden Besucher ein passendes Ziel: ein beheiztes Freibad, eine Sommerrodelbahn, ein Kletterpark, Tennisplätze, Reiterhöfe, die Reiterferien und Ausritte in der Umgebung anbieten, oder das Ostereiermuseum. Zusätzlich besteht die Möglichkeit zum Ballon fahren oder zu einem Besuch im »Traumland«, einem Freizeitpark bei der Bärenhöhle. Im Winter bieten zahlreiche Loipen die Möglichkeit zum Skilanglauf, die Ortsteile verfügen über Liftanlagen für Abfahrtsski und Rodeln und ein Eislaufplatz bietet die Möglichkeit zum Schlittschuhlaufen. Aber Sonnenbühl hat noch mehr zu bieten. Die großartigen Naturdenkmäler wie die 1517 entdeckte Nebelhöhle, die Karlshöhle (1834) und die Bärenhöhle (1949) sind Tropfsteinhöhlen von einzigartiger Schönheit. Die Nebelhöhle beeindruckt mit ihren Stalagmiten, Stalaktiten und Stalagnaten. Sie ist auf rund 450 m begehbar und gehört nicht nur zu den längsten und schönsten sondern auch zu den ältesten Schauhöhlen der Schwäbischen Alb. Auch die Bärenhöhle, die sich aus der Karlshöhle und der später entdeckten Bärenhöhle zusammensetzt, ist eine Tropfsteinhöhle, die auf 250 m begehbar ist. Ihren Namen verdankt sie den zahlreichen Höhlenbären-Skeletten, die in ihr gefunden wurden und die in der Höhle besichtigt werden können.

✪ **Weitere Informationen** - Neben den oben angesprochenen Wanderungen durch das wunderschöne Umland finden sich ausführliche Informationen zu diesen und weiteren Wanderungen auf der Internetseite der Gemeinde Sonnenbühl: www.sonnenbuehl.de - Auf der Seite www.hoehlenwelten-sonnenbuehl.de können sich Interessierte über die Höhlen und deren Besuchszeiten informieren.

Sonnenbühl
Schwäbische Alb

- Bärenhöhle
- Nebelhöhle
- Ostereimuseum
- Freizeitpark Traumland
- Sommerbobbahn
- Feriendorf Sonnenmatte
- Golfplatz
- Gepflegte Gastronomie

und vieles mehr zum Entdecken und Genießen!

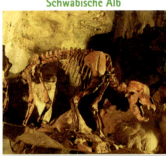

Tourist-Info Rathaus Undingen
Hauptstraße 2 · 72820 Sonnenbühl
Tel. 0 71 28 / 9 25 18
www.sonnenbuehl.de

TOUR 13

Sonnenbühl-Willmandingen - Bolberg - Riedernberg - Ruchberg - Himmelberg - Willmandingen

14 km

4 Stdn.

Charakteristik - Die landschaftlich reizvolle und sehr abwechslungsreiche Rundwanderung führt entlang des Albtraufes und bietet entlang des Weges viele fantastische Ausblicke von markanten Aussichtspunkten. Im Naturschutzgebiet Ruchberg kann der im Frühsommer aufmerksame Wanderer einige seltene Pflanzenarten entdecken.

Anfahrt - Von Stuttgart über die B 27 bis nach Nehren, dort über die L 394, später K 6934 und L 385 bis Sonnenbühl-Willmandingen - Von Reutlingen nach Sonnenbühl-Genkingen, auf der L 382 nach Sonnenbühl-Undingen, dann auf der K 6731 nach Sonnenbühl-Willmandingen. - Von Reutlingen aus fährt der RAB Reutlingen-Sonnenbühl nach Willmandingen.

Parken - Gäste-P beim Landhotel-Café-Restaurant Sonnenbühl.

Landhotel-Café-Restaurant Sonnenbühl - Im weithin bekannten Haus steht der Gast im Vordergrund: Nicht nur ausführliche Beratungen für Wander-, Reit- und Radtouren werden hier geboten, sondern auch die Möglichkeiten zum Golfen, Tennisspielen oder sogar für Rundflüge! Die Arrangements lassen kaum Wünsche offen und auch die Gästezimmer beeindrucken mit allem Komfort. Die Küche überzeugt mit saisonalen und regionalen Gerichten, die vom Chef selbst zubereitet werden. Die Spezialität des Hauses ist die Maultaschenpfanne, die man als Liebhaber der schwäbischen Küche unbedingt probiert haben sollte. Das Haus bietet diverse Räume mit viel Platz für die Gäste, auch auf der schönen Sonnenterrasse kann geschlemmt werden. - ÖZ: Von Dienstag bis Sonntag 11 Uhr bis 23 Uhr, Montag ist bis 17 Uhr Ruhetag.

➦ **Der Rundweg** - Vom Gäste-P geht man etwa 50 m den Berg hinauf und nimmt dann den linken Weg, der an der Gemeindehalle vorbeiführt. Dann rechts in die Wilhelmstraße einbiegen und diese bis zu ihrem Ende aufwärts entlanggehen. In der Bolbergstraße zunächst rechts, dann nach 30 m links abbiegen. Nun folgt man immer der Markierung [Rote Gabel] und läuft weiter bis zum Aussichtspunkt Bolberg. **(!)** Am Wegweiser [Bolberg] und der [Grünen 9] nicht nach links abbiegen, sondern weiter auf dem Schotterweg geradeaus gehen. Vom 880 m ü. NN liegenden Aussichtspunkt öffnet sich ein herrlicher Blick bis zum Schwarzwald. Vor der Hütte geht man nach rechts und nun immer mit der Markierung [Rotes Dreieck] in Richtung Riedernberg. **(!)** Man läuft für ca. 30 m auf einem Schotterweg und wechselt dann auf einen kleinen Wanderpfad, der rechts abwärts weiterführt. Ein weiterer Schotterweg wird überquert und abwärts weiter wandernd erreicht man den Buchbrunnen, bei dem Sitzbänke zum Verweilen einladen. Man wandert weiter mit den Markierungen [Rotes Dreieck], [HW 1] sowie den Wegweisern [Riedernberg] und [Heidenburg] nach links und aufwärts, **(!)** verlässt an der Wurzel eines umgestürzten Baumes den breiten Weg und biegt in den schmalen Weg hinter der Wurzel ein. Auf diesem geht man nun weiter aufwärts. Oben am Berg den rechten Weg wählen. Vom Aussichtspunkt des Riedernberges hat man einen wunderbaren Ausblick. Hier steht ein Hinweisschild, welches die Heidenburg aus der Hallstadtzeit (600-400 v. Chr.) thematisiert. Man folgt den Markierungen [Rotes Dreieck] und [HW 1] bis man zum Holzwegweiser [Riedernbergweg] gelangt. An diesem geht man geradeaus weiter, biegt nach 10 m scharf rechts ab und wandert abwärts in die Wacholderheide. Rechts und links entlang des Weges kann man mit etwas Aufmerksamkeit einige sehr seltene Pflanzenarten entdecken. Dem Verlauf des Schotterweges zunächst nach rechts und dann nach links folgen. An der Kreuzung geht man weiter geradeaus. An der nächsten Kreuzung nimmt man den Teerweg links in Richtung der Windräder, überquert dann die Landstraße und geht rechts steil aufwärts. Oben wandert man über die Wiese an den Sträuchern entlang und geht dann querfeldein zu den markanten Windrädern, die auf dem Himmelberg stehen. Diese anstrengende Passage der Tour wird belohnt mit einem beeindruckenden Panoramablick. Hinter den drei Windrädern folgt man schließlich der Markierung [Gelbe Gabel], die wieder nach Willmandingen und dort über die Rathausstraße zur wohlverdienten Einkehr ins Landhotel Sonnenbühl führt.

Genkingen - Rundweg zur Nebelhöhle

TOUR 14

10 km

2½ Stdn.

Charakteristik - Die Albhochfläche bei Sonnenbühl ist ein sehr beliebtes Wander- und Freizeitgebiet. Ein großer Golfplatz und viele gut ausgeschilderte Wander- und Radwege in guter Luft und beschaulicher Stille sind Anziehungspunkt für zahlreiche stressgeplagte Städter. Die Wege sind bequem, die Anstiege sind maßvoll. Vor allen Dingen hat der Wanderer fast ständig die eindrucksvolle Weite der hügeligen Hochfläche vor Augen. Dieses herrliche Naturerlebnis wird noch übertroffen durch den Besuch einer der schönsten Tropfsteinhöhlen der Alb, der Nebelhöhle.

Anfahrt - Von Reutlingen B 312 Honauer Steige, vor Engstingen Abzweigung rechts nach Genkingen. - Von Sigmaringen B 313, nach Engstingen L 230 Richtung Genkingen.

Parken - P beim Gasthof Rosengarten in Genkingen.

✪ **Genkingen** - Der auf 771 m Höhe gelegene Teilort der Gemeinde Sonnenbühl wurde im Jahre 772 erstmals urkundlich erwähnt. Der Ort befand sich im Verlauf seiner Geschichte im Besitztum verschiedener Klöster. 1540 kam Genkingen mit dem Klosteramt Pfullingen zu Württemberg. Sehenswert ist die aus romanischer Zeit stammende, 1691 durch einen Anbau erweiterte Kirche mit einem seitlich stehenden, von achteckigem Dachhelm (1740) bedeckten Turm.

🍽 **Gasthof Rosengarten** - Ein sympathischer, ländlicher Gasthof mit behaglicher, familiärer Atmosphäre. Gutbürgerliche Küche mit sehr lecker zubereiteten regionalen Gerichten. Der schwäbische Zwiebelrostbraten ist ein Gedicht. Feine vegetarische Speisen. Eigener Most, gute Obstbrände aus eigener Brennerei. Mittlere Preise. - ÖZ: Donnerstag bis Montag durchgehend, Dienstag und Mittwoch sind Ruhetage.

Gasthof Rosengarten

Inh. Kurt Hermann

Der ländlich-gemütliche Landgasthof liegt inmitten einer herrlichen Wanderregion. Seit 3 Generationen in Familienbesitz.

Rosengartenstr. 8, 72820 Sonnenbühl-Genkingen, Tel. 07128/610

➡ **Genkingen - Nebelhöhle** - ca. 1 Std. - Vom Rosengarten geht man mit dem [Roten Dreieck] durch die Gönninger Straße ortseinwärts. An der Gabel in der Ortsmitte geradeaus in Richtung Riedlingen und Nebelhöhle weitergehen. Geradeaus durch die Pfullinger Straße und in die Jahnstraße einbiegen. Immer dem [Roten Dreieck] folgen und auch mit dem Wegweiser [Ruoffseck] in Richtung der Sportanlagen am Ortsende links abzweigen. Vor den Sportplätzen wandert man auf dem Forstweg rechts in den Wald. Bei mehreren Abzweigungen und Gabeln immer der Markierung folgen. Nach ca. 1 km aus dem Wald heraus gehen. Die Autostraße überqueren und [ohne Markierung] mit dem Wegweiser [Nebelhöhle] rechts auf den geteerten Weg gehen. An der nächsten Abzweigung läuft man links auf den geschotterten Weg und weiter bis zum Waldrand. Jetzt rechts aufwärts zur

✪ **Nebelhöhle** - Die 808 m hoch gelegene Höhle ist eine der bekanntesten und meistbesuchten Schauhöhlen der Schwäbischen Alb. Ihre großartigen Tropfsteinbildungen ziehen jährlich tausende Besucher an. Die Alte Nebelhöhle war schon seit 1486 als Nebelloch bekannt. Als Kurfürst Friedrich I. von Württemberg die Höhle 1803 besuchte, wurde sie mit einem bequemen Zugang versehen. Noch populärer wurde sie durch Wilhelm Hauffs Roman »Lichtenstein«. 1920 entdeckte man die Fortsetzung der Höhle, die Neue Nebelhöhle. Seit 1803 findet hier am Pfingstmontag das beliebte Nebelhöhlenfest statt. - ÖZ: Anfang April bis Ende Oktober täglich 9-17.30 Uhr, im März und im November Sa. und So. 9-17 Uhr.

➡ **Nebelhöhle - Genkingen** - ca. 1½ Stdn. - Mit dem [Roten Dreieck] und [HW 1] sowie dem Wegweiser [Genkingen, Roßberg] von der Höhle zum Wander-P. Die Straße geradeaus überqueren und [ohne Markierung] weiter auf einer geteerten, wenig befahrenen Straße mit dem Schild [6 t] wandern. Vor dem Austritt aus dem Wald rechts auf einen Waldweg abzweigen. Nach einer langgezogenen Rechtskurve geht man auf dem Querweg links aus dem Wald heraus. Linker Hand liegt der Steinbruch. Auf dem Schotterweg geht man mit der [Roten Gabel] abwärts in Richtung Landstraße und Bärenhöhle. Auf den Wiesen hat man einen herrlichen weiten Blick über die hügelige Albhochfläche. Die Landstraße überqueren und geradeaus bleiben. - Nach 200 m ist hier ein Abstecher zur Ruine Hohengenkingen möglich. Hierfür dem Wegweiser [Ruine Hohengenkingen] nach links folgen. - In Richtung Genkingen geradeaus auf dem Feldweg durch die Waldschneise gehen. Danach eröffnet sich ein wundervoller Blick über das Wandergebiet Sonnenbühl. Den Querweg rechts einschlagen und bis zum Orts-

anfang von Genkingen auf diesem bleiben. Im Ort geht man durch den Herdweg geradeaus, zweigt links in die Pfullinger Straße ab und begibt sich wie auf dem Herweg zur gemütlichen Einkehr in den Gasthof Rosengarten.
➡ **Weitere Wanderziele** - Es empfehlen sich die Wanderungen am Roßberg (mit Skilift). - Ein weiteres schönes Ziel ist das Wandergebiet Bolberg.

Hechingen - Historischer Stadtrundgang

TOUR 15

1½ Stdn.

Anfahrt - Von Stuttgart, Tübingen bzw. Rottweil, Schömberg über die B 27. - Von der A 81 Ausfahrt Empfingen-Haigerloch, dann über die B 463 bis zur B 27, dann links Richtung Hechingen. - Von Sigmaringen über Gammertingen und Burladingen über die B 32. - Mit der Regionalbahn bis zum Bahnhof Hechingen, vom dortigen ÖPNV gibt es Buslinien in die Stadt.
Parken - In der Stadt stehen diverse ausgeschilderte P, vielfach bis 2 Stdn. frei mit Parkscheibe, z. B. am Obertorplatz zur Verfügung. Günstig ist das Parkdeck, Zufahrt von der Neustraße.

✪ **Hechingen - Die Zollernstadt** - Hechingen, die Stadt der Entdecker, ist die ehemalige fürstliche Residenzstadt am Fuße des Hohenzollern. Auf engstem Raum begegnet man hier den sehenswerten Zeugnissen einer bedeutenden geschichtlichen Vergangenheit. Die Grafen von Zollern gründeten um 1050 am Platz des heutigen Schlosses eine Hochburg und

Hechingen

Hechingen
Stadt für Entdecker

Entdecken Sie bei einem Stadtrundgang der am Fuße der Burg Hohenzollern gelegenen, ehemaligen Residenzstadt den Charme dieser Stadt, in der Geschichte und Lebensfreude spürbar sind.

Die historische Altstadt ist geprägt von fürstlichen Residenzbauten und der klassizistischen Stiftskirche St. Jacobus. Ein Schmuckstück ist die vollständig restaurierte Alte Synagoge. Die Villa Eugenia liegt inmitten des im englischen Stil angelegten Fürstengartens.

Wer sich auf Zeitreise begeben möchte ist im Hohenzollerischen Landesmuseum in Hechingen und im Röm. Freilichtmuseum in Hechingen-Stein gut aufgehoben.

Auch wer es sportlich mag kommt hier auf seine Kosten. Neben dem Hallen-Freibad findet man auch einen 18- Loch-Golfplatz, einen Minigolfplatz, sowie Tennisanlagen.

Für das leibliche Wohl wird in den Restaurants und Cafés bestens gesorgt.

Weiter Informationen gibt es im:

**Bürger- und Tourismusbüro
der Stadt Hechingen**
Kirchplatz 12 - 72379 Hechingen
Tel. 0 74 71 / 94 0-211 bis 214
tourist-info@hechingen.de

www.hechingen.de

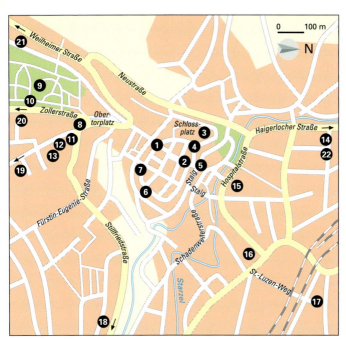

machten Hechingen zum Verwaltungssitz ihrer Grafschaft. Unter Graf Eitelfriedrich IV. (1576-1605) erlebte die Stadt eine Blütezeit. Im Jahre 1623 wurde sie nach der Erhebung Graf Johann Georgs in den Fürstenstand zur Residenzstadt. Das blieb sie bis 1849/50. Heute ist Hechingen eine lebhafte Mittelpunktstadt mit den Stadtteilen Berchtoldweiler, Beuren, Boll, Schlatt, Sickingen, Stein, Stetten und Weilheim. Sie beeindruckt nicht nur durch ihre Nähe zur Burg Hohenzollern, sondern auch durch ihre charmante Innenstadt mit historischen Gebäuden, Villen und Gärten.

➥ **Der Rundweg** - Die Stadt Hechingen hat eine Fülle an sehenswerten Gebäuden verteilt über das gesamte Stadtgebiet. Im Folgenden ist ein kleiner Rundgang insbesondere durch die Innenstadt zusammengestellt. An der katholischen 1) St. Jakobus Stiftskirche, dem Mittelpunkt und Wahrzeichen der Stadt, beginnt der historische Stadtrundgang. Die Kirche wurde 1780-83 von Pierre M. d'Ixnard im Zopfstil erbaut. Der Bauleiter war Christian Großbauer. Die Kirche beeindruckt durch ihre klaren Linien und ihre bauliche Geschlossenheit. Schon Goethe bemerkte 1797: »Eine sehr schöne Kirche!«. Das 2) Rathaus wurde im Jahr 1958 von Prof. Schmitthenner am Platz von fünf Vorgängerbauten errichtet. Der Brunnen zeigt die Stadtgeschichte in vielen Reliefs. Weiter führt der Weg vorbei am 3) Neuen Schloss, einem klassizistischen »Neubau« von 1818/19, der anstelle der abgerissenen Friedrichsburg, einem von Graf Eitelfriedrich I. 1577-1595 errichteten, vierflügeligen Renaissance-Schloss, gebaut wurde. Das 4) Alte Schloss aus dem 18. Jahrhundert, das ehemals die Alte Kanzlei, zeitweise auch Prinzenbau/Prinzessinnenpalais, war, beherbergt heute das Städtische Museum. Die Hohenzollerische Landessammlung präsentiert Skulpturen wie bspw. den Christus auf dem Palmesel (um 1380), geschnitzte Kreuzwegstationen (um 1591), Gemälde, liturgische Gegenstände, Klosterarbeiten, vor- und frühgeschichtliche Funde aus Hohenzollern und vieles mehr. Die Bürgerwehrausstellung zeigt Waffen und Uniformen des 16.-19. Jahrhunderts. Die Steuben-Ausstellung bringt dem Besucher das Leben des berühmten Hofmarschalls und Freiheitshelden näher. Die Städtische Sammlung birgt Erinnerungsstücke an die letzte fürstliche Hofhaltung in Hechingen. Weiter geht es vorbei am 5) Unteren Turm, der das letzte erhaltene Zeugnis der ehemaligen Stadtmauer ist und 1579 von Graf Eitelfriedrich IV. erbaut wurde. Durch die Rabenstraße führt der Weg nun vorbei an der 1767 erbauten, 1938 zerstörten und 1986 restaurierten ehemaligen 6) Synagoge, in der in einer ständigen Ausstellung am Beispiel von Biographien Hechinger Juden die Geschichte der jüdischen Gemeinde vom Mittelalter bis zu Vernichtung im Jahr 1941 gezeigt wird. Nun passiert man die 1938 eingeweihte 7) Kriegergedächtnisstätte. Bis 1814 war hier ein Friedhof. Von dort aus lohnt sich ein Abstecher durch die Heiligkreuzstraße zur 8) evangelischen Johanniskirche. Die Kirche wurde 1857 durch König Friedrich Wilhelm IV. von Preußen nach Plänen von F. A. Stüler im neugotischen Stil errichtet. Die Ausstattung wurde 1862 durch Königin Augusta und 1906 durch Kaiser Wilhelm II. in Auftrag gegeben. Zurück an der Kreuzung Heiligkreuzstraße-Zollernstraße führt der Weg scharf links die Zollernstraße entlang bis zur 9) Villa Eugenia, die im 18. Jahrhundert unter Fürst Josef Wilhelm im so genannten Fürstengarten, einem herrlichen Landschaftspark in englischem Stil, erbaut wurde. Der Seitenflügel ist von 1833. Im Nebengebäude wohnte 1844 Franz Liszt. Von dort gelangt man über die Zollernstraße und vorbei am Obertorplatz zurück zum Ausgangspunkt.

Villa Eugenia

✪ **Weitere Sehenswürdigkeiten** - Neben den oben beschriebenen Stationen eines kleinen Rundgangs durch Hechingen verteilen sich noch viele weitere Sehenswürdigkeiten über das Stadtgebiet. Das 10) Billiardhäuschen, auch Weißes Häuschen, in Form eines dorischen Antentempels, wurde 1833 von A. v. Clavel erbaut. Heute ist es eine Begegnungsstätte der Künstlergilde. Vor dem Eingang befindet sich ein Gedenkstein für F. W. v. Steuben (1730-1794). Das 11) Kinderhaus wurde 1838 von Fürstin Eugenie gestiftet. Die 12) Ruhe-Christi-Kapelle, 1719 gestiftet von Bürgermeister J. Greylich, ist der Beginn des früheren Stationenweges. Daneben befindet sich das 13) Landgericht, das von W. F. Laur im spätklassizistischen Stil erbaut wurde und im Krieg zum Teil abgebrannt ist. Der 14) Judenfriedhof wurde 1761 angelegt und umfasst etwa 650 Gräber. In der Friedhofshalle befindet sich eine Ehrentafel für die 35 auf der Plakette namentlich genannten jüdischen Hechinger Mitbürger, die hier während des Zweiten Weltkriegs umgebracht wurden. Die spätgotische 15) Spittelkirche mit Pfründehospital wurde 1602/03 durch Eitelfriedrich errichtet. Sowohl die Altäre als auch die Kanzel sind ausgesprochen sehenswert, die Pietà stammt vom Anfang des 15. Jahrhunderts. Das 16) Krankenhaus- und Pflegeheim St. Elisabeth ist ein ehemaliges Schwefelbad und dient heute als Altenheim. Besonders eindrucksvoll ist die ehemalige Franziskaner-Klosterkirche 17) St. Luzen. In den Jahre zwischen 1328 und 1488 diente sie als Pfarrkirche von Hechingen. Nach dem Verfall dieser Kirche wurde 1586-1589 durch Graf Eitelfriedrich IV. eine neue gebaut und 1971-1975 restauriert. Die Kirche zählt zu den bedeutendsten Bauten aus der Übergangszeit von der Spätrenaissance zum Frühbarock in Deutschland. Auch die Ausstattung ist von europäischem Rang: In der Kirche finden sich einzigartige Stuckaturen von Wendel Nufer, prächtige Altäre, eine Kanzel von H. Amman, eine Orgel (um 1715) von Urban Reitter und vieles mehr. Die barocke Weihnachtskrippe, die jedes Jahr von Dezember bis Januar aufgestellt wird, ist im süddeutschen Raum einmalig. Die 18) Klosterkirche der Dominikanerinnen Stetten (»im Gnadental«) diente von 1289 bis 1488 als Erbbegräbnisstätte der Zollergrafen. Das Kloster brannte Ende des 15. Jahrhunderts vollständig aus. Die Kirche ist ein hochgotisches Bauwerk, erschaffen am Ende des 13. Jahrhunderts mit einer seitlich angebauten Kapelle und einem sehr eindrucksvollen Innenraum. Das Sakramentshaus stammt aus dem 15. Jahrhundert, Teile der Ausstattung wurden im 18. Jahrhundert hinzugefügt. Die 19) Heiligkreuzkapelle von 1401/1403 brannte 1633 ebenfalls vollkommen aus und wurde im Jahr 1655 neu errichtet. Über der Stadt thront majestätisch eine der bedeutendsten und imposantesten Burganlagen Deutschlands, die 20) Burg Hohenzollern. Die Besichtigung ist ganzjährig ein besonderes Erlebnis (nähere Informationen s. S. 78 f.). Das 21) Jagdschloss Lindich diente als Fürstenhaus und Gästehaus unter anderem für H. Berlioz und Franz Liszt. Das 22) römische Freilichtmuseum ist einer der größten und besterhaltenen römischen Gutshöfe Süddeutschlands und bietet einen einzigartigen Einblick in die Lebens- und Bauweise der Römer in Süddeutschland (s. S. 71 ff.). Schließlich lädt nicht zuletzt das wunderschöne Umland Hechingens zu erlebnisreichen Ausflügen ein, auf denen man die herrliche Natur genießen kann.

Wandermöglichkeiten in der Umgebung

Im Wanderparadies Hechingen vereinen sich Kultur und Natur. Die Wanderrouten führen vorbei an zahlreichen Natur- und Kulturdenkmälern und werden vom Schwäbischen Albverein, Ortsgruppe Hechingen markiert und gepflegt.

➡ Wanderung zum Römischen Freichlichtmuseum - Hohwacht - ca. 4 km - ca. 1½ Stdn. - Markierung [23 auf rotem Grund] - P Friedhof, Ortsteil Bechtoldsweiler - Sportplatz Stein - »Kühles Brünnle« - Rauhalde - Hohwacht - Spielplatz Ehrenwald - Wolfäcker - Eselweg P Friedhof, Ortsteil Bechtoldsweiler.

➡ Rundwanderung Hunnengrab - ca. 3½ km - ca. 1½ Stdn. - Markierung [6 auf blauem Grund] - Wander-P Bismarckstraße, Ortsteil Beuren - Kirche - Haldenwiesen - Beurener Straße - Hunnengrab - Regenüberlaufbecken - Wander-P Bismarkstraße.

➡ Wanderung zur Wallfahrtskirche Maria Zell und durch den Zollerwald - ca. 8 km - ca. 2 Stdn. - Markierung [15 auf gelbem Grund] - P bei der Ziegelhütte im Ortsteil Boll - P am Waldrand - Wallfahrtskirche Maria Zell - Pumpstation - Zollernwald - Kreisstraße - P bei der Ziegelhütte in Boll.

➡ Rundwanderung Albtrauf - Dreifürstenstein - Beurener Heide - Kapfalm - ca. 12 km - ca. 4 Stdn. - ca. 230 Höhenmeter - Wegmarkierung [8 auf schwarzem Grund] - Ausgangspunkt ist der P am Sportplatz, Ortsteil Schlatt.

➡ Stein - Römisches Freilichtmuseum - Stauffenburger Hof und zurück - ca. 10 km - ca. 3 Stdn. - Markierung [22 auf blauem Grund] - Ausgangspunkt P neben der Reithalle, Schloss Lindich.

➡ Wanderung zum Fichtenwald und zum Jüdischen Friedhof - ca. 6½ km - ca. 2 Stdn. - Markierung [1 auf schwarzem Grund] - P beim Sportplatz im Ortsteil Sickingen - Wasserturm - Fichtenwald - Aussiedlerhof - Jüdischer Friedhof - Sickinger Friedhof - P beim Sportplatz im Ortsteil Sickingen.

➡ Potsdamer Platz - Spielberg - Schafstall Boll - ca. 5 km - ca. 1½ Stdn. - Markierung [11 auf rotem Grund] - Ausgangspunkt P beim Sportplatz, Ortsteil Stetten.

➡ Rundwanderung Fasanengarten - Zollerbahnhof - ca. 9 km - ca. 2½ Stdn. - Markierung [19 auf violettem Grund] - Ausgangspunkt Sportplatz, Ortsteil Weilheim.

➡ Burg Hohenzollern - ca. 11 km - ca. 4½ Stdn. - ca. 330 Höhenmeter - Markierung [17 auf blauem Grund] - Friedhof Heiligkreuz, Kernstadt Hechingen - Pumpwerk der Bodenseewasserversorgung - Wasserturm - P - Burg Hohenzollern - Pumpstation Hexenlinde - Friedhof Heiligkreuz.

✪ **Weitere Informationen** - Das Bürger- und Tourismusbüro Hechingen (Kirchplatz 12, 72379 Hechingen) hält für die Besucher eine Reihe an Informationsmaterial bereit, unter anderem eine detaillierte Wanderkarte (»Wanderparadies Hechingen«) mit 30 Touren in der malerischen Umgebung von Hechingen. Telefon: 07471/940-211 bis -214; E-Mail: btb@hechingen.de - Internet: www.hechingen.de

Hechingen-Stein -
Das Römische Freilichtmuseum im landschaftlich reizvollen Starzeltal

Anfahrt - Von Stuttgart über die A 81, Ausfahrt Empfingen, dann L 410 über Haigerloch. - Über die B 27 bzw. B 32 bis Hechingen-Nord, dann L 410.
Parken - P 200 m unterhalb des Museumsgeländes, für mobil Eingeschränkte 50 m vor dem Eingang, der Ausschilderung folgen.

✪ **Das Römische Freilichtmuseum** - Die ersten römischen Bauten entstanden hier Ende des 1. Jahrhunderts nach Christus. Bis zum Anfang des 3. Jahrhunderts erfolgte ein steter Ausbau der Anlage zu einem bedeutenden und imposanten Landgut mit überörtlicher Bedeutung. Große, überdimensional errichtete Bauten lassen eine Staatsdomäne vermuten, die mit der Versorgung von Gebrauchsgütern und Lebensmitteln für die

Luftaufnahme der Villa Rustica

damalige Bevölkerung bis hin zum Limes, der Außengrenze des römischen Reiches, betraut war. Etwa während der 40er Jahre des 3. Jahrhunderts begann der allmähliche Verfall, was durch den Bau einer inneren Schutzmauer deutlich wird. Endgültig verließen die Römer die Anlage um 260 nach Christus. Die Alemannen ließen sich vor Ort nieder, wurden sesshaft und schufen die Anfänge der heutigen Gemeinden Stein und wahrscheinlich auch Niederhechingens. Ständig neue Entdeckungen, laufende Ausgrabungen und der teilweise originalgetreue Wiederaufbau von Gebäuden durch den Förderverein gewähren einen einmaligen Einblick in das einstige Tagesgeschehen der Römer auf dem Lande vor rund 1800 Jahren. Abseits von Städten entstanden Gutshöfe und Versorgungszentren, deren Aufgabe es war, landwirtschaftliche Produkte zu erzeugen und Material für den Bau ihrer in Sandstein gefertigten Gebäude samt Inneneinrichtung zu schaffen. Dass die Römer auch hier im römischen Landgut »zu leben« wussten, ist eindrucksvoll an Gebäude und Innenausstattungen zu sehen. Mit großem Reichtum ausgestattet erfolgten ständig Neu- und Umbauten, welche die Anlage zu einer der größten im süddeutschen Raum anwachsen ließen.

➡ **Der Rundgang** - Die imposante Portikusvilla mit Säulengang und einem angebauten, 79x45 m großen Badekomplex bietet den Besuchern in den Museumsräumen Einblicke in die Inneneinrichtungen. So kann man die Originalfunde aus den Grabungen bewundern, die möblierten Wohn-, Schlaf- und Lagerräume, aber auch Speisezimmer, Küche und Schreibzimmer. Der Heizraum verfügt über eine funktionstüchtige Unterbodenheizung und selbst die (Mehrsitzer-)Toiletten mit Wasserspülung geben Einblicke in die Fortschrittlichkeit des römischen Reiches. Weiterhin befinden sich in der Villa ein Kinderspiel- und Schulbereich, Räume für Multivisionsdarbietungen und die Kellerräume. In dem über 3 Hektar großen Freigelände findet sich ein etwa 1000 m^2 großer Tempelbezirk mit kleinen Kapellen, von denen eine wieder aufgebaut wurde. Zahlreiche Repliken von Götterstatuen und Teile der rund 260 m langen, inneren Umfassungsmauer mit eingebautem Eingangsportal befinden sich ebenfalls auf dem Museumsgelände. Eine funktionstüchtige Schmiede mit Lagerraum für den Reisewagen, eine Mähmaschine, ein Pflug und andere landwirtschaftliche Geräte sowie ein Wohnhaus, das vielleicht dem Schmied gehörte, geben Einblicke in das praktische Leben der Römer. Ganz im Norden befindet sich ein Eckturm, der einst zu Wohn- und Überwachungszwecken diente. Heute ist er mit einer Küche und einem Arbeitsraum für eine Weberin eingerichtet. Des Weiteren können ein 25x20 m großes Mühlengebäude mit Getreidedarren und dem Nachweis für eine Bierbrauerei sowie ein dazu gehörender Speicherbau besichtigt werden. Auch Teile eines römischen Steinbruches gehören zum Museum. Im römischen Backhaus besteht die Möglichkeit, originalgetreu Getreide zu mahlen und Fladenbrot zu backen, was besonders gerne von Schulklassen in Anspruch genommen wird. Ebenso begehrt ist römisches Basteln wie das Legen von Mosaiken oder die Fertigung von Taschen aus Leder. Dies wird in der eigens gebauten Remise durchgeführt, die auch gleichzeitig als Aufenthaltsraum direkt neben dem Grillplatz mit drei Grillstellen dient. In einem römischen Spielhaus können

Würfel- und Steinspiele nach den Regeln der Römer, die aus antiken Quellen stammen, gespielt werden. In den Gärten sind unter anderem Heilpflanzen zum Schutz vor Krankheiten angepflanzt, Rosenblätter wurden damals gern den Bädern der Frauen hinzugefügt.
Interessierte Besucher sollten mindestens 2 Stunden Zeit mitbringen, um das Freilichtmuseum zu besichtigen. Wer anschließend die einmalige Aussicht inmitten einer Waldung auf die römische Anlage und die Höhen der Schwäbischen Alb mit Burg Hohenzollern (s. S. 78 f.) genießen will, ist gerne auf die Panoramaterrasse direkt vor dem Kioskgelände eingeladen. Die Kinder können sich derweil auf römischen Kampfwagen mit Spielzeugspeer, -schild und -schwert ausgerüstet im Freigelände vergnügen oder auf dem Spielplatz daneben die Zeit verbringen.

✪ **Weitere Informationen** - Für Radfahrer und Wanderer ist die Gegend um das Römische Freilichtmuseum, das inmitten des schönen Starzeltals liegt, ideal. Ausgeschilderte, bequeme Wege führen von der Talaue auf die Höhen rund um Bechtoldweiler, Sickingen, das Schloss Lindich, über den Staufenberger Hof und zur Römervilla.

✪ **Öffnungszeiten und Kontakt** - 1. April bis 31. Mai: 10-17 Uhr, montags geschlossen (feiertags geöffnet), 1. Juni bis 30. September: täglich 10-17 Uhr, 1. Oktober bis 31. Oktober: 10-17 Uhr, montags geschlossen, im Winter ist das Museum geschlossen. Tel.: 0 74 71/64 00 (im Sommer) bzw. 0 74 71/62 21 55 (im Winter), E-Mail: info@villa-rustica.de - Internet: www.villa-rustica.de

RÖMISCHES FREILICHTMUSEUM
72379 HECHINGEN-STEIN

· Museum mit Originalfunden
· Rekonstruierte Wohnräume
· Großes Freiluftgelände
· Brotbacken für Gruppen
· Qualifizierte Führungen
· Bewirtete Freiterrasse
· Römischer Spielplatz

01. April - 01. November
Täglich 10-17 Uhr

Im April, Mai und Oktober: montags geschlossen

Anmeldung zu Führungen und Brotbacken unter

☎ 0 74 71 / 64 00

WWW.VILLA-RUSTICA.DE

TOUR 16

Hechingen-Stein - Jagdschloss Lindich - Römisches Freilichtmuseum - Hechingen-Stein

10 km

2½ Stdn.

Charakteristik - Ein angenehmer Rundweg durch wunderbar abwechslungsreiche Landschaft mit zwei längeren Steigungsabschnitten und herrlichen Ausblicken zur Burg Hohenzollern. Das Rokoko-Kleinod Schloss Lindich kann vom Weg aus bewundert werden und das äußerst romantische Zimmerbachtal lässt das Wandererherz höher schlagen.

Anfahrt - Von Tübingen, Hechingen bzw. Rottweil, Balingen auf der B 27 bis Ausfahrt Hechingen-Nord, dann auf die L 410 in Richtung Haigerloch und Rangendingen. Nach ca. 4 km nimmt man die erste Abfahrt in Richtung Stein. - Von Stuttgart bzw. Singen über die A 81 bis Ausfahrt Empfingen, weiter auf der L 410 über Haigerloch und Rangendingen nach Stein.

Parken - Großer Gäste-P beim Hotel-Restaurant Lamm, weitere P am Straßenrand.

Hotel-Restaurant Lamm - »Wohlfühlen in jeder Beziehung«, das ist die Maxime des traditionsreichen Hauses, in dem die Besucher mit familiärer Gastlichkeit empfangen werden. Die Zimmer des Hotels sind geschmackvoll eingerichtet und bieten nebst moderner technischer Ausstattung auch jeden erdenklichen Komfort - beispielsweise die Kissenbar, in der jeder Gast aus verschiedenen Kissen genau das richtige für seinen individuellen geruhsamen Schlaf aussuchen kann. In einem der insgesamt 150 Plätze umfassenden vier Räume oder auf der großzügigen Sommerterrasse werden die Gaumen mit wunderbar köstlichen Gerichten wie Alblammrücken, Rumpsteak vom Hohenloher Weiderind oder Steinbeißerfilet an Wurzelgemüse verwöhnt. Die hausgemachten Gourmet-Maultaschen auf Rahmlauch sind ein Genuss! Man schmeckt, dass die Liebe zum Detail und frische, regionale Produkte von höchster Qualität hier eine

- Nach einem langen Tag ruhig einschlafen. Im 3-Sterne Komfort-Hotel.
- Sich frei fühlen. In 4 Räumen mit persönlicher Atmosphäre für bis zu 150 Gäste.
- Den Sommer genießen. Auf unserer großen Terrasse bis 23 Uhr.
- Ganz nach Ihrem Geschmack. Ob frische Spezialitäten oder Gerichte der Saison.

Familie Albus Tel.: 07471-925-0
Römerstraße 29 info@hotel-lamm-hechingen.de
72379 Hechunge-Stein www.hotel-lamm-hechingen.de

wichtige Rolle spielen. Abgerundet wird das Angebot von einer Weinkarte, auf der ausgesuchte und außergewöhnliche internationale und deutsche Weine zu finden sind. Der Kinderteller ist hier obligatorisch und nach dem Essen warten auf die Kleinen Spielecke und -platz. Gäste-P am Haus. - ÖZ: Das Hotel ist durchgehend geöffnet. Für das Restaurant gilt: Montag-Freitag 11.30-14 Uhr und 18-21.30 Uhr, Samstag 18-21.30 Uhr, Sonn- und Feiertage 11.30-20 Uhr.

➡ **Der Rundweg** - Vom Lamm geht man die Römerstraße ortseinwärts, dann die Straße Am Dorfbrunnen rechts, über die Brücke des Flüsschens Starzel und mit dem [Roten Strich] wieder nach rechts in die Straße Im Gaiern. Nach Überqueren des Bahnübergangs hält man sich geradeaus, bevor man nach ca. 50 m nach rechts in die Bildäckerstraße einbiegt, die in einen Waldweg übergeht, der mit der Markierung [22 a] nach links und aufwärts führt. Bald verläuft ein sehr bewachsener, schmaler Pfad mit dem [Roten Strich] weiter nach links und steil aufwärts (!) und gibt oben einen fantastischen Blick auf die Burg Hohenzollern preis. Mit der Markierung [22 a] wandert man nun nach rechts und geht in einem langen Linksbogen, einen Grillplatz passierend, weiter. Man stößt, nachdem der Weg ansteigt, auf einen befestigten Querweg, dem man mit der (!) links an einem Baum angebrachten Markierung [Blaues Kreuz] und dem Wegweiser [Lindich] folgt. Nach ca. 1 km erreicht man das eindrucksvolle, heute in Privatbesitz befindliche

✪ **Schloss Lindich** - Es wurde 1738-43 von Fürst Ludwig von Hohenzollern als Fürstensitz sowie Jagd- und Lustschloss erbaut und beherbergte schon berühmte Gäste wie beispielsweise den Komponisten Franz Liszt. Die prächtige Rokoko-Anlage besteht aus einem Hauptbau und sechs Kavaliershäusern.

➡ **Fortsetzung des Rundwegs** - Dem Weg weiter folgend erreicht man links eine Wandertafel, von der man sich nach rechts wieder entfernt. Man passiert die Schlossanlage und steigt anschließend mit der [21] abwärts. Beim Haussener Hof wandert man die (!) zweite Abzweigung nach rechts und biegt anschließend hinter einer Linkskehre nach ca. 300 m [ohne Markierung] (!) rechts ab. Kurz darauf gelangt man in das wildromantische Zimmerbachtal, das nach ca. 1 km am Stauffenburger Hof endet. Mit dem Wegweiser [Rad, Hechingen] geht man am Hof vorbei, überquert das Flüsschen Starzel und die Bahngleise und nimmt den Fußweg nach rechts, der parallel zur L 410 verläuft und zur Info-Tafel Stein führt. Nachdem die Straße überquert ist, beginnt ein schattiger Waldweg, scharf nach links anzusteigen. Bald ist eine Freifläche erreicht. Man wandert geradeaus weiter, **(!)** passiert zwei kleine Abzweigungen und biegt kurz später auf einen breiten Querweg nach rechts ab. Auf diese Weise kommt man beim Römischen Freilichtmuseum an (s. S. 71 ff.). Vor dem Museum wandert man schließlich auf der von etlichen interessanten Info-Tafeln gesäumten Straße abwärts, unterquert die Straßenüberführung und gelangt so zurück zum Ausgangspunkt der Wanderung und zur gemütlichen Einkehr im Hotel-Restaurant Lamm.

TOUR 17

Brielhof/Hechingen - Burg Hohenzollern - Hexenlinde - Ziegelbacher Hof - Brielhof

9 km

3 Stdn.

300 m

Charakteristik - Der überwiegend recht steile Aufstieg zur Burg bringt eine sportliche Note in die Wanderung, die zudem mit eindrücklichen Ausblicken von der wunderschön gelegenen Burg Hohenzollern punktet. Der Rückweg führt über eine befestigte Straße und später auf bequemen Wegen durch herrlichen Laubwald.
Anfahrt - A 81 bis Ausfahrt Empfingen, weiter auf der B 463 in Richtung Balingen und B 27 bis Abfahrt Brielhof und Burg Hohenzollern. - Von Stuttgart bzw. Rottweil auf der B 27 bis Abfahrt Brielhof und Burg Hohenzollern. - Mit der Bahn bis zum Bahnhof Hechingen, ab dort fährt die Buslinie 300 zur Burg Hohenzollern.
Parken - Großer Gäste-P beim Hotel Restaurant Der Brielhof.

Hotel Restaurant Der Brielhof - Das kultivierte, elegante und geschichtsträchtige Haus stammt aus der Mitte des 17. Jahrhunderts und war einst die Fürstlich-Hohenzollerische Domäne »Brielhof«. Seit dem 19. Jahr-

hundert befindet es sich in Familienbesitz. Das traditionsreiche Haus mit seiner belebenden Atmosphäre besitzt eine anregende Ausstrahlung, in der sowohl anspruchsvolle Gourmets als auch Wanderer, die ein herzhaftes Vesper genießen wollen, voll auf ihre Kosten kommen. Die Zimmer sind kostbar ausgestattet, und die Galerieäume - beispielsweise das Fürstenzimmer mit seiner wundervollen, restaurierten Deckenbemalung - bieten einen festlichen Rahmen. Die kreative Küche auf sehr hohem Niveau bietet u. a. Wildgerichte und raffiniert zubereitete Feinschmecker-Menüs. Mittlere bis gehobene Preise. - ÖZ der Küche: Mo.-Sa. 11.30-21.30 Uhr, So. 11.30-21 Uhr, zwischen 14 Uhr und 17.30 Uhr werden köstliche Speisen von der kleinen Karte angeboten. Kein Ruhetag.

➡ **Hotel Restaurant Der Brielhof - Burg Hohenzollern** - 1 Std. - Vom P geht man die Zufahrtsstraße aufwärts und biegt nach links auf die K 7110 ein, die sich in Richtung Waldrand nach oben zieht. Unterwegs hat man immer die Burg im Blickfeld. Teils auf einem bequemen Rindenmulchweg erreicht man linker Hand einen kleinen P mit Wandertafel, von dem aus man dem Weg, der mit dem [Roten Strich] aufwärts führt, folgt. Der weitere Verlauf des Weges zur Burg ist durchweg sehr gut markiert und führt teils über Stufen aufwärts. Wem der Anstieg zu anstrengend ist, der kann hier zwischen dem 1.4. und dem 31.10. auf den Shuttle-Bus zurückgreifen. Der Eintritt in den Burghof und die Burg Hohenzollern kostet 12,- € (Stand ab März 2015). Durch insgesamt fünf Burgtore geht es spiralförmig aufwärts in den Burghof. Es empfiehlt sich, nach dem vierten Tor durch das St.-Michaels-Tor zu gehen und eine Burgumrundung vorzunehmen, während der sich fantastische Fernblicke bieten. Wen der Anstieg hungrig und durstig gemacht hat, dem empfiehlt sich die Einkehr in der 🍽 **Burgschenke Burg Hohenzollern** - Die gastronomische Versorgung der Burgbesucher liegt in den professionellen Händen des Teams des Hotel Restaurants Der Brielhof (siehe oben). In den geschmackvoll und rustikal eingerichteten Räumen der Burgschenke herrscht eine behagliche, angenehme Atmosphäre. Die hervorragende Küche ist regionaltypisch und bodenständig, bei hochkarätigen Veranstaltungen werden im königlichen Ambiente des Berliner- und des Fridericus-Zimmers auch feine Menüs serviert. Große Kuchenauswahl. Bei gutem Wetter kann man die leckeren Speisen auch im Garten genießen. Mittlere Preise. - ÖZ: Von April bis Ende Oktober täglich 10-18 Uhr, im November und Dezember und März Di.-So., im Januar Do.-So. und im Februar Mi.-So. jeweils 11-17 Uhr.

➡️ **Burg Hohenzollern - Brielhof** - 2 Stdn. - Der Rückweg führt zunächst mit dem [Roten Strich] entlang der K 7110 abwärts. Nach der zweiten Kehre wendet man sich mit dem [Roten Strich] und der [6] nach links in Richtung Hexenlinde und biegt nach ca. 200 m mit der [6] nach links ab. Wenig später erreicht man eine Wegekreuzung, an der man sich rechts hält. Man stößt auf einen befestigten Weg, den man kurz darauf mit der [6] nach rechts verlässt. **(!)** Der weitere Wegverlauf ist nach starken Regenfällen nicht zu empfehlen, da es entlang der Strecke matschig und sehr rutschig werden kann. Unten angekommen geht man links und sieht rechts an einem Baum den Wegweiser [Hechingen 2,5 km] und das [Blaue Dreieck], mit denen man durch herrlichen Laubwald - im Frühjahr blüht hier auch der Bärlauch - wandert, bis an einer Kreuzung rechts an einem Baum sehr undeutlich **(!)** wieder das [Blaue Dreieck] auftaucht. Kurz darauf verlässt man den Wald, stößt nach ca. 500 m auf die K 7109, welcher man den parallel dazu verlaufenden Fußweg vorzieht, der vor der Bahnbrücke nach links und somit vorbei am Ziegelbacher Hof zur wohlverdienten Einkehr im Hotel Restaurant Der Brielhof führt.

INFO

Burg Hohenzollern

Auf dem Bergkegel des 855 m hoch gelegenen Hohenzollern, im Volksmund heute noch Zollernberg oder kurz Zoller(n) genannt, thront die Gipfelburg Hohenzollern. Sie ist die Stammburg des Fürstengeschlechts und ehemals regierenden deutschen Kaiserhauses der Hohenzollern. Erste Erwähnung fand die im 11. Jahrhundert erbaute erste Burg bereits 1267. Nach einjähriger Belagerung durch den Bund der schwäbischen Reichsstädte wurde dieses Bauwerk im Jahre 1423 erobert und vollständig zerstört. Eine zweite Burg wurde von 1454-61 erbaut. Nach einer bewegten Geschichte mit verschiedenen Eroberungen und Besetzungen verfiel das Bauwerk bis zum 18. Jahrhundert immer mehr, bis lediglich die St. Michaelskapelle erhalten blieb. Die heutige Burg ließ König Friedrich Wilhelm IV. von Preußen zusammen mit seinem Vetter Fürst Karl Anton von Hohenzollern 1850-67 im neugotischen Stil errichten. Er verwirklichte sich damit einen Jugendtraum. Gemeinsam mit dem Architekten August Stüler folgte er bei den Entwürfen dem romantischen Ideal seiner Zeit. Es entstand eine der mächtigsten Burganlagen in Deutschland. Das Bauwerk gliedert sich in vier Elemente: die Befestigungsanlagen, das Schlossgebäude, die Kapellen und den Burggarten. Die massiven Wehranlagen wurden vom Ingenieur Oberst von Prittwitz geschaffen und stellen ein Meisterwerk der Kriegsbaukunst des 19. Jahrhunderts dar. Ihre Ergänzung durch Elemente der zivilen Architektur von August Stüler verleiht ihnen den besonderen Reiz. Dem Besucher eröffnet sich nach dem Aufgang durch die so eindrucksvoll gestalteten Wehranlagen in Höhe der Bastionen einer der schönsten Rundblicke von einer deutschen Höhenburg.

Burg Hohenzollern

Bereits 1886 sagte Kaiser Wilhelm II. bei seinem Besuch: »Die Aussicht von der Burg ist wahrlich eine Reise wert!« Prinz Louis-Ferdinand von Preußen, der kunstsinnige Nachfahre des Königs, begann 1952 damit, die Zimmer und Säle mit künstlerisch wertvollen und historisch bedeutsamen Gegenständen zur Geschichte Preußens und seiner Könige auszustatten. Neben Gemälden von namhaften Malern (Honthorst, Pesne, von Werner, von Lembach, von Menzel, Laszlo) gehören dazu insbesondere Gold- und Silberschmiedearbeiten des 17. bis 19. Jahrhunderts. Zusätzlich finden sich Gewandstücke wie z. B. der Waffenrock von König Friedrich dem Großen und die Courschleppe der Königin Louise, die sie bei der denkwürdigen Begegnung mit Kaiser Napoleon I. in Tilsit trug. Darüber hinaus sehenswert sind die katholische St. Michaelskapelle aus der zweiten Burg, reliefartige Sandsteinplatten aus spätromanischer Zeit (12. Jahrhundert) und spätgotische Glasgemälde aus dem 13. und 14. Jahrhundert. In der Vorhalle der dritten Burg befindet sich ein aus Lindenholz geschaffener St. Georg aus dem 15. Jahrhundert. Eine weitere Kapelle ist die evangelische Christuskapelle, die auf besonderen Wunsch von König Friedrich Wilhelm IV. erbaut wurde. Hier befanden sich von 1952-1991 die Ruhestätten/Königsärge von König Friedrich dem Großen und seinem Vater König Friedrich Wilhelm II.

✪ **Burgführungen** - lassen die Besichtigungen stets zu einem eindrucksvollen und nachhaltigen Erlebnis werden und bieten den Besuchern die Möglichkeit, die prunkvoll ausgestatteten Innenräume zu bewundern. Es werden auch Familien-, Kinder-, Fremdsprachen-, Themen- und Abendführungen angeboten. Seit 2014 gibt es zusätzlich einige Termine, an denen die Innenräume auch ohne Führung erkundet werden dürfen (Königliches Flanieren). In der Sommersaison (16. März - 31. Oktober) ist die Burg täglich 10-17.30 Uhr geöffnet, in der Wintersaison täglich 10-16.30 Uhr.

✪ **Weitere Informationen** - Telefon: 07471/2428, E-Mail: info@burg-hohenzollern.com - Internet: www.burg-hohenzollern.com

TOUR 18

Hechingen-Boll - Wallfahrtskirche Mariazell - Zeller Horn - Backofenfelsen - Hängender Stein - Kohlwinkelfelsen - Junginger Wald - Hechingen-Boll

19 km

5½ Stdn.

400 m

Charakteristik -- Die Tour zählt zu den eindrucksvollsten Rundwegen der Zollernalb und bietet traumhaft schöne Ausblicke.
Anfahrt – Von Hechingen (s. S. 65 ff.) über Stetten oder auf der K 7109 nach Boll.
Parken - Gäste-P beim Gasthof »Löwen«, weitere ausgeschilderte P-möglichkeit beim Sportplatz.

➡ **Der Rundweg** - Vom P des Gasthofs »Löwen« geht man die Dorfstraße abwärts zur Kirche. Dort biegt man nach links ab und folgt dem Wegweiser nach [Mariazell/Wander-P] in die Eichgasse. Auf einem schönen Panoramaweg wandert man nun weiter leicht aufwärts bis zum Wander-P. Rechts führt ein Kreuzweg steil aufwärts zur 1757 erbauten Wallfahrtskapelle Mariazell. Oberhalb des Friedhofes geht man entlang der Teerstraße aufwärts. Nach dem großen Friedhofs-P geht man geradeaus über den Querweg und wandert mit dem [Roten Strich] vorbei an der Schutzhütte auf dem schmalen Pfad immer steil aufwärts durch den Wald. Der Anstieg ist gut beschildert und führt zu einer Schutzhütte auf dem Zeller Horn, knapp 912 m ü. NN. Vom Aussichtspunkt genießt man eine fantastische Aussicht auf die Burg Hohenzollern. Weiter auf dem mit dem Wegweiser [Hängender Stein] gekennzeichneten Gratweg erreicht man beim Waldende links aufwärts den 923 m ü. NN gelegenen Aussichtspunkt Backofenfelsen. Mit dem [Roten Dreieck] gelangt man nun zunächst zum Trauffelsen auf 942 m ü. NN und daraufhin auf einer kleinen Metallbrücke, die über eine tiefe Felsspalte führt, zum Naturdenkmal Hängender Stein. Der Weg führt aus dem Wald heraus und man folgt bald dem Querweg vor dem Raichberg mit den Wegweisern [Himberg] und [Jungingen] nach links. Nun passiert man ein kurzes Waldstück und hält sich auf dem Schotterweg geradeaus. Nach dem Rechtsbogen wählt man den Wiesenweg links, wandert auf diesem zunächst geradeaus und geht mit dem [Roten Dreieck]

Wallfahrtskapelle Mariazell

und dem Wegweiser [Himberg] zum Aussichtspunkt Kohlwinkelfelsen. Hier hält man sich links und erreicht auf dem Traufweg verschiedene weitere Aussichtsplätze. **(!)** Bei den Tafeln [HW 1] und [Himberg] geht man mit der [Roten Gabel] steil abwärts. Am Schotterweg angekommen wandert man mit dem Wegweiser [Jungingen] nach rechts, an der nächsten Kreuzung dann wieder mit der [Roten Gabel] nach links und an der wiederum folgenden Kreuzung erneut links. Es folgen zwei weitere Kreuzungen, an denen man geradeaus geht. Ab der Grillhütte gelangt man mit dem [Blauen Dreieck] und dem Wegweiser [Boll] auf einem schönen Panoramaweg ins Tal. Über die Brücke erreicht man Boll, wo man über die Junginger Straße, die Eichgasse rechts und die Mitteldorfstraße links aufwärts in die Dorfstraße gelangt. Hier wartet mit der wohlverdienten Einkehr der

Gasthof »Löwen« - Der traditionsreiche Gasthof am Fuße der Burg Hohenzollern befindet sich schon seit 1780 in Familienbesitz und empfängt seine Gäste mit liebevoller Gastlichkeit. Die Einzel- und Doppelzimmer sind ruhig und gemütlich eingerichtet und bieten eine Atmosphäre, in der man sich wohlfühlt. Die Küche verwöhnt die Gäste mit saisonalen, schwäbischen und auch internationalen Spezialitäten aus frischen Zutaten und bietet auch Köstliches aus der eigenen Jagd! Die kulinarischen Gaumenfreuden werden außer in den Gasträumen im Sommer auch im Biergarten angeboten und durch leckere Desserts und abgestimmte Keller-Weine hervorragend ergänzt. - ÖZ: Montag bis Freitag 11-14 Uhr und ab 16 Uhr, Samstag und Sonntag ab 11 Uhr. Mittagstisch ist montags bis samstags 11.30-13.30 Uhr und sonn- und feiertags durchgehend. Ruhetag ist Dienstag.

TOUR 19 — Haigerloch - Eyach-Rundweg

26 km

9 Stdn.

300 m

Charakteristik - Ein Genussweg für ausdauernde Wanderer: Von Haigerloch mit seinem sehenswerten Schloss geht es, entlang der Talkante der Eyach, über Trillfingen nach Bad Imnau. Für den Rückweg hat man die Wahl zwischen zwei Varianten durch reizvolle Täler. Gutes Schuhwerk ist empfehlenswert.

Anfahrt - A 81 bis Ausfahrt Empfingen, dann B 463 bis Haigerloch. - Von Stuttgart bzw. Rottweil B 27, Abfahrt Haigerloch. - Von Mai bis Oktober von Horb bzw. Hechingen mit der Bahn erreichbar, Verbindungen diesbezüglich im Internet unter www.3-loewen-takt.de

Parken - Diverse P in Haigerloch, u. a. in den Straßen Schlossfeld, Im Haag, an der K 7177 oder zentrumsnah in der Oberstadtstraße. - Bei Start und Ziel Gasthof-Pension Eyachperle im Ortsteil Bad Imnau stehen dort auch Gäste-P zur Verfügung.

➡ **Der Rundweg** - Vom Marktplatz in Haigerloch steigt man die Schlosstreppen hoch und erreicht, vorbei an der Schlosskirche, den Schlosshof. Von dort geht man durch das nördliche Tor weiter bergauf, bis man kurz vor dem Schloss-P auf eine Abzweigung stößt. Dort geht man links einen schönen Weg entlang Richtung Trillfingen. Nach Verlassen des Waldes führt eine Abzweigung nach links zum Trillfinger Kapf, von dem sich eine herrliche Aussicht in das Eyachtal eröffnet. Vom Kapf geht man wieder zurück zum Feldweg, der nach Trillfingen in die Vorstadt führt. Man passiert einen Brunnen und überquert die K 113 Richtung Ortsmitte. Auf halber Strecke zur Kirche biegt man links ab und folgt dem Wegweiser [Schützenhaus]. Beim Schützenhaus bietet sich wieder ein schöner Blick ins das Eyachtal, außerdem lädt dort eine Grillstelle zu einer Rast ein. Dann geht es weiter entlang der Talkante auf dem sogenannten Her-

Sonnenhalde 2
72401 Haigerloch-Bad Imnau
Tel. 0 74 74/95 35 0
www.eyachperle.de

Schwäbische Gemütlichkeit

Frische und Saison bestimmen die abwechslungsreiche Küche mit gutbürgerlichen Gerichten, Spezialitäten und Feinschmeckermenüs. Zum Wohlfühlen und Erholen laden unsere Gästezimmer mit Dusche/WC, Telefon, TV und WLAN ein. Für die kleinsten unserer Gäste steht ein Spielplatz sowie eine Spielecke zur Verfügung. Zudem verfügen wir über zwei Bundeskegelbahnen.

Öffnungszeiten:
Mo: Ruhetag   Mi-Sa: 11.30-14.00 Uhr & 17-22 Uhr
Di: ab 17 Uhr So: 11.30-21.00 Uhr

renwegle, bis man am Waldrand auf eine Teerstraße stößt, die zum »Sitz der Weisheit«, einer schönen Grillstelle mit Sitzbänken, führt. Auf einer Albliege kann man sich ausruhen und die tolle Sicht auf die Schwäbische Alb genießen. Nach der Rast geht es bergab nach Bad Imnau. Nach einer weiteren Grillstelle, die links vom Weg zu sehen ist, biegt ein schmales Weglein nach rechts ab und der Panoramaweg führt oberhalb von Bad Imnau vorbei mit einem schönen Blick auf den Ort. Der kleine Kur- und Badeort gehört zu Haigerloch und verfügt über einen sehenswerten Fürstenbau (1733/1872) sowie einen Kursaal von 1886 und einen erholsamen Kurpark. Bekannt ist Bad Imnau für seine Mineralquellen, die sich für Trink- und Badekuren eignen. Man erreicht schließlich die K 7116 bei der wohlverdienten Einkehrmöglichkeit im

Gasthof-Pension Eyachperle - Familie Haiß bietet ihren Gästen in dem gemütlichen und erholsamen Haus einen angenehmen Aufenthalt und schwäbische Gastlichkeit in familiärer Atmosphäre. Die Gästezimmer sind geräumig und ruhig mit komfortabler Ausstattung. Die vom Chef persönlich geführte, abwechslungsreiche Küche wird von frischen und saisonalen Zutaten bestimmt. Dabei reicht das kulinarische Angebot von gutbürgerlichen Gerichten bis hin zu auserlesenen Spezialitäten und Feinschmeckermenüs. Auch ein schöner Garten mit Spielplatz sowie zwei Bundeskegelbahnen gehören zum Angebot des Hauses. - ÖZ: Dienstag ab 17 Uhr, Mittwoch bis Samstag 11.30-14 Uhr und 17-22 Uhr, Sonntag 11.30-21 Uhr. Montag ist Ruhetag.

Fortsetzung Rundweg - Vom Gasthof Eyachperle geht es weiter Richtung Dorfmitte, am Alten Rathaus vorbei zum Kurpark mit seinem alten Baumbestand. Man wandert durch den Park und überquert dann die L 360 und die Eyach. Hier kann man zwischen zwei Möglichkeiten für den Rückweg wählen: 1) Die kürzere Route führt durch das Eyachtal entlang des Flusses zurück nach Haigerloch. 2) Als Alternative bietet sich der Weg durch das Laibetal, ein romantisches Seitentälchen der Eyach, an. Nach einigen hundert Metern erreicht man eine Wassertretstelle und geht dann weiter, bis man auf die Verbindungsstraße von Bittelbronn nach Wiesenstetten trifft. An der Abzweigung hält man sich links weiter zum kleinen Bittelbronner Weiler Henstetten. Von dort geht es geradeaus weiter, bis man den Friedhof von Bittelbronn erreicht. Hier biegt man rechts ab und kommt nach Bittelbronn. An der Kirche vorbei geht es weiter durch das Dorf, und man erreicht schließlich das Dorfende, wo man links abbiegt. Nach einigen hundert Metern, die der Weg entlang der Straße führt, biegt man erneut links ab und bleibt auf dem Weg, bis man in den Wald kommt. Im Wald führt eine Rechtsabbiegung talabwärts, bis man im Eyachtal wieder auf den von Bad Imnau kommenden Weg stößt. Zuerst überquert man eine Bahnlinie und dann eine kleine Holzbrücke über die Eyach. Im Karlstal trifft man auf die L 360, überquert diese und passiert die Talwirtschaft. Der Gehweg führt jetzt entlang der Straße und quert diese bei einem Fabrikgebäude. Man geht weiter und erreicht die Haigerlocher Unterstadt und den Marktplatz von Haigerloch.

TOUR 20

Balingen - Historischer Stadtrundgang

1½ Stdn.

Anfahrt - Von Stuttgart und Tübingen bzw. Rottweil und Schömberg über die B 27 nach Balingen. - Aus Richtung Sigmaringen und Albstadt über die B 463. - Von der A 81 an der Anschlussstelle Empfingen auf die B 463 oder an der Anschlussstelle Oberndorf auf die L 415. - Es besteht eine sehr gute Zuganbindung: Mit dem ICE von Stuttgart oder mit dem IC von Rottweil.
Parken - Es besteht die Möglichkeit zum kostenfreien Parken in der gesamten Stadt. Günstig: 🅿 Wilhelmstraße/Am Spitaltörl oder Wilhelmstraße/Filserstraße.

✪ **Balingen** - Die Große Kreisstadt mit insgesamt 13 Stadtteilen gilt als kultureller und wirtschaftlicher Mittelpunkt des Zollernalbkreises. Erstmals erwähnt wurde Balingen im Jahre 863 als »Balginga«. Die Stadt selbst wurde 1255 durch den Grafen Friedrich von Zollern gegründet. Mit dem Stadtrecht vergrößerte sich die Siedlung schnell und wurde schließlich 1403 an Württemberg verkauft. Fünf verheerende Brände in den Jahren 1546, 1607, 1672, 1724 und 1809 zerstörten immer wieder große Teile der Stadt. Nach dem letzten Brand, der fast 90 Prozent der Gebäude zerstörte, wurde die Stadt in quadratischer Form um ein zentrales Straßenkreuz in unverwechselbarer, klassizistischer Art wieder aufgebaut.
➥ **Der Rundgang** - Der historische Stadtrundgang umfasst 23 Stationen, die fortlaufend nummeriert und beschildert sind. Der Rundgang beginnt am Marktplatz an der spätgotischen 1) Evangelischen Stadtkirche, einer der schönsten Hallenkirchen des Landes. Sie entstand von 1443 bis 1541 als Erweiterungsbau der schon im 14. Jahrhundert nachgewiesenen Nikolauskapelle. Der 61 m hohe, achteckige Turm der Kirche gilt als das Wahrzeichen der Stadt. Die dort angebrachte Sonnenuhr aus dem Jahr 1760 wurde von dem Mechanikerpfarrer Phillip Matthäus Hahn gefertigt. Im Inneren können eine sehr schöne Barockorgel von 1767 und Werke des Balinger Renaissancekünstlers Simon Schweizer bewundert werden. Auf dem Marktplatz steht der 2) Marktbrunnen aus dem 16. Jahrhundert mit

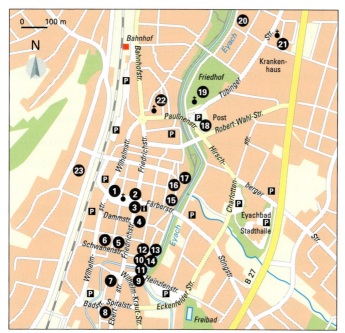

einer als »Herzog Ulrich« bezeichneten Ritterfigur. Das Sandsteinoriginal befindet sich im Heimatmuseum. Nach der Zerstörung des alten Rathauses beim Stadtbrand von 1809 wurde das heutige 3) Rathaus 1811 im klassizistischen Stil neu errichtet. Auf dem Dach kann ein Glockenspiel mit Westminsterschlag bewundert werden. Vom Marktplatz führt der Weg weiter in die 4) Friedrichstraße, die nach dem Stadtbrand 1809 als zentrale Hauptachse der wiederaufgebauten Stadt entstand und heute teilweise Fußgängerzone ist. In der Friedrichstraße finden sich mehrere 5) Häuser mit besonderer Fassadengestaltung (beispielsweise Nr. 52, das »Lämmle Haus«) und so genannten Hauszeichen. Von der Friedrichstraße geht es rechts in die Schwanenstraße zum 6) Farrenstall, einem Fachwerkhaus von 1812/13. Vor dem Farrenstall gelangt man links in die Straße Am Rappenturm, in der sich noch Reste der Stadtmauer befinden. Rechts und sofort wieder links führt der Weg in den Sichelweg und über den Steinachsteg zum 7) Viehmarktplatz mit der »Sonne«, einem beeindruckenden Fachwerkhaus aus dem 18. Jahrhundert mit typischem Mansardendach. Das 1792 erbaute Wirtshaus ist auch heute noch ein Restaurant und Kaffeehaus. Rechts entlang in der Ebertstraße befinden sich 8) Spital und Amtsgericht. Die Gebäude des ursprünglichen Spitals standen bis zum Stadtbrand 1809 direkt hinter der Stadtkirche und wurden nach ihrer Zerstörung in der Ebertstraße neu errichtet. Im Jahre 1860 wurde es durch eine Uhr und zwei Glocken ergänzt. Das Amtsgericht wurde 1824/25 errichtet. Der Rundgang führt nun weiter links in die Spitalstraße und wieder links in die 9) Wilhelm-Kraut-Straße. Sehenswert in dieser Straße sind die im unteren Bereich stehenden Häuser mit Mansardendächern (Nr. 8 und

Nr. 10). Haus Nr. 5 wurde 1832/33 erbaut und erhielt Ende des 19. Jahrhunderts eine prunkvolle Fassade. Rechts weiter über die Friedrichstraße geht der Weg weiter über die Brücke und dann nach rechts in die Schloss-Straße. Dort befindet sich Balingens markanter Blickfang: das 10) Zollernschloss mit dem »Reiterhaus« und dem 11) Wasserturm. Auf den Grundmauern einer ehemaligen Burganlage aus dem 13. Jahrhundert wurde um 1370 das Stadtschloss mit Gesindehaus (Reiterhaus) errichtet und diente lange als Residenz der württembergischen Obervögte. Nach Auflösung der Obervogteien 1752 ging das Gebäude in Privatbesitz über. Im Jahre 1920 wurde das zu diesem Zeitpunkt stark baufällige Gebäude von der Stadt gekauft und ab 1935 komplett abgebrochen und nach altem Vorbild unter Verwendung alter Bauteile neu errichtet. Heute befindet sich hier das Museum für Waage und Gewicht, das unter anderem eine römische Schnellwaage, die erste Neigungswaage ohne lose Gewichte aus dem Jahre 1770, konstruiert von Phillipp Matthäus Hahn, sowie Waagen der renommierten Balinger Firma Bizerba ausstellt. Das »Reiterhaus« mit schönem Fachwerk und hölzernen Stützsäulen ist seit 1921 eine Jugendherberge. Es war früher durch zwei Laubengänge mit dem Schloss verbunden. Der Wasserturm, erbaut 1483, ist der letzte erhaltene Befestigungsturm der alten Stadtmauer und über einen Steg vom Schloss aus zu erreichen. Von der Schloss-Straße aus gelangt man links in die Neue Straße und dann rechts zur 12) Zehntscheuer, die jahrhundertelang bis 1848, als der Zehnt aufgehoben wurde, Jahr für Jahr mit dem zehnten Teil der Ernteerträge der Zehntpflichtigen gefüllt wurde. Von 1986 bis 1990 wurde das Gebäude saniert und beherbergt nun das Heimatmuseum und die Friedrich-Eckenfelder-Galerie. Links vom Museum gelangt man durch eine schmale Gasse, über eine Holzbrücke und eine Treppe nach 13) »Klein Venedig«. In dem ehemaligen Gerber-Viertel am Mühlkanal reihten sich noch im 19. Jh. unterhalb der östlichen Stadtmauer die Gerbereien aneinander. Im Zuge der Stadtsanierung wurden ab 1998 viele der alten Gebäude abgerissen und durch neue ersetzt. Die ursprüngliche Kleingliedrigkeit des Ensembles wurde jedoch erhalten. Am Mühlkanal rechts befindet sich das 14) Eyachwehr von 1895. Damals wurde das alte Holzwehr bei einer Hochwasserkatastrophe zerstört und durch ein steinernes Rundwehr ersetzt, dessen Bauweise Seltenheitswert besitzt. Deshalb wurde es 2001 aufwendig saniert. Längs der Eyach führt der Stadtrundgang nun bis zur Schwarzen Brücke, dann links in die Färberstraße und wieder links in die Ölbergstraße. Am Gebäude Nr. 29 befindet sich die Ecksulptur 15) Adam und Eva. Das Original aus Eichenholz aus dem 18. Jh. befindet sich

Klein Venedig

Zollernschloss mit Wasserturm

im Heimatmuseum. In der Ölbergstraße befinden sich mit den Gebäuden 9-19 die ältesten Bürgerhäuser der Stadt. Im 16) Alten Kameralamt, dem heutigen Landwirtschaftsamt, verbirgt sich die um 1500 erbaute Ölbergkapelle. Hinter dem ehemaligen Kameralamt führt eine schmale Gasse rechts in den 17) Zwinger mit dem zugeschütteten Mühlbach. Der Zwinger ist der Raum zwischen der inneren und äußeren Stadtmauer. Reste der inneren Mauer sind noch erhalten. In der Verlängerung der Gasse erreicht man wieder die Eyach. Links ab führt der Weg weiter entlang der Straße Vor dem Gerbertor. Am Haus Nr. 28 zeigen Hochwassermarken den Höchststand von 1895. Am Ufer der Eyach gelangt man durch den kleinen Stadtgarten zur ersten Brücke. Auf der anderen Seite der Eyach befindet sich das 18) Hochwasserdenkmal. Das obeliske Denkmal erinnert an den Tod von 41 Menschen bei der Überschwemmungskatastrophe des Eyachtals im Jahr 1895. Der Weg führt weiter am Eyachufer entlang und über die zweite Brücke zur 19) Friedhofskirche, deren Turmunterbau bis zu den Schallöffnungen aus dem 11. Jh. stammt. Das Langhaus und der Chor wurden im 13./14. Jh. errichtet. Die Kirche besitzt schöne Maßwerkfenster, gotische Wandmalereien und ein Epitaph von Simon Schweizer (um 1600). Von hier führt ein Abstecher längs der Eyach vorbei an der Schellenbergbrücke bis zur 20) Stadtmühle, der bereits 1318 erwähnten, vermutlich ältesten der ehemals sechs Balinger Mühlen. Heute wird das Hauptgebäude als Wanderheim der Naturfreunde Balingen genutzt. Ein weiterer Abstecher kann durch die Tübinger Straße zur 21) Siechenkapelle aus dem 14. Jh. unternommen werden. Der eigentliche Rundgang führt von der Friedhofskirche über die Brücke entlang der Paulinenstraße zur 22) Heilig-Geist-Kirche. Sie wurde 1898/99 für die zunehmende Zahl an Katholiken in der ehemals rein evangelischen Stadt erbaut. In der 1961 erweiterten Kirche befindet sich eine Kopie der Balinger Madonna. Sehenswert sind außerdem die Betonglasfenster. Die 23) Sichelschule mit ihrer reich geschmückten Fassade, erbaut 1921-1923, liegt hinter der Bahnlinie und kann als weiterer Abstecher über die Wilhelmstraße und die Hermann-Behr-Straße erreicht werden. Von Punkt 22) gelangt man durch die Friedrichstraße zurück zum Ausgangspunkt.

Heilig-Geist-Kirche

Wanderwege in der näheren Umgebung

Das Gebiet um Balingen und somit das Feriengebiet Hohenzollern bietet vielfältige Möglichkeiten zum Wandern für jeden Anspruch. Die knapp 1000 m hohen Balinger Berge mit den beiden markanten Höhepunkten Lochstein und Hörnle und der steil abfallende Albtrauf versprechen abwechslungsreiche Wanderungen mit eindrucksvoller Natur und phantastischen Ausblicken. In und um Balingen befinden sich mehrere gut gelegene Wander-P mit großen Informationstafeln, die einen ausgezeichneten Überblick über die 12 möglichen Routen in der näheren Umgebung bieten und der Orientierung dienen. Die Strecken sind jeweils durchgängig und übersichtlich mit einer der Infotafel zu entnehmenden Zahl auf Wandertäfelchen gekennzeichnet. Zusätzlich bietet die Stadt einen detaillierten Wanderführer mit übersichtlicher Wanderkarte an, in dem auch Sehenswürdigkeiten, Einkehrmöglichkeiten und Rastplätze angegeben sind. Verschiedene Lehrpfade, beispielsweise der Geschichtspfad Streichen, der Bienenlehrpfad, der Gewässerlehrpfad, der Streuobstpfad und weitere geben dem Interessierten Einblicke in die Geschichte und Natur. Als besondere Wanderhighlights gelten die folgenden Wanderungen:

➡ **Geowanderweg** – ca. 5 Stdn. mit Abkürzungsmöglichkeit auf 3 Stdn. - Nach dem Motto »wissen, worauf man steht« sollen auf dem neuen Geowanderweg das Erlebnis Geologie, die bewusste Wahrnehmung ihrer Erkenntnisse und die Auswirkungen auf den Menschen vermittelt werden. Auf zehn Infotafeln werden die Wanderer über die jeweiligen geologischen

Besonderheiten am Standort informiert. Die Schwäbische Alb bietet einen der weltweit vielfältigsten und spektakulärsten Geo-Parks. In der Jura-Zeit, also vor ca. 200-135 Mio. Jahren, befand sich in diesem Gebiet ein subtropisches Meer, so dass sich hier viele Fossilien als beeindruckende Zeitzeugen in den Gesteinsschichten finden. Aber auch der Entstehung von Quellen, Schluchten und Wasserfällen wird hier Aufmerksamkeit gezollt. Der Geowanderweg startet am Ortseingang von Balingen-Zillhausen, am dortigen P am Friedhof und ist durchgängig und äußerst übersichtlich mit dem [Ammoniten] gekennzeichnet, sodass Kartenmaterial nicht erforderlich ist. Es besteht die Möglichkeit, die Wanderung nach Station 6 abzukürzen.

➡ **Hirschguldenweg** - ca. 9 km - ca. 2½ Stdn. - ca. 500 m Höhendifferenz - Dieser Kultur- und Geschichtsthemenweg führt durch landschaftlich äußerst reizvolles Gebiet. So ist die Tour insbesondere der Sage von Hirschgulden gewidmet, die als historischen Hintergrund den Wechsel der Herrschaft Schalksburg samt Balingen von Hohenzollern an Württemberg im Jahre 1403 erklärt. Die Wanderung beginnt im Balinger Ortsteil Dürrwangen und führt nicht nur zu spektakulären Aussichtspunkten, sondern auch vorbei an botanischen Kuriositäten wie den gigantischen Mammutbäumen.

➡ **Donau-Zollernalb-Weg** - ca. 160 km - Dieser Wanderweg bietet auf seiner gesamten Länge eine abwechslungsreiche Landschaft mit immer wieder beeindruckenden Ausblicken in idyllische Täler (weitere Informationen s. S. 90 ff.).

➡️ **Hohenzollernweg** - 11 (Tages-)Etappen - Ein weiterer Etappenwanderweg im Ferienland Hohenzollern ist der Hohenzollernweg »Auf Kaisers Spuren«, der auf einer Alternativroute auch an Balingen vorbeiführt. Unterwegs bietet sich dem Wanderer die Möglichkeit, die hohenzollerschen Lande mit ihren kulturellen und naturräumlichen Schönheiten zu erkunden. Für diesen Fernwanderweg gibt es die Möglichkeit zum »Wandern ohne Gepäck« (Weitere Informationen: Geschäftsstelle Ferienland Hohenzollern, Hirschbergstraße 29, 72336 Balingen. Telefon: 07433/921139 - E-Mail: info@ferienland-hohenzollern.de - Internet: www.ferienland-hohenzollern.de).

✪ **Weitere Informationen** - Der historische Stadtrundgang wird in einem illustrierten Faltblatt vom Bürgerverein Balingen ausführlich dargestellt und kann zusätzlich im Internet unter www.balingen.de/vereine/buergerverein/ als interaktiver Plan aufgerufen werden. Die Tourist Information am Rathaus in der Färberstraße 2, 72336 Balingen - Telefon: 07433/170-119 - E-Mail: touristinfo@balingen.de hält weitere Informationen für den Aufenthalt in Balingen bereit.

Die Zollernalb und der Donau-Zollernalb-Weg

✪ **Die Zollernalb** - Im Westteil des Geoparks Schwäbische Alb, der seit 2004 Mitglied des Global Networks of UNESCO Geoparks ist, liegt der Zollernalbkreis. Drei Landschaften prägen die Zollernalb: Im Nordwesten liegt das Obere Gäu, im zentralen Bereich befindet sich das Albvorland und im Südosten die Schwäbische Alb. Im Südosten wird die Zollernalb begrenzt von der Donau, im Norden vom Neckar.

Die Zollernalb gehört zum höchsten Teil der Schwäbischen Alb. Bei gutem Wetter eröffnen sich Fernsichten bis zum Schwarzwald oder den Alpen. Mehrere Tausender befinden sich im Gebiet der Zollernalb. Dazu gehört z. B. der Plettenberg mit 1002 m, von dessen Aussichtspunkten (z. B. in Verbindung mit einer Sagenwanderung) sich ein atemberaubendes Panorama bis in den Schwarzwald bietet. Der bekannteste Berg der Region ist der 855 m hohe Zoller mit der weithin sichtbaren und viel besuchten Burg Hohenzollern. Geologisch stellt er einen Zeugenberg dar, der das langsame Zurückweichen der Stufenlandschaft infolge von Erosion veranschaulicht. Dort, wo die Berge am höchsten sind, findet sich die schon vom schwäbischen Schriftsteller Eduard Mörike beschriebene, eindrucksvolle »blaue Mauer«. Damit ist der schon von Weitem sichtbare, steile und oft felsige Nordrand der Alb gemeint, der Albtrauf, der das Albvorland von der Albhochfläche trennt. Die größtenteils bewaldeten Steilhänge sind häufig von schroffen Felsen durchsetzt wie beispielsweise dem Lochenhörnle bei Balingen. In der Jura-Zeit, also vor etwa 200-147 Mio. Jahren, erstreckte sich dort, wo heute die Zollernalb liegt, ein subtropisches Meer. Zeugen für diese heute kaum noch vorstellbare Tatsache sind die vielfältigen Fossilien, die sich in den unterschiedlichen Gesteinsschichten, wie etwa dem

Plettenberg

Ölschiefer aus der Zeit des Unterjura, finden. So verstecken sich im Stein neben vielen niedlichen Kleinfossilien, welche Besucher der Zollernalb mit etwas Glück selbst entdecken können, auch prächtige Fossilfunde wie versteinerte Skelette von Fischsauriern. Verschiedene Erlebnis- und Lehrpfade, z. B. der Geologische Lehrpfad Nusplingen, der GeoWanderweg Balingen-Zillhausen oder der Geologische Lehrpfad rund um den Ölschiefer Schömberg und Museen wie das Fossilmuseum im Werkforum des Zementwerks der Firma Holcim GmbH in Dotterhausen oder das Museum im Kräuterkasten in Albstadt-Ebingen präsentieren einige der hervorragend erhaltenen Fossilfunde. Neben den Geologischen Erlebnispfaden finden sich in der Region auch interessante Naturlehrpfade. Zu diesen zählen der Obstbaumlehrpfad im Naturschutzgebiet Eichenberg in Geislingen-Erlaheim, der Naturlehrpfad Zollerblick in Haigerloch und diverse Geschichtslehrpfade. Auf diesen wird unter anderem über die unmenschliche Ausbeutung der Insassen von Konzentrationslagern berichtet, die Ölschiefer abbauen mussten, um daraus Öl als Treibstoff zu gewinnen. Beispiele für solche Wanderungen mit historischem Bezug sind der Geschichtslehrpfad Ölschieferwerk in Bisingen und die Gedenkstätte Eckerwald mit ihrem Geschichtslehrpfad in Schömberg. Die Albtrauf und die Albhochfläche bestehen vorwiegend aus Kalkstein. Das führt dazu, dass das Wasser durch das zerklüftete Kalkgestein in den Untergrund versickert. Aus diesem Grund sind auf der Albhochfläche zahlreiche Trockentäler vorhanden. Gleichzeitig entstanden und entstehen immer noch durch unterirdische Lösungsprozesse große Höhlensysteme. Einige der Höhlen sind allgemein zugänglich - z. B. die Heidensteinhöhle in Albstadt-Ebingen und die Linkenboldshöhle in Albstadt-Onstmettingen - und beeindrucken nicht nur durch ihre wunderschönen Tropfsteine. Die größten Städte der Region Albstadt, Balingen, Burladingen, Haigerloch und Hechingen besitzen sehenswerte und teils sehr gut erhaltene historische Innenstädte und bieten kulturelle Vielfalt mit Museen, Ausstellungen, Theater und Konzerten. Die Zollernalb zählt zu den schönsten Wandergegenden der Schwäbischen Alb. Zahlreiche Wanderwege führen über freie Hochflächen, dichte Buchen- und Nadelwälder, durch die typische Wacholderheide und zu beeindruckenden Aussichtspunkten. Der Donau-Zollernalb-Weg vereint all diese Attribute und führt den Wanderer aus dem Durchbruchtal der Donau in Beuron hinauf auf die Zollernalb.

➥**Der Donau-Zollernalb-Weg** - Der Donau-Zollernalb-Weg erhielt 2009 das besondere Gütesiegel »Qualitätsweg Wanderbares Deutschland«. Dem Besucher bietet der 160 Kilometer lange Weg auf 10 (Tages-) Etappen eine eindrucksvolle Landschaft im Felsenmeer der Schwäbischen Alb sowie spannende Ausblicke in idyllische Täler. Neben Höhlen, Trockentälern, Burgen und Schlössern erwarten den Wanderer auch verschlafene Dörfer, lebendige Städte und das beeindruckende Erlebnis, den höchsten Teil der Schwäbischen Alb zu überqueren.

Der Wanderweg startet in Beuron an der Holzbrücke im Donautal. Im Tal der jungen Donau liegt auch die 1077 als Augustiner-Chorherrenstift gegründete, seit 1863 als Benediktinerkloster wiederbesiedelte Erzabtei St. Martin. Die Erzabtei Beuron ist Gründungskloster der Beuroner Bene-

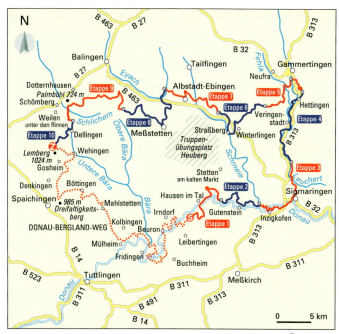

diktinerkongregation mit derzeit 16 Klöstern in Deutschland, Österreich und Südtirol. Auf der ersten Etappe bietet der Eichfels den schönsten Ausblick auf das Donautal. Aber auch Burg Wildenstein und der Bischofsfelsen locken auf der anderen Seite des Tals mit herrlichen Fernsichten. Durch den wildromantischen Fall geht es hinauf zum Schaufelsen, der höchsten Felswand des Donautals. Vorbei an Ruinen und weiteren Felsen sind insgesamt 14 km hinab nach Gutenstein zu erwandern. Immer wieder wird man mit grandiosen Aussichten ins Tal belohnt. Der Weg führt vorbei an der Ruine Falkenstein, einer gut erhaltenen Burganlage mit Grill- und Rastplatz. Die leichte Strecke bis nach Sigmaringen geht vorbei an den Inzigkofer Grotten und dem Kloster Inzigkofen. Start der Etappe ist der P am Ortsanfang von Gutenstein. Von dort steigt ein schmaler Weg zum Aussichtspunkt Teufelsloch an. Eine herrliche Aussicht auf die Ruine Gebrochen Gutenstein bietet sich auf einem Felssporn. Am Ende der Etappe warten die idyllische Innenstadt und die imposant aufragenden Türme von Schloss Sigmaringen. Sigmaringen wird dominiert von der malerischen Altstadt und der mächtigen Schlossanlage. Hier bietet sich ein Besuch des Schlosses mit der größten privaten Waffensammlung an (siehe Seite 133 ff. und Seite 138 ff.). Nach einem kleinen Aufstieg lohnt ein Blick über das Laucherttal, bevor es hinunter ins Tal geht. Entlang der malerischen Lauchert gelangt man in den pittoresken Ort Veringenstadt mit dem ältesten Rathaus Hohenzollerns. Über Schloss Hettingen führt die Etappe an den verschlungenen Felsformationen des Teufelstors vorbei. Unterwegs belohnen zahlreiche schöne Ausblick zurück über das Laucherttal. Über einen herrlichen Wiesenweg und immer wieder durch den Wald geht es zum

Alten Schloss. Von der Schlossruine wartet ein einmaliger Blick ins Fehlatal. Dann schlängelt sich der Weg hinab zur Fehla und am wildromantischen Flusslauf entlang bis zu einer kleinen Brücke. Von dort führt die Strecke zunächst bergauf. Nachdem das liebliche Fehlatal durchquert ist, ändert sich das Landschaftsbild schlagartig. Über eine offene Hochebene mit herrlichen Ausblicken geht es nach Winterlingen. Wer hier etwas über das Planetensystem erfahren möchte, kann noch ein paar Schritte auf dem [Planetenweg] gehen. Für eine Erfrischung sorgt das idyllische Naturfreibad. Das Highlight der nächsten Etappe ist die Burg Straßberg, welche noch bewohnt ist. An der Burg vorbei geht es hinunter ins Schmeiental nach Straßberg. In der Ortsmitte begegnen dem Wanderer die Hinweisschilder zum Bürgerpark mit Barfußpfad, Kneippbecken und einem herrlichen Spielplatz. Über die traumhaft gelegene Fohlenweide geht es weiter zum Schlossfelsenturm, von wo ein herrlicher Blick über Albstadt-Ebingen (siehe Seite 153 ff.) möglich ist. Dort bieten sich zur der Einkehr Gasthöfe mit regionalen Spezialitäten wie hausgemachten »Hergottsb'scheißerle«, also Maultaschen, oder »Geheimratslippen«, das ist schwäbisch für Ochsenmaulsalat, an. Ein Muss, wenn man in Schwaben unterwegs ist! In der Stadtmitte von Albstadt-Ebingen gibt es nicht nur viele Qualitätsgastgeber »Wanderbares Deutschland«, sondern auch jede Menge kulturelle Highlights, wie beispielsweise die Galerie Albstadt. Außerdem bietet die Stadt mit ihren Premiumwanderwegen »Traufgänge« (siehe Seite 157 ff.) beste Vorraussetzungen für ein Wander-Wochenende. Weiter führt der Weg nach Margrethausen. Dort steht die schöne Klosteranlage, an deren Fuße eine Kneippanlage liegt. Neben einem idyllischen Bachlauf geht es weiter nach Lautlingen. Hier wird einer der kulturellen Höhepunkte des Etappenwanderweges erreicht: das Stauffenberg-Schloss mit schönem Park. Zum Etappenziel Meßstetten, der höchstgelegenen Stadt Deutschlands, geht es eine Anhöhe hinauf zum Torffelsen. Nun kommt eine Etappe mit einer Vielzahl bemerkenswerter Ausblicke! Sehr abwechslungsreich geht es von der Ortsmitte zur Hossinger Leiter. Wenn die Treppen bezwungen sind, erreicht man den ersten Aussichtspunkt am Gräblesberg. Dann folgt, nicht weniger beeindruckend, das Hörnle. Hier hat man einen fantastischen Blick über Balingen und bis nach Tübingen. Balingen ist bekannt für seine sagenhaften Kunstausstellungen: Gustav Klimt, Pablo Picasso und Marc Chagall waren hier schon zu Gast. Eines der Highlights der Region, die Burg Hohenzollern (siehe Seite 78 f.), ist ebenfalls zu sehen - und bei gutem Wetter sogar der Stuttgarter Fernsehturm. Die Stammburg deutscher Kaiser - die Burg Hohenzollern - thront auf einem Vorberg der Schwäbischen Alb. Und wer dort oben steht, wird Kaiser Wilhelm II. beipflichten, der 1886 bei einem Besuch sagte: »Die Aussicht von der Burg Hohenzollern ist wahrlich eine Reise wert!«. Im hohenzollerischen Hechingen lohnt außerdem ein Besuch im Römischen Freilichtmuseum »Villa Rustica« (siehe Seite 71 ff.) in Stein. Und wer sich schon aufmacht, hohenzollerische Geschichte zu erleben, sollte auch Haigerloch einen Besuch abstatten - am besten während der Fliederblüte! Sehenswert sind das Jüdische Viertel mit ehemaliger Synagoge, die Schlosskirche und das bekannte Atom-Keller-Museum. Weiter führt der Wanderweg

Burg Straßberg

nun auf den Lochenstein, der den beiden vorangegangenen Aussichtspunkten in nichts nachsteht. Das nächste Ziel ist der Plettenberg, ursprünglich »der Gebleichte« aufgrund seines weißen Jura-Gesteins. Der Plettenbergsteinbruch ist gigantisch: seine Ausmaße, die Felsbrüche und die Routenführung. Die längste Tagesetappe wird belohnt mit einem gemütlichen Abend am Schömberger Stausee im Naherholungsgebiet Oberes Schlichemtal (siehe Seite 97 ff.). Dort finden sich die Sagenwanderwege, die sich in eine herrliche, kaum zu übertreffende Landschaft einbetten. In Ruhe können die letzten Kilometer des Wanderweges genossen werden, bevor der Blick zum Abschluss nochmals vom höchsten Berg der Schwäbischen Alb, dem Lemberg, bis zum Schwarzwald oder den Alpen wandert. Am Lemberg geht der Weg über in den Donauberglandweg (siehe Seite 110 ff.). Zusammen bilden die beiden Premiumwege den ersten Qualitätsrundwanderweg der Schwäbischen Alb mit einer Länge von insgesamt 230 Kilometern.

✪ **Weitere Informationen** - Informationen zum Weg finden sich unter www.wandern-suedwestalb.de - Infos zur Region findet man auch unter www.zollernalb.com

Weiterer Wandervorschlag - Ein weiteres Wander-Highlight in dieser Region ist der

➥**Hohenzollernweg** - Der Wanderweg startet in Sulz-Glatt am Wasserschloss und führt vorbei an hohenzollerschen Highlights (weitere Informationen unter www.ferienland-hohenzollern.de).

Wenzelstein und Lochen bei Balingen

Wanderregion Oberes Schlichemtal

Dort, wo die Alb am höchsten ist, umgeben von mehreren Tausendern, findet sich ein Urlaubs- und Wanderparadies. Es ist ein Land der Stille und von herber Schönheit, das den Alltag vergessen lässt. Hier präsentieren sich Hochflächen im Wind, Wachholderheide, dichter Wald und offene Wiesen, prächtige Felsen und tiefe Schluchten, klare Seen und nicht zuletzt die Schlichem. Versteinerungen in Schieferplatten zeugen von Haien und Tintenfischen, die einst in urweltlicher Zeit hier lebten. Das Land ist voller Mythen und Sagen, von denen die Schrifttafeln auf den Sagenwanderwegen künden, die neben vielen anderen herrlichen, hervorragend markierten Wanderrouten die Region erschließen. Auch auf Radtouren für die ganze Familie oder mit sportlicher Note kann man die Schönheit des Gebietes entdecken. Die Touristikgemeinschaft Oberes Schlichemtal bietet außerdem attraktive Rad- und Wanderpauschalen mit 2-7 Übernachtungen, Museumsbesuche, Film- und Diavorträge und vieles mehr an. Drei verschiedene Kutschfahrten versprechen vierstündige Erlebnisfahrten, auf denen sich die wundervolle Umgebung einmal anders genießen lässt (genaue Informationen bzgl. der Start-(zeit-)punkte der Fahrten gibt es bei der Touristikgemeinschaft Oberes Schlichemtal).

➡ **Wanderungen im Schlichemtal: Sechs Sagenwanderwege** - Die Sagenwanderwege führen zu den schönsten Schauplätzen von Mythen und Sagen. Mit etwas Fantasie lässt sich das edle Fräulein, das in einer tiefen Höhle gefangen ist, oder der Geist, der in der Nacht spukt, entdecken. Markierung: [Rotes S auf weiß in einer roten Raute] und [Albvereinszeichen].

➡ **Wochenbergpfad - Vom Schweigen eines ganzen Volkes** - ca. 8 km - ca. 3 Std. - ca. 200 Höhenmeter - Die Wanderung startet mit einigen Steigungen, bietet wunderschöne Ausblicke von der Hochfläche am Wochenberg und führt die Wanderer vorbei an den Schrifttafeln zu den Sagen »Sage vom stillen Volk« und »Die trauernde Gräfin«. - Schörzingen - Wochenberg - Deilingen - Schörzingen.

➡ **Gipfeltour zum Lemberg - Vom Fluch der bösen Mutter** - ca. 10 km - ca. 4 Std. - ca. 300 Höhenmeter - Die anspruchsvolle Wanderung mit steilen Anstiegen erfordert festes Schuhwerk und gute Kondition, belohnt aber durch schöne Aussichtspunkte und führt vorbei an der Schrifttafel »Wie Delkhofen entstand«. - Wander-P Oberhohenberg - Hochberg - Lemberg mit Aussichtsturm - Wallfahrtskapelle - Wander-P Oberhohenberg.

➡ **Ortenbergtour - Vom Geschenk des frommen Fräuleins** - ca. 10 km - ca. 4 Std. - ca. 350 Höhenmeter - Die Wanderung führt durch herrliche Wälder und zu schönen Aussichtspunkten, die Schrifttafeln beschreiben die »Sage vom Rosenkranzwald«. - Ratshausen - Weiher - Tannbühl - Tanneck - Ortenberg - Deilingen - Rinnen - Ratshausen.

➡ **Panoramaschleife - Vom elenden Ende der Burgherrin** - ca. 9 km - ca. 4 Std. - ca. 430 Höhenmeter - Die landschaftlich reizvolle und abwechslungsreiche Tour führt vorbei an glanzvollen Aussichtspunkten und einem abenteuerlichen Felsenlabyrinth, als Sagen werden »S' Greaweible vom Wenzelstein« und »Die Erdleutlein« beschrieben. - Hausen

Abenteuer Stille
Oberes Schlichemtal

Dort wo die Berge der Schwäbischen Alb am höchsten sind, beginnt das Abenteuer Stille. Wege über weite Höhen und entlang dem Lauf von Flüsschen, Pfade vorbei an schroffen Felsen. Das Obere Schlichemtal ist geschaffen zum Wandern und Radfahren - abseits von großen Straßen kann man die raue Schönheit der Schwäbischen Alb erkunden, sich mit Geocaching auf spannende Abenteuer begeben oder sich auf die Spuren der mythischen Sagenwege machen.

Touristikgemeinschaft Oberes Schlichemtal
Schillerstr. 29 - 72355 Schömberg
Telefon: 0 74 27 / 94 98-0

www.oberes-schlichemtal.de

am Tann - Schafberg - Hoher Fels - Gespaltener Fels - Wenzelstein - Lochenstein - Oberhauserhof - Hausen am Tann.

➡ **Plettenbergsteig - Vom wundersamen Glück des Grafen** - ca. 9 ½ km - ca. 3 ½ Std. - ca. 380 Höhenmeter - Die Wanderung führt vorbei an der Schrifttafel »Das Zauberross« bis hinauf auf den Plettenberg, den heimlichen Hausberg des Oberen Schlichemtals, von wo aus sich eine wundervolle Aussicht bietet. - Dotternhausen, Weiher - Plettenberg - Schafhaus - Naturschutzgebiet »Plettenkeller« - Brünnele - Dotternhausen.

➡ **Berg- und See-Tour - Vom Läuten gegen Blitz und Hagel** - ca. 14 km - ca. 4 ½ Std. - ca. 430 Höhenmeter - Die Tour bietet interessante Abwechslung zwischen Kultur und dem Abenteuer Stille im Wald, festes Schuhwerk und Trittsicherheit sind für das besondere Erlebnis des mit Geländer gesicherten, alpinen Steilabstiegs vom Plettenberg von Nöten. Schrifttafeln: »Die Kapelle unterm Palmbühl« und »Vom Wetterglöckle«. - Ausführliche Beschreibung siehe Seite 103.

➡ **Weitere Wanderwege** - Die aufgeführten Wanderwege sind ausführlich in dem Wanderführer »Abenteuer Stille« beschrieben sowie in Kurzform in der Wanderkarte »Auf sagenhaften Wegen im Oberen Schlichemtal« (Herausgeber und Bezugsadresse: Touristikgemeinschaft Oberes Schlichemtal e. V., Schillerstraße 29, 72355 Schömberg, Tel. 07427/94980, Email: sekretariat@gvv-os.de - Internet: www.oberes-schlichemtal.de).

➡ **Schlichemwanderweg** - Auf einer Strecke von 33 km, die sich auch in kürzere Etappen aufteilen lässt, folgt der Wanderweg dem Bachlauf der Schlichem von der Quelle bis zur Mündung. Das Wasser als ständiger Begleiter prägt die Landschaft mit kleinen Wasserfällen, der beeindruckenden Schlichemklamm, zahlreichen Windungen, artenreichen Feuchtwiesen und unterschiedlichen Waldtypen. Der Wanderweg ist mit einem eigenen Logo ausgewiesen, jedoch nicht durchgehend markiert, so dass man die Markierungen des zugrunde liegenden Albvereinsweges beachten sollte. Weitere Informationen unter www.schlichemwanderweg.de

➡ **Naturlehrpfad Schömberg** - Die ideale Tour für Familien führt vorbei an 30 Tafeln für Erwachsene und 30 Tafeln speziell für Kinder, die mit ihren Informationen die Natur näher bringen. Stausee-P - Stausee - große Schleife durch den Wald zum Palmbühlkapf - oberhalb vom Campingplatz am Waldrand bis zum Spielplatz - Stausee-P.

➡ **Tanzwasen-Rundweg** - 5 km - ca. 1 ¾ Std. - 180 Höhenmeter - Markiert mit dem [Gelben Ring] führt die Wanderung vom Wander-P Hausen am Tann zum Tanzwasen und durch das NSG Tiefer Weg.

➡ **Rappenstein-Tour** - 5 ½ km - 2 Std. - 230 Höhenmeter - Vom Wander-P Heidenhof geht es auf den Rappenstein, von dem sich eine herrliche Aussicht in das Schlichemtal bis zum Nordschwarzwald sowie bis zum Lochen, dem Schafberg und dem Plettenberg eröffnet. Dann folgt ein steiler Abstieg in das Schlichemtal, vorbei am »Käppelle«, bevor man durch bunte Streuobstwiesen wieder zum Ausgangspunkt zurückkehrt.

➡ **Täbinger Hörnle** - 12 km - 3 ½ Std. - 175 Höhenmeter - Ausgangspunkt des Rundweges ist Schömberg, von wo aus man durch den Pfaffenwald und den Schafwald das Täbinger Hörnle erreicht. Über Dautmergen und durch das Schlichemtal führt der Rückweg nach Schömberg.

SEIT MAI 2014:

33 KM - VON DER QUELLE BIS ZUR MÜNDUNG

Der Schlichemwanderweg fügt sich in das bestehende Netz der Wanderwege ein, verbindet diese und schafft somit entlang der Schlichem eine durchgängige, fußläufige Verbindung zwischen der Albhochfläche bei Meßstetten/Tieringen und dem Neckartal bei Epfendorf. Die B27 kann erstmals im Bereich Schömberg von Fußgängern barrierefrei unterquert werden. Für Naturliebhaber und Erholungssuchende wird das gesamte

Schlichemtal als Einheit erlebbar!

Touristikgemeinschaft Oberes Schlichemtal e.V.
Schillerstraße 29 | 72355 Schömberg
Telefon: 07427-9498-0 | Mail: sekretariat@gvv-os.de
www.schlichemwanderweg.de

LEADER-Projekt
mit zwölf Gemeinden,
zwei Landkreisen
über zwei Regierungsbezirke,
gefördert durch die EU

➥ **Triangelweg** - ca. 6 km - ca. 2 Std. - 160 Höhenmeter - Von Ratshausen mit seiner sehenswerten katholischen Kirche St. Afra führt der Weg vorbei an einem Grabhügel, der Ottilienkapelle und der Oberen Säge. Durch das Waldstück Hätzenbol geht es zurück nach Ratshausen.
➥ **Honau-Tour** - knapp 8 km - 2½ Std. - Von der Stadtmitte in Schömberg wandert man entlang am Schömberger Stausee und vorbei an der Unteren Säge. Durch das Waldgebiet Honau erreicht man Weilen unter den Rinnen. Von dort geht es, vorbei an einem Grabhügel, wieder zurück nach Schömberg.
➥ **Zepfenhan-Tour** - 12 km - 3¼ Std. - Von Schömberg verläuft der Weg am Ortsrand von Schörzingen entlang zum Landeplatz Rottweil-Zepfenhan. Der Rückweg führt vorbei am Sonthof.
➥ **Zimmerner Runde** - 9 km - 3 Std. - 177 Höhenmeter - Nachdem man die Stadtmitte von Schömberg verlassen hat, trifft man zunächst auf Grabhügel, bevor man durch wertvolle Naturschutzgebiete Zimmern unter der Burg erreicht. Durch den Schafwald und den Pfaffenwald gelangt man zurück zum Ausgangspunkt in Schömberg.

TOUR 21

Schömberg - Rundweg Täbinger Hörnle

Charakteristik - Die landschaftlich abwechslungsreiche Tour weist nur geringe Höhenunterschiede auf. Die ersten Kilometer verlaufen entlang der Schlichem auf dem Schlichemwanderweg. Geschichtlich interessant ist die KZ-Gedenkstätte. Außerdem kann man einen Abstecher zum SchieferErlebnis unternehmen.
Anfahrt - Schömberg liegt an der B 27 Stuttgart/Tübingen - Rottweil.
- Busverbindungen von den Bahnhöfen Balingen und Rottweil.
Parken - Mehrere P-möglichkeiten in der Stadtmitte von Schömberg, u. a. am Marktplatz.

12 km

3 ½ Std.

➥ **Der Rundweg** - Vom Marktplatz geht man zum Stausee und überquert die Staumauer. Von hier bleibt man bis Dautmergen auf dem Schlichemwanderweg. Nach 10 Min. auf einem teilweise unbefestigten Wiesenweg unterquert man die B 27 auf Trittsteinen am Rand der Schlichem - Vorsicht **(!)**: Bei Hochwasser gefährlich, dann stattdessen Überquerung der B 27 - und folgt weiterhin dem Schlichemwanderweg, der bald auf einem teilweise sehr feuchten Schotterweg verläuft. Man erreicht die Stelle, an der man die Schlichem bei niedrigem Wasserstand auf Trittsteinen überqueren kann, um zum SchieferErlebnis zu gelangen. Diese neue Anlage beeindruckt mit einer Freilichtbühne in Ammonitenform, einem Fossilienklopfplatz und einem Schiefer-Erlebnisweg. Man bleibt am linken

Flussufer und erreicht auf einem teilweise asphaltierten Feldweg nach ca. 1½ Std. Dautmergen. Am Ende des Weges quert man die Schlichem nach rechts und geht weiter bis zur Straße. Von der Dormettinger Straße zweigt nach rechts die Straße Am Hagelberg ab, von der man halb rechts in den Balinger Weg abzweigt. Hier erreicht man das einzeln gelegene
Landgasthaus Wiesental - Mitten im Grünen liegt das gemütliche Landgasthaus und bietet am Ortsrand des idyllischen Ortes Dautmergen einen idealen Ausgangspunkt für herrliche und eindrucksvolle Wanderungen. Auf dem Balkon der behaglich eingerichteten Ferienwohnung kann man den Wandertag bei einem schönen Ausblick wunderbar ausklingen lassen. Vorher empfiehlt es sich unbedingt, im heimelig eingerichteten Gastraum oder auf der Sonnenterrasse eine der schmackhaften schwäbischen Spezialitäten zu probieren: man kann schmecken, dass die hausgemachten Maultaschen, die Kässpätzle, die original schwäbische Hochzeitsbratwurst oder der beliebte Zwiebelrostbraten und auch die saisonalen Köstlichkeiten sowie Vesper und Kuchen mit Liebe zubereitet werden. - ÖZ: Von April bis Oktober Dienstag bis Samstag ab 15 Uhr, an Sonn- und Feiertagen ab 10 Uhr. Von November bis März Mittwoch bis Samstag ab 15 Uhr, an Sonn- und Feiertagen ab 11 Uhr. Ruhetag ist Montag, von November bis März zusätzlich Dienstag.
Fortsetzung Rundweg - Nach der Rast kehrt man zurück zur Ortsmitte von Dautmergen, überquert die obere Holzbrücke, geht dann 30 m links und überquert die Straße in die Gartenstraße. In ca. 20 Min. erreicht man auf einem asphaltierten Feldweg leicht bergauf Täbingen und geht

links am Ort vorbei. Am Ende der Straße hält man sich links ca. 100 m bis zum Wald und geht erneut links bergauf. Nach 100 m kommt rechter Hand der Spielplatz Täbinger Hörnle. Man geht ca. 30 m weiter Richtung Zimmern u. d. Burg auf dem Hörnleweg durch einen Fichten- und Tannenwald. Am Ende des Weges orientiert man sich Richtung Schömberg. Über einen unbefestigten Wiesenweg geht es leicht bergauf, links unten liegt der Aspenhof. Am Ende des Wiesenweges wandert man nach links am Wald vorbei mit Blick auf den Albnordrand und das Zementwerk Dotternhausen. Ca. 50 m vor der Autostraße folgt man einem unbefestigten Wiesenweg nach rechts. Nach ca. 100 m biegt man links ab und überquert am Ende die Straße zur KZ-Gedenkstätte. Nach der Gedenkstätte geht es ca. 100 m auf der Dautmerger Straße Richtung Schömberg, dann links durch das Industriegebiet bis zur Firma »Fink Service« und dann rechts, dem [Blauen Balken] folgend, bis zum Ortsanfang. Man folgt der Zimmerner Straße nach links, überquert die B 27 und kehrt zurück zum Ausgangspunkt der Tour in der Stadtmitte von Schömberg.

TOUR 22

Berg- und See-Tour - »Vom Läuten gegen Blitz und Hagel«

Charakteristik - Vorbei an der sagenumwobenen Wallfahrtskirche Palmbühl erreicht man die Plettenberghochfläche. Am Albtrauf kann man immer wieder schöne Ausblicke ins Schlichemtal genießen, bevor man über Ratshausen und entlang am Schlichem-Stausee wieder Schömberg erreicht. Gutes Schuhwerk ist erforderlich. Bei Nässe besteht Rutschgefahr im Wald.
Anfahrt - Schömberg liegt an der B 27 Balingen - Rottweil. - Busverbindungen von Rottweil und Balingen. - Von April bis Oktober verkehrt an Sonn- und Feiertagen ein Rad-Wander-Shuttlebus (Tübingen-Balingen-Schömberg, weitere Infos unter www.zollernalb.com und www.oberes-schlichemtal.de).
Parken - In der Ortsmitte von Schömberg.

14 km

4½ Std.

430 m

✪ **Schömberg** - Die mit ca. 4700 Einwohnern größte Gemeinde im Oberen Schlichemtal liegt reizvoll auf einem an drei Seiten abfallenden Bergsporn. Ein beliebtes Ausflugsziel zu jeder Jahreszeit ist der Schömberger Stausee, der neben Bademöglichkeiten einen Bootsverleih, ein Miniaturdorf mit Kindereisenbahn, einen Streichelzoo, einen Erlebnispark und einen Campingplatz bietet. Weithin bekannt ist auch die legendenumrankte, 1631 erbaute Wallfahrtskirche Palmbühl mit ihrer reichen Barockausstattung

und einem schön gestalteten Außenbereich mit kleinen Kapellen, einer Lourdesgrotte und verschiedenen Denkmalen entlang des Kreuzweges. Nicht nur während der »fünften Jahreszeit« lohnt sich ein Besuch im Narrenmuseum, das u. a. mit Kostümen, alten Schriften, Fahnen und Urkunden die Geschichte und Tradition der Fasnet erläutert. Der Schömberger Ortsteil Schörzingen liegt malerisch am Fuße des Oberhohenberges und besitzt mit der Barockkirche St. Gallus ein besonderes dörfliches Kleinod.

➥ **Der Rundweg** - In der Stadtmitte von Schömberg geht man zunächst vorbei am Rathaus durch die Alte Hauptstraße und die Haldenstraße und erreicht bergab die Brücke über die Schlichem. An einer Gabelung folgt man dem linken Weg und biegt nach wenigen Metern rechts in den Stationenweg zur Wallfahrtskirche Palmbühl ein. Von dort wandert man in südlicher Richtung entlang am Tennisplatz zum Campingplatz. Ab dessen Auffahrt führt der Weg mit der Markierung [Blaues Dreieck] hinauf zum Plettenberg mit der Schutzhütte Schafhaus. Vom Schafhaus verläuft der Weg mit der Markierung [Rotes Dreieck] am Albtrauf entlang zur ehemaligen Feste Plettenberg. Dann geht es, mit einem Geländer gesichert, steil bergab nach Ratshausen. Auf dem Weg in die Ortsmitte bietet sich in der Hohnerstraße eine Einkehrmöglichkeit im

🍽 **Gasthof zum Adler** - Im traditionsreichen Familienbetrieb speist man im außergewöhnlichen Ambiente der liebevoll eingerichteten, gepflegten, urgemütlichen Gaststube oder im idyllischen Gartenhöfle. Die ideenreiche Küche zaubert feine, regionale Gerichte mit französischen Akzenten und schwäbischem Esprit und stellt auch den Gourmet zufrie-

ADLER
Gasthof · Feinschmeckerei · Destillerie

Traditionsreicher Familienbetrieb mit wunderschönen, gepflegten, urgemütlichen Gaststuben und idyllischem Gartenhöfle. Liebhaber guter schwäbischer Küche kommen mit meisterhaft zubereiteten Speisen von ausgesuchten Produkten aus der Region voll auf ihre Kosten. Mittwoch bis Sonntag geöffnet.

Martina & Klaus Sauter
Hohner Straße 3 - 72365 Ratshausen
Tel. 07427/2260 - Fax 07427/914959 - www.adler-ratshausen.de

den. Das Angebot der meisterhaft, nur mit frischen und sorgfältig ausgewählten Produkten aus der Region zubereiteten Speisen richtet sich nach Markt und Saison. Nach dem Schlemmen sollte man einen der leckeren, in der eigenen Destillerie gebrannten Tropfen genießen. In der Feinschmeckerei im Eingangsbereich des Hauses kann man Köstlichkeiten zum Mitnehmen erstehen. - ÖZ: Mittwoch bis Sonntag 11.30-13.30 Uhr und 17.30-24 Uhr, Küche bis 21 Uhr. Montag und Dienstag sind Ruhetage.

➥**Fortsetzung Rundweg** - In der Dorfmitte von Ratshausen sollte man sich die katholische Kirche St. Afra ansehen. Im Kirchturm läutet seit über 500 Jahren ein Glöckchen, das der Heiligen Anna Susanna geweiht ist und die Ratshausener vor Gewitter und Hagelschlag beschützen soll. Von der Dorfmitte geht man auf dem Gehweg entlang der Straße Richtung Schömberg. Am Ende des Gehwegs, vor der Schlichembrücke, überquert man die Straße und wandert am Stausee entlang, quert die Bahnlinie und geht rechts hinab am Westufer des Sees entlang. Vom Staudamm aus kehrt man bergauf zurück nach Schömberg.

Schömberger Stausee

➡️ **Weiterer Wandertipp: Ortenbergtour - »Vom Geschenk des frommen Fräuleins«** - 10 km - 3-4 Std. - 350 Höhenmeter - Der Sagenweg führt von Ratshausen durch den sagenumwobenen Rosenkranzwald (Infotafel) und über den Palmbühlsteig zum AP Ortenberg. Über Deilingen geht es zurück nach Ratshausen.

TOUR 23
HochAlbPfad Tieringer Hörnle

Charakteristik - Aus dem Schlichemtal steigt der Weg auf die Hochfläche und führt mit spektakulären Aussichten am Albtrauf entlang. Durch die blühenden Wiesen des Natutschutzgebietes Hülenbuch und unberührten Bannwald geht es zurück ins Tal. Festes Schuhwerk ist empfehlenswert.

Anfahrt - Von Balingen (B 27 Stuttgart - Rottweil) über die L 440. - Von Albstadt oder von Sigmaringen über die B 462 bis Laufen und weiter über die K 7145 und K 7143. - Busverbindungen von Balingen, Rottweil und Albstadt-Ebingen.

Parken - 🅿 bei der Schlichemhalle/Barfußpfad am Ortsrand von Meßstetten-Tieringen.

10½ km

3½ Std.

200 m

✪ **Die HochAlbPfade** - Rund um die drei westlich von Meßstetten gelegenen Stadtteile Tieringen, Hossingen und Oberdigisheim wurden im September 2014 die HochAlbPfade eröffnet. Die drei vom Deutschen Wanderinstitut zertifizierten Premiumwanderwege verlaufen direkt am Albtrauf entlang und belohnen den Wanderer mit herrlichen Ausblicken. Jeder der drei maximal 14 km langen Wege hat seinen eigenen Schwerpunkt. Die Routen zum »Tieringer Hörnle« und die Tour »Hossinger Hochalb« werden geprägt vom Wegverlauf am Trauf und von traumhaften Aussichten, während der »Felsquellweg« mit artenreichen Feuchtbiotopen, einem schluchtartigen Bachlauf und einem Badesee lockt.

➡️ **Der Rundweg** - Ausgangspunkt der Tour ist der 🅿 der Schlichemhalle am Ortsrand von Tieringen. Zunächst führt der Weg durch das malerische Schlichemtal. Der Bachlauf wird gesäumt von Blumen, Sträuchern und Bäumen. Bald erreicht man die Schlichemquelle, an der das Wasser aus dem Berg durch einen Hahn in ein eigens angelegtes Becken sprudelt und an heißen Sommertagen eine willkommene Erfrischung bietet. In der Nähe lädt eine Grillstelle mit Schutzhütte zu einer ersten Verschnaufpause ein - schließlich geht es danach, im Schatten alter Tannen und Buchen, sportlich bergauf, vorbei am »Hohlen Backofen«, einer für die Alb charakteristischen Kalksteinhöhle. Oben wird man für die Mühen des

Aufstieges mit einer grandiosen Aussicht belohnt. In südlicher Richtung erblickt man bei guter Sicht die Alpen, im Westen den Feldberg im Schwarzwald. Wer nach dieser »Kletterpartie« eine Pause einlegen und sich stärken möchte, kann einkehren in das

Gasthaus »Berghütte« - Das ca. 1 km außerhalb des Dorfes auf 944 m ü. NN gelegene Haus bietet gemütliche Gasträume und eine gemütliche Gartenterrasse. In gepflegter und familiärer Atmosphäre werden saisonale und regionale Spezialitäten serviert. Es gibt auch vegetarische Gerichte. Offene Weine und Biere vom Fass ergänzen das Angebot. Die Kuchen aus eigener Herstellung und die traumhaften Eiskreationen sind köstlich. Für Abwechslung sorgen der Minigolf- und der Kinderspielplatz. - ÖZ: Geöffnet ist Mittwoch bis Montag ab 11.30 Uhr, dann gibt es auch durchgehend warme Küche. Dienstag ist Ruhetag.

Fortsetzung Rundweg - Nun folgt der schönste Abschnitt der Tour - vier Kilometer geht es entlang der Albtraufkante. Die Hochfläche fällt hier fast senkrecht ab, immer wieder eröffnet sich zwischen den Bäumen ein herrlicher Ausblick. Den Höhepunkt der Passage bildet das »Hörnle«. Von dem mächtigen Felsen reicht die Sicht bei gutem Wetter bis zum Stuttgarter Fernsehturm. Auch am folgenden Osttrauf kann man noch einige Panoramablicke genießen. Durch die bunten Blumenwiesen des NSG Hülenbuch und naturbelassenen Bannwald kehrt man zurück nach Tieringen. Neben der P-möglichkeit an der Schlichemhalle kann man die müden Wanderfüße auf dem Barfußpfad sozusagen im Vorübergehen massieren lassen!

TOUR 24

Klippeneck - Dreifaltigkeitsberg - Spaichingen - Denkingen - Klippeneck

11½ km

3 Stdn.

300 m

Charakteristik - Auf diesem großartigen Rundweg sollte unbedingt ein Fernglas zur Wanderausrüstung gehören. Entlang des Panoramawegs vom Klippeneck zum Dreifaltigkeitsberg genießt der Wanderer in ca. 900 m Höhenlage geradezu atemberaubende Ausblicke. Der absolute Höhepunkt der Wanderung ist der Aufenthalt auf dem Dreifaltigkeitsberg, für den man bewusst etwas mehr Zeit einplanen sollte. Auf dem Rückweg von Denkingen auf das Klippeneck sind ca. 300 m Höhendifferenz zu überwinden, was jedoch eine geringe Mühe im Tausch gegen ein phantastisches Naturerlebnis ist. Da sich unterwegs keine Einkehrmöglichkeiten anbieten, empfiehlt es sich, ausreichend Getränke und eine Wegzehrung mitzuführen.

Anfahrt - A 81 Stuttgart-Singen bis zur Ausfahrt Rottweil, dort wechselt man auf die B 14 und folgt dieser in Richtung Tuttlingen. Nach etwa 10 km folgt eine Abzweigung nach links, die bis Denkingen führt. Von dort gelangt man gut ausgeschildert auf einer kleinen Fahrstraße auf das Klippeneck.

Parken - P beim Klippeneck.

➜ **Klippeneck - Dreifaltigkeitsberg** - knapp 1 Std. - Vom Klippeneck mit dem Segelfluggelände mit Flugbetrieb (es werden auch Rundflüge angeboten) wandert man mit dem [Roten Dreieck], [HW 1], der Markierung des Donauberglandweges [Grünes Band über blauem Band] und dem Wegweiser [Dreifaltigkeitsberg] in südlicher Richtung auf dem Albrandweg. Der Weg verläuft parallel zur Albtraufe im Wald, und unterwegs eröffnen sich ein ums andere Mal herrliche Aussichten auf Denkingen, Spaichingen und über die Westalb bis hin zu den fernen Höhen des Schwarzwaldes. Man geht rechts auf einen Querweg und passiert kurz darauf die Abflugschneise eines Drachenfliegerclubs. Daraufhin verlässt man den Wald. Über den P und die Straße geht es leicht aufwärts zur Wallfahrtskirche auf dem Dreifaltigkeitsberg.

✪ **Wallfahrtkirche auf dem Dreifaltigkeitsberg** - Eine Informationstafel beim Wander-P informiert über die frühgeschichtliche Bedeutung des 985 Meter hohen Bergrückens. Erste Spuren von menschlichen Ansiedlungen finden sich hier bereits aus der Zeit von 2000 vor Christus. Beginn der Wallfahrt war um 1400. Ein erstes steinernes Kirchlein wurde 1415 errichtet. Die heutige Kirche stammt aus den Jahren 1660-1673, der Turm von M. Bader wurde 1693-1699 erbaut. Eine Erweiterung des Baus fand 1762-1764 statt. Die Kirche besitzt einen bedeutenden barocken Zentralbau. Die Vierungskuppel wird von mächtigen Freisäulen getragen. Der Altar wurde 1761-1765 von J. A. Feichtmayr erschaffen. Das

Gnadenbild, ein Relief der Heiligsten Dreifaltigkeit, stammt von Johann Schupp, etwa um 1685. Die traditionsreiche, 600 Jahre alte Wallfahrt zu der Kirche hält bis heute unvermindert stark an. Dies ist neben der schmucken Kirche sicher auch der einzigartigen Fernsicht geschuldet, die sich hier den Besuchern bietet: Bei guten Bedingungen und heiterem, klarem Wetter kann man den Blick vom großartigen Aussichtspunkt weit bis über die Höhen von Schwarzwald, Baar und Hegau schweifen lassen. Im Süden dehnt sich die schneebedeckte Alpenkette von der Zugspitze bis zur Jungfrau und zum Montblanc und bietet durch das Fernglas einen atemberaubenden Anblick.

➥ **Dreifaltigkeitsberg - Spaichingen - Denkingen - Klippeneck**
- gut 2 Stdn. - Hinter der Kirche beginnt rechts mit dem [Roten Strich] der Abstieg über den Kreuzweg. Der gut ausgeschilderte Weg überquert mehrfach die Fahrstraße. Unten in Spaichingen geht man auf der Dreifaltigkeitsbergstraße geradeaus. Bei der Wandertafel in der Heubergstraße mit der [Blauen Gabel] rechts abbiegen, dem Wegweiser [Wanderweg Denkingen] folgend. Am Ende der Heubergstraße geht es weiter auf einem Fuß- und Radweg. Nun wandert man immer geradeaus auf der Trasse der ehemalige Heubergbahn, einer 1912-1928 erbauten, inzwischen stillgelegten Eisenbahnstrecke von Spaichingen über Denkingen und Gosheim bis Reichenbach. Auf der Bahnhofstraße erreicht man die Ortschaft Denkingen. Hier die Klippeneckstraße überqueren und mit der Markierung [Blaues Dreieck] und dem Wegweiser [Klippeneck] rechts parallel zur Straße aufwärts gehen. Links neben dem Schützenhaus führt der Weg aufwärts in den Wald hinein. Gut ausgeschildert erreicht man nach einem langen Aufstieg die Hochfläche und gelangt sich links haltend zurück zum Ausgangspunkt der Wanderung.

➥ **Alternative Wanderroute** - Wer die Wanderung um 8 km bzw. 2 Stdn. verlängern will, kann in Denkingen mit der [Blauen Gabel] weiter auf der Heubergbahntrasse bleiben. Leicht aufwärts geht es daraufhin am Albtrauf entlang und durch den 126 m langen Au-Tunnel bis nach Gosheim. Dort auf der Hauptstraße halbrechts gehen und daraufhin in der Flackstraße scharf rechts. Mit der Markierung [Rotes Dreieck] und dem Wegweiser [Dreifaltigkeitsberg] wandert man parallel zur Straße auf die Hochfläche. Nach dem Steinbruch mit Rastplatz, an dem man einmal mehr eine herrliche Aussicht genießen kann, geht man rechts und am Albrand entlang zurück zum Klippeneck.

Das Donaubergland und der Donauberglandweg

✪ **Das Donaubergland** - Geographisch liegt das Donaubergland um Tuttlingen und umfasst die südwestlichen Teile der Schwäbischen Alb mit ihren teils über 1000 m hohen Bergen (z. B. dem 1015 m hohen Lemberg, dem Klippeneck mit 980 m und dem Dreifaltigkeitsberg mit 985 m), Teile der Baar, einer Hochebene zwischen Schwarzwald und Schwäbischer Alb, und das Tal der Oberen Donau bis kurz vor Sigmaringen. Diese Region zählt zu einem der landschaftlich reizvollsten Gebiete Baden-Württembergs. Hier finden sich sowohl die höchsten Berge als auch die tiefsten Täler der Schwäbischen Alb. Ein besonderes Naturschauspiel ist die Donauversinkung zwischen Immendingen und Tuttlingen-Möhringen und bei Fridingen, hier versickert die Donau teilweise vollständig in den kalkhaltigen Gesteinsschichten der Jurazeit und tritt an der Achatquelle wieder zum Vorschein. Zu einem der bedeutendsten Geotope Deutschlands zählt der Donaudurchbruch bei Beuron, der auch als »Schwäbischer Grand Canyon« bezeichnet wird. Die Donau hat hier eine beeindruckende und außergewöhnliche Berglandschaft aus dem Kalkgestein geschaffen, so dass sich mächtige Felswände aus dem Strom erheben. An den Felsen des Donautals ist ein einzigartiges Biotop entstanden, in dem z. B. Reliktpflanzen wie das Steinröschen gedeihen, die heute in arktischen oder Alpinen Regionen ihre Verbreitungsschwerpunkte haben. Auch spezialisierte Tierarten wie die felsenbrütenden Vogelarten Wanderfalke, Uhu, Kolkrabe und Dohle finden sich im Donautal. Im Kalkstein des Donauberglands findet sich eine Vielzahl kleinerer und größerer Höhlen, die teilweise auch für die Öffentlichkeit zugänglich sind wie z. B. die Kolbinger Höhle, die mit wunderschönen Tropfsteingebilden verzückt, oder die naturbelassene Mühlheimer Felsenhöhle (keine Schauhöhle, öffentliche Besichtigung nur an Christi Himmelfahrt, sonst in Absprache mit dem Schwäbischen Albverein). Auch kulturell hat das Donaubergland einiges zu bieten. In die herrliche Landschaft eingebettet finden sich malerische Schlösser und imposante Burgen, verwunschene Ruinen, schöne Kirchen und Kapellen, einsame Kloster und lebhafte Ortschaften, teils mit mittelalterlichem Stadtbild. Zurück in die Vergangenheit führt ebenso das historische Freilichtmuseum Neuhausen ob Eck (s. S. 114 ff.). Die Region mit ihrer vielfältigen Landschaft bietet sich für Aktivurlauber geradezu an. Segelflieger können von Deutschlands höchstem Segelfluggelände Klippeneck starten und die malerische Schönheit der Region von oben bewundern. Für Radfahrer, ob Hobbyradler oder Sportfahrer, hat das Donaubergland viele wunderschöne Routen durch die sanften Kehren und Schleifen des Donautals oder zwischen den mächtigen Kalkfelsen der Schwäbischen Alb zu bieten. Wintersportler können auf gut gespurten Loipen die Winteridylle genießen oder auf Abfahrtspisten der Geschwindigkeit frönen. Die landschaftliche Schönheit und Abwechslung dieser Region ist für ausgedehnte Wanderungen wie geschaffen. So ist es nicht verwunderlich, dass sich den Wanderern ein vielfältiges Netz an gut markierten Routen durch die einmalige Landschaft bietet. Allen voran

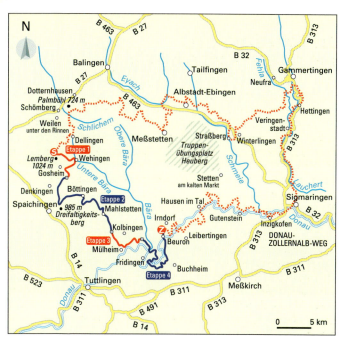

führt der Donauberglandweg, 2013 mit dem 2. Platz für Deutschlands schönsten Wanderweg ausgezeichnet, durch die gesamte Palette der Naturschönheiten, vorbei an Schlössern, Ruinen und mittelalterlichen Städten.

➡ **Der Donauberglandweg** - In vier Etappen führt der etwa 57 km lange Prädikatswanderweg vom Lemberg entlang des Albtraufs über die südwestliche Schwäbische Alb, durch das Obere Donautal bis zum Kloster Beuron. 2008 wurde der Etappenweg als erster Wanderweg der Schwäbischen Alb mit dem Prädikat »Qualitätsweg Wanderbares Deutschland« ausgezeichnet. Er ist über die gesamte Strecke durchgängig mit der Markierung des Donauberglandes gekennzeichnet [Grünes Band über blauem Band], die das Bergland über der Donau versinnbildlicht.

➡ **1. Etappe** - ca. 20 km - Die Etappe startet am Lemberg-P und führt den Wanderer zunächst auf den Lemberg, den höchsten Berg der Schwäbischen Alb. Vom Lemberg und insbesondere vom 1899 errichteten Lembergturm bietet sich ein atemberaubender Ausblick auf die Alpenhauptkammkette bis zum Schwarzwald und ins Neckartal. Von dort geht es zunächst abwärts durch den Ort Wehingen, dann wieder aufwärts über den Aussichtspunkt Kehlen und entlang der Albkante bis zum Klippeneck mit Deutschlands höchstgelegenem Segelflugplatz auf 980 m. Hier fällt die Hochebene nach Westen hin steil ins Tal ab, sodass sich eine kilometerlange Hagkante mit herrlichen Aussichtspunkten bietet. Von dort gelangt man weiter zum Dreifaltigkeitsberg mit dem sehenswerten Ensemble des Klosters der Claretiner, der Kirche mit Aussichtsturm und einer Aussichtsgaststätte. Zur Übernachtung bietet sich der Ort Spaichingen am Fuße des Berges an, den man über den Wallfahrtsweg [WW HW 3] erreicht.

Mühlheim an der Donau

➥ **2. Etappe** - ca. 22 km - Von Spaichingen startend führt die Etappe zunächst wieder mit dem [Wallfahrtsweg] auf den Dreifaltigkeitsberg, von wo man mit dem [Donauberglandweg] weiter über die einmalig schöne Albhochfläche bis zur Donau gelangt. Auf dem Weg passiert man den Ort Böttingen und kommt weiter zum Alten Berg mit der besichtigungswerten Josefkapelle, die 1907/08 erbaut wurde. In diesem Gebiet bietet sich eine herrliche Landschaft mit Schaf- und Wacholderheiden und einem wundervollen Panorama, das bei guter Sicht bis zum Säntis und Mont Blanc reicht. Vom Alten Berg geht es abwärts bis ins Schäfertal zur Grauentalquelle mit Grillstelle und Feuchtbiotop und weiter ins enge, naturbelassene Lippachtal. An der Lippach entlang gelangt man zum Etappenziel Mühlheim an der Donau, dessen mittelalterliches Stadtbild und Schloss viel zu entdecken bieten.

➥ **3. Etappe** - ca. 13½ km - Die kürzeste Etappe des Wanderwegs führt zunächst vorbei an zwei sehenswerten Höhlen, der Mühlheimer Felsenhöhle (Besichtigung nur nach Voranmeldung) und der öffentlich zugänglichen Kolbinger Höhle, die eine der größten Höhlen der Schwäbische Alb ist. Von dort geht es weiter über den [Gansnestweg] bis zum Aussichtsturm Gansnest, einem ehemaligen Schieberhaus der Hochspeicheranlage des Donaukraftwerks, das 1960 stillgelegt wurde und seit 1967 dem Schwäbischen Albverein gehört. Durch die Fridinger Gemarkung geht es hinauf bis zum Knopfmacherfelsen. Von dort bietet sich bereits ein Blick Richtung Beuron und Schloss Bronnen, die auf dem Weg der 4. Etappe liegen. Anschließend führt das letzte Stück des Weges hinab bis Fridingen an der Donau, das mit seinem historischen Stadtkern mit den zahlreichen historischen Gebäuden zum Besichtigen einlädt.

➡ **4. Etappe** - ca. 15½ km - Von Fridingen aus lassen auf dem letzten Abschnitt des Donauberglandweges hoch aufragende, teils von Ruinen und Schlössern gekrönte Felsen die vielfältige Donaulandschaft richtig zur Geltung kommen. Das Durchbruchstal der Donau bietet dem Wanderer eine herrliche, dramatische Landschaft mit Wasser, Felsen und viel unberührter Natur. Ein Abstecher zur Burgruine Kallenberg, einer typischen hochmittelalterlichen Höhenburg, lohnt nicht nur wegen der fantastischen Aussicht über das Donautal. Zurück auf dem Weg geht es auf schmalen, naturbelassenen Pfaden oder breiten Forstwegen bis zu einer Hochfläche mit einem schönen Blick auf das Schloss Bronnen. Von dort aus führt der Weg über viele Kurven bis zum Schloss, das sich seit 1950 in Privatbesitz befindet. Abwärts durch das Liebfrauental kommt man an einer großen Mariengrotte vorbei. Von dort ist es nicht mehr weit bis das Ziel Kloster Beuron erreicht ist. Die Erzabtei St. Martin wurde 1077 als Augustiner Chorherrenstift gegründet und 1863 als Benediktinerkloster wiederbesiedelt. Die Erzabtei Beuron ist das Gründungskloster der Beuroner Benediktinerkongregation mit derzeit 16 Klöstern in Deutschland, Österreich und Südtirol. Ebenfalls eine Besichtigung wert ist das Haus der Natur Obere Donau im ehemaligen Bahnhofsgebäude von Beuron. Wer nun auch noch die abwechslungsreiche Zollernalb erkunden möchte, wandert von Beuron aus weiter auf dem Donau-Zollernalb-Weg (s. S. 90 ff.). Dieser Qualitätswanderweg führt über 160 km, aufgeteilt auf 10 Etappen, über die Zollernalb zurück zum Ausgangspunkt am Lemberg. Beide Wanderwege gemeinsam bilden den ersten Qualitätsrundwanderweg der Schwäbischen Alb.

Weitere Wandermöglichkeiten - Seit 2014 ist das Donaubergland um eine Wandermarke reicher: Die DonauWellen sind fünf hervorragend ausgeschilderte Premiumwanderwege, die als Rundwanderwege über naturbelassene Pfade, durch wunderschöne Landschaft, vorbei an einzigartigen Sehenswürdigkeiten und zu beeindruckenden Aussichten über das Donautal führen. Die Highlights unter den Wanderwegen bieten ein stetiges Auf und Ab durch das Donaubergland, ähnlich wie das Wellenmuster in dem Schokoladen-Kirsch-Kuchen Donauwelle, der als lecker-süße Wegzehrung in den gastfreundlichen Einkehrmöglichkeiten angeboten wird. Weitere Informationen finden sich unter www.donau-wellen.de

➡ **Klippenecksteig** - ca. 10 km - ca. 3½ Stdn. - ca. 270 Höhenmeter - Ⓟ Wassertretanlage Denkingen - Bahntrasse der ehemaligen Heubergbahn - Bleiche - Dreifaltigkeitsberg - Klippeneck - Katzenbrunnen - Wassertretanlage Denkingen.

➡ **Eichfelsen-Panorama** - ca. 12½ km - ca. 4 Stdn. - ca. 200 Höhenmeter - Kloster Beuron - Rauher Stein - Eichfelsen (Irndorf) - St. Maurus - Donau - Petershöhle (Beuron) - Kloster Beuron.

➡ **Donau-Felsen-Tour** - ca. 16 km - ca. 5 Stdn. - ca. 170 Höhenmeter - Ⓟ Knopfmacherfelsen - Stiegelesfels (Fridingen) - Ruine Kallenberg (Buchheim) - Schloss Bronnen - Jägerhaus (Fridingen) - Knopfmacherfelsen.

➡ **Kraftsteinrunde** - ca. 11 km - ca. 3 Stdn. - Ⓟ Mittlerer Platz (Nähe Dürbheim-Risiberg) - Rußberg - Kraftstein (Mühlheim) - Risiberg.

➡ **Donauversinkung** - ca. 13 km - ca. 4 Stdn. - Donauversinkung - Höwenegg (Immendingen) - Donauversinkung.

Das Freilichtmuseum Neuhausen ob Eck

Anfahrt - Über die A 81 bis Abfahrt Tuningen, B 311 über Tuttlingen bis Neuhausen ob Eck. - Mit der Bahn bis Tuttlingen, dann Buslinie 54 bis Neuhausen ob Eck, Haltestellen »Tuttlinger Straße« oder »Freilichtmuseum«.
Parken - Großer P am Freilichtmuseum.

✪ **Das Freilichtmuseum** - Seit 1988 ist das Freilichtmuseum Neuhausen ob Eck für die Öffentlichkeit zugänglich. Über 20 originale, historische Gebäude aus den Regionen Schwäbische Alb, Bodensee, Schwarzwald und Gäu wurden bisher in das Museum versetzt. Mittelpunkt des Museums ist ein kleines »Albdorf« mit Kirche, Schul- und Rathaus, Schmiede, Hafnerwerkstatt, Bauernhäusern, Tagelöhnerhaus, Kaufhaus, Dorfteich und einem typischen Dorfplatz mit Brunnen. In der Baugruppe Schwarzwald stehen neben dem stattlichen »Haldenhof« aus Schonach eine wasserradbetriebene Säge und eine Bauernmühle, deren Funktion täglich vorgeführt wird. Jeden Tag werden zusätzlich in den verschiedenen Häusern historische Handwerkstechniken demonstriert. Viele Sonderveranstaltungen und regelmäßige Sonderausstellungen greifen Themen aus der ländlich-bäuerlichen Welt auf. Die Ställe und Weiden des Museums beherbergen verschiedene Haustiere wie Schafe, Kühe, Ziegen, Schweine, Gänse und Hühner, die Nachkommen alter Nutztierrassen sind. Die Bauerngärten werden liebevoll nach alten Vorlagen bewirtschaftet. Zusammen mit den Streuobstwiesen und dem Anbau von alten Getreidesorten nach dem Rhythmus der alten Dreifelderwirtschaft vermittelt das Museumsgelände in seiner Vielfalt ein anschauliches Bild vom Wohnen, Leben und Arbeiten im alten Dorf.

➥ **Der Rundgang** - Der Museumsrundgang startet bei der Museumsgaststätte A 1) »Ochsen« aus Schopfloch, Landkreis Freudenstadt, aus dem Jahre 1707 und 1864 renoviert, die im Stil eines alten Dorfwirtshauses eingerichtet ist. Es folgt die A 2) Stallscheune vom Stiefelhof aus Haberstenweiler, Gemeinde Salem im Bodenseekreis. Die Scheune gehörte zu einem großen Lehenshof des Klosters Salem. Zusammen mit dem A 3) »Bärbele-Haus«, einem Bauernhaus mit Fachwerk aus Schömberg, Zollernalbkreis, bildet die Stallscheune eine Hofanlage, errichtet nach 1750. Das A 4) Backhäuschen aus Hölzle in der Gemeinde Sauldorf, Landkreis Sigmaringen, vervollständigt die Hofanlage. Hinter dem Backhaus befindet sich ein kleines Obstbaumuseum. Der A 5) historische Schafstall aus Obernheim wurde zu einem moder-

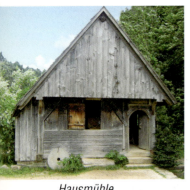

Hausmühle

A1 »Ochsen« mit Museumsgaststätte
A2 Stallscheune
A3 »Bärbele-Haus«
A4 Backhäuschen
A5 Schafstall

B1 Hausmühle
B2 Säge
B3 Speicher
B4 Haldenhof
B5 Backhaus

C1 Tagelöhnerhaus
C2 Weber- und Kleinbauernhaus Dautmergen

C3 Schul- und Rathaus
C4 Schmiede
C5 Hafnerwerkstatt
C6 Bauernhaus »Biehle«
C7 Dorfkirche Tischardt
C8 Schaf- und Farrenstall
C9 Bienenhaus
C10 Kaufhaus Pfeiffer

D1 Kleinbauernhaus Mennwangen
D2 Seilerei Rottenburg

E1 Bauernhaus Mariazell

nen Kultur- und Verwaltungsgebäude umgebaut. Abwärts gelangt man zur Baugruppe »Schwarzwald«, die aus einem kompletten Schwarzwälder Bauernhof besteht. Dazu gehört zunächst die B 1) Hausmühle vom Hochbronnerhof in Peterzell/St. Georgen. Sie wurde 1767 erbaut und war noch bis 1950 in Betrieb. Weiterhin findet sich in dieser Baugruppe die B 2) Säge vom Behlishof aus Unterkirnach im Schwarzwald-Baar-Kreis aus dem späten 18. Jahrhundert. Die Säge und die Mühle werden mit Wasserkraft betrieben (Vorführungen täglich um 11 Uhr und 15 Uhr). Ein B 3) Speicher wurde vom Stoffelhof in Oberkirnach in das Museum versetzt. Der B 4) Haldenhof aus Schonach bildet den imposanten Mittelpunkt der Baugruppe. Es handelt sich hier um ein so genanntes »Heidenhaus« der jüngeren Form mit einer Hocheinfahrt. Das Haus weist eine geringe Stockhöhe auf, besitzt eine geräumige Stube, eine hohe Rauchküche und hinten die Schlafkammer und den Schweinestall. Im Keller des Hauses befindet sich eine Dauerausstellung über »Bienen, Honig und Wachs«. Hinter dem Haupthaus steht ein B 5) Wasch- und Backhaus von der Sommerau bei St. Georgen. Der Weg führt weiter am C 9) Bienenhaus vorbei hoch zum Albdorf. An dessen Rand findet sich das kleine C 1) Tagelöhnerhaus aus Deilingen-Delkhofen, Landkreis Tuttlingen, das gegen Ende des 18. Jahrhunderts erbaut wurde und im Museum im Zustand von 1824 dargestellt wird. Gegenüber wurde das C 2) Weber- und Kleinbauernhaus aus Dautmergen, Zollernalbkreis, aus dem Jahre 1683 errichtet. In einer Dauerausstellung wird hier die dörfliche »Textilverarbeitung« vom Spinnen übers Weben bis zum Flicken dargestellt. Der Rundweg führt weiter vorbei an der »Hülbe«, dem Wasserreservoir des Albdorfes in früherer Zeit, bis zum

Klassenzimmer im Schul- und Rathaus

Dorfplatz. Rechts steht das C 3) Schul- und Rathaus, ein stattlicher Bau aus Bubsheim, Landkreis Tuttlingen, aus dem Jahre 1830. Die Schulräume wurden originalgetreu wie 1875 und 1920 eingerichtet. Das Gebäude beinhaltet auch die Lehrerwohnung wie aus dem Jahre 1900 und eine Rekonstruktion der Hilfslehrer-Unterkunft, ein einfacher Bretterverschlag, aus dem Jahre 1875. Neben der Schule befindet sich die C 4) Dorfschmiede aus Durchhausen, Landkreis Tuttlingen. Hier kann regelmäßig ein Schmied bei seiner Arbeit angetroffen werden. In der C 5) Hafnerwerkstatt aus Neuhausen ob Eck, erbaut 1826, stellt die Museumshafnerin Nachbildungen der gefundenen Keramik her, die auch zum Verkauf stehen. Das C 6) Bauernhaus Neuhausen ob Eck, das »Biehle« aus dem 18. Jahrhundert, präsentiert sich als voll funktionsfähiges Bauernhaus mit Tieren wie Kühen, Schweinen und Hühnern und einsatzbereiten Maschinen. Das Kleinod des Museums ist die alte, evangelische C 7) Dorfkirche Tischardt aus Frickenhausen, Landkreis Esslingen, die im 15. Jahrhundert erbaut und im 18. Jahrhundert vergrößert wurde. Auch ein C 8) Schaf- und Farrenstall aus Brittheim, Zollernalbkreis, aus dem Jahre 1812 findet sich in dem Albdorf. Seit 2009 kann das C 10) Kaufhaus Pfeiffer besichtigt werden, das ab Oktober 2007 aus Stetten komplett aus Großteilen in das Museum umgesetzt wurde. Das Kaufhaus ist mit einer originalen Ladeneinrichtung aus dem Jahr 1925 ausgestattet. Zusätzlich findet sich in dem Gebäude der neue »Museumsladen« im Stil der Fünfzigerjahre, der täglich ab 11 Uhr geöffnet ist und besondere Produkte für die Museumsbesucher führt. An das Albdorf schließen sich mit dem D 1) Kleinbauernhaus Mennwangen (Gemeinde Deggernhausertal, Bodenseekreis) und der D 2) Seilerei Rottenburg erste Gebäude aus der Baugruppe »westlicher Bodensee/Hegau« an. Dahinter eröffnet das E 1) Bauernhaus aus Mariazell, Landkreis Rottweil, die Baugruppe »Oberes Neckargäu/Albvorland«. Dieses Museumsgebäude brannte 1998 vollständig ab und wurde im Freilichtmuseum als fast völlige Rekonstruktion wieder errichtet.

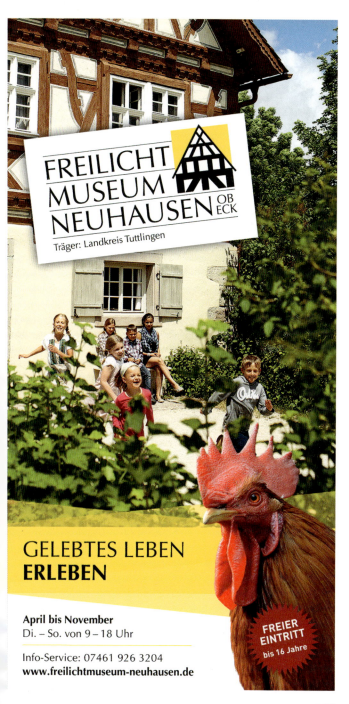

TOUR 25

Fridingen - Stiegelesfels - Knopfmacherfels - Kloster Beuron - Lourdesgrotte - Fridingen

17 km

4½ Stdn.

160 m

Charakteristik - Sehr abwechslungsreiche Wanderung, die mit einem kurzen, aber steilen Anstieg ab Fridingen beginnt. Unterwegs können ein ums andere mal die spektakulären Ausblicke ins wildromantische Donautal genossen werden. Der Rückweg erfolgt größtenteils auf bequemen Wegen entlang des Donauufers.
Anfahrt - A 81 bis Ausfahrt Tuningen, über Tuttlingen und Mühlheim a. d. Donau. - Bahnstation in Tuttlingen, von dort erreicht man Fridingen mit Bahn oder Bus (Auskünfte bezüglich des Fahrplanes findet man im Internet unter www.tuticket.de).
Parken - Gäste-P beim Gasthaus zum Löwen, weitere P am Rathaus.

➡ Der Rundweg - Vom Gasthaus zum Löwen in Fridingen geht man durch die Mittlere Gasse, biegt links in die Bahnhofstraße ein und begibt sich kurz danach rechts mit dem Wegweiser [Donautal - Knopfmacherfels] in die Straße Ob der Stadt. Ab dem Ortsausgang führt der Weg mit dem Wegweiser [KMP] steil aufwärts. An der Weggabelung biegt man mit den Wegweisern [Laib - Stiegelesfels - Beuron] nach rechts ab und wandert durch den Wald. Am Waldende geht man leicht abwärts zum Aussichtspunkt Laibfelsen, von dem sich ein herrlicher Blick auf Felsformationen und ins Donautal bietet. Der ursprüngliche Weg führt weiter halbrechts aufwärts durch den Wald auf eine Hochfläche zur schön gelegenen Mattheiser Kapelle, die man rechter Hand passiert. Die Markierung [Rote Gabel] führt rechts zum Aussichtspunkt Stiegelesfels. Erneut bieten sich fantastische Panoramen. Zurück auf der Strecke setzt man den Weg bis zu einer Ansammlung von Schildern fort, wo man dem Wegweiser [Knopfmacherfels] nach links aufwärts folgt. Über den P des Gasthauses erreicht man den Aussichtspunkt Knopfmacherfels, der großartige Ausblicke ins wunderschöne Donautal und zum Kloster Beuron freigibt. Mit dem Wegweiser [Soldatenfriedhof - Beuron] wendet man sich kurz daraufhin nach rechts und erreicht auf einem leicht abfallenden Waldweg bald das Donautal und über eine Holzbrücke mit Dach das Kloster Beuron.

✪ Kloster und Wallfahrtskirche Beuron - Das um das Jahr 1080 als Augustinerchorherrenstift gegründete Beuron ist seit 1687 Abtei und wurde 1862 von den Benediktinern übernommen. Die Erhebung zur Erzabtei erfolgte 1884. Die 1732-1738 erbaute Abteikirche St. Martin und Maria vermittelt in ihrem barocken Inneren einen festlichen Eindruck, was durch ihre sehenswerten Deckenfresken noch verstärkt wird. Die im Jahre 1898 erbaute Gnadenkapelle enthält ein äußerst kostbares Gnadenbild vom Anfang des 15. Jahrhunderts.

➥ **Fortsetzung des Rundweges** - Der Rückweg beginnt am P unterhalb der Kirche. Man wandert mit der [4] entlang der Kirchmauer und an der nächsten Gabelung mit dem Wegweiser [Donaubergland] halbrechts in Ufernähe weiter. Nachdem man die Bahnlinie unterquert hat, nimmt man die Abzweigung nach links und wendet sich kurz darauf mit dem Wegweiser [Liebfrauental] nach rechts und einige hundert Meter dahinter wiederum rechts. Hier betritt man das wildromantische Liebfrauental und nähert sich der eindrucksvoll zwischen Felswänden gelegenen Lourdesgrotte. Der Weg führt weiter aufwärts durch das kühl-feuchte, schluchtartige Liebfrauental und gibt nach Verlassen des Waldes einen grandiosen Blick auf Schloss Bronnen frei. Unterhalb des Bauernhofes biegt man mit dem Wegweiser [Jägerhaus - Fridingen] rechts ab, steigt steil abwärts - **(!)** bei Nässe ist hierbei äußerste Vorsicht geboten - und geht unten nach rechts an einer Gaststätte vorbei. Die Strecke zurück nach Fridingen verläuft von hier auf einem bequemen Uferweg entlang der Donau. Nach ca. 2 km zweigt man auf der ersten Abzweigung nach rechts ab, überquert den Fluss, wendet sich kurz daraufhin nach links und erreicht so bald den Ausgangspunkt der Wanderung und die wohlverdiente Einkehr im 🍴 **Gasthaus zum Löwen** - Das Haus empfängt seine Gäste nach einem erlebnisreichen Wandertag mit gepflegter Gastlichkeit in familiärer Atmosphäre. Die Gästezimmer sind freundlich, hell und behaglich mit viel Liebe zum Detail eingerichtet. Im Restaurant werden typische Gaumenfreuden der schwäbischen Küche serviert, die vorzugsweise aus regionalen Produkten zubereitet werden. P am Haus. - ÖZ: Ruhetag ist Mittwoch.

TOUR 26

Fridingen-Bergsteig - Rissifelsen - Maria Hilf - Buchhalde - Dickenloch - Fridingen - Bergsteig

12 km

4 Stdn.

260 m

Charakteristik - Schöner Rundwanderweg im Erholungsgebiet Donau-Heuberg um das kleine malerische Städtchen Fridingen mit seiner schönen Altstadt.
Anfahrt - Von Tuttlingen oder Messkirch auf der B 311 nach Neuhausen ob Eck, dann L 440 Richtung Fridingen/Donautal und L 277 nach Bergsteig. - Von Stuttgart via IC (Richtung Zürich) oder RE (Richtung Singen) bis Tuttlingen. Dort mit dem IRE (Richtung Ulm) bis Fridingen, weiter mit dem Bus, Linie 20 (Richtung Buchheim) oder Linie 50 (Richtung Tuttlingen) bis Bergsteig. Variante: Von Tuttlingen mit dem Bus Linie 50 (Richtung Sigmaringen oder Richtung Fridingen) direkt bis Bergsteig. - Von Ulm mit dem IRE (Richtung Neustadt/Schwarzwald) oder mit dem RE (Richtung Donaueschingen) bis Fridingen und weiter mit dem Bus Linie 20 oder Linie 50 (wie von Stuttgart).
Parken - Gäste-P beim Landhaus Donautal oder P Bergsteig gegenüber dem Landhaus Donautal.

✪ **Erholungsgebiet Donau-Heuberg** - Das herrliche Gebiet mit Rad- und Wandernetz von über 400 km liegt im Herzen des Naturparks Obere Donau und bietet dem Gast eine Fülle landschaftlicher und kultureller Schönheit. Besonders erwähnenswert sind die 11 Naturschutzgebiete, darunter das Irndorfer Hardt, die Donauversinkung bei Fridingen sowie die herrlichen Felsen, Burgen und Kirchen entlang der Donau.
🍴 **Landhaus Donautal** - Das Haus befindet sich in einer wunderschönen Waldrandlage am Beginn des Donaudurchbruches. Die Gästezimmer sind geschmackvoll modern und behaglich eingerichtet und auf Übernachtungsgäste wartet morgens ein besonders reichhaltiges und ausgewähltes Frühstücksbuffet, welches keine Wünsche offen lässt. Die vom Guide Miche-

lin empfohlene Küche verwöhnt die Gäste in den stilvoll eingerichteten Gasträumen und auf der Sonnenterrasse, die einen traumhaften Fernblick bietet, mit einer reich gedeckten Tafel an regionalen und saisonalen Spezialitäten sowie hausgemachten Köstlichkeiten. Zudem werden eigene Kuchen und wunderbare deftige Brotzeiten geboten, die das Wandererherz höher schlagen lassen. Zum Angebot gehört auch eine Auswahl an exzellenten regionalen und internationalen Weinen. 60 Gäste-P und drei Bus-P am Haus. - ÖZ: Di. bis Do. und Sa. und So. 7-24 Uhr, Küchenzeiten sind 11.30-14 Uhr und 18-21 Uhr. Montag und Freitag sind Ruhetage.

➡️ **Der Rundweg** - Am Landhaus Donautal überquert man die Straße nach Fridingen (L 277) und geht rechts am Gasthaus Alt-Bergsteig vorbei die kleine Straße mit der Markierung [Gelbes Dreieck] links aufwärts. Nach kurzem Wegstück mit Asphaltbelag geht es auf einem Schotterweg in Richtung Waldrand. Von hier bietet sich eine schöne Sicht auf das Donautal mit einigen Felsen. Der Weg verläuft nun leicht aufwärts zwischen Waldrand und Wiesen. Man geht rechts vorbei am Fridinger Jubiläumswald, der im Jahr 2011 anlässlich der 1150-Jahrfeier angelegt wurde. Man wandert weiter und betritt bei einem Bildstock, der auf der rechten Seite steht, den Wald. Nach etwa 200 m im Wald biegt man rechts ab auf einen Wanderweg. Hier geht man steil entlang eines steinigen Weges aufwärts. Oben wandert man geradeaus auf erdigem Weg, später biegt man nach rechts ab zu einem geschotterten Querweg. Man achtet auf die Markierung [Gelbes Dreieck]. Der Weg wird zwischendurch wieder steiler. - Ein kurzer Abstecher von 100 m führt nach rechts zum 813 m hohen Rissifelsen. Man hat vom Felsen eine schöne Aussicht auf das Städtchen Fridingen. - Zurück auf dem Wanderweg geht man weiter aufwärts bis zu einem Abzweig nach links mit dem Wegweiser [Maria Hilf]. Der Weg führt leicht abwärts zur 792 m hoch gelegenen Ruine Maria Hilf.

✪ **Ruine Maria Hilf** - Auf dem Welschenberg, etwa 1 km von Mülheim an der Donau entfernt, stehen die Reste der großen Wallfahrtskirche, die 1754-1756 mit einem 130 m hohen Turm erbaut wurde. Die erste Kapelle von 1652 wurde 1661 zur Kirche umgebaut. Die große Wallfahrtskirche wurde 1813 verkauft und anschließend größtenteils abgebrochen. 1969-1974 erfolgte die Restaurierung des Turms und 1982 schlossen sich weitere Renovierungen an. Heute stehen noch der Turm und der Rückgiebel, welche die ehemalige Größe der Kirche veranschaulichen. Die Ruine ist frei zugänglich und kann besichtigt werden.

➡️ **Fortsetzung des Rundwegs** - Von der Ruine wandert man mit der Markierung [Gelbe Gabel] und dem Wegweiser [Altfridingen] rechts kurz aufwärts und dann fast eben über das Gewann Buchhalde, ein NSG. Unmittelbar vor der Einmündung des Schotterwegs in einen anderen Schotterweg **(!)** biegt man nach links auf einen erdigen Waldweg ab. Man wandert weiterhin mit Markierung [Gelbe Gabel] am Hang entlang. An einem Wegkreuz geht man weiter am Trauf geradeaus und dann steil abwärts. - Am Waldrand kann man einen kurzen Abstecher nach links zur Burgruine Altfridingen machen. Allerdings sind hier nur Geländespuren und geringe Mauerreste aus Bruchstein erhalten. Eine Informationstafel erläutert, dass die Anlage als Burg und Stadt der Grafen von Hohenberg vermutlich in der Mitte des 13. Jahrhundert entstanden ist - als Gegengründung zur benachbarten zollerischen Stadt Mülheim. Altfridingen verlor bald wieder (nach 1330) seine Bedeutung an die Neugründung des Städtchens Fridingen an alter Siedlungsstelle. - Beim Weiterweg erreicht man vor einer großen Wiese eine hohe Buche auf der rechten Seite. Hier sind einige Markierungen angebracht: die [Gelbe Gabel], die [2] und die des [Jakobswegs]. Man geht aus dem Wald und links auf einem Wiesenweg immer am Waldrand entlang abwärts, zunächst [ohne Markierung]. Nach wenigen Metern wandert man zwischen Waldrand und Baumgruppe und anschließend wieder zwischen Waldrand und Wiese konsequent geradeaus abwärts. Man betritt wieder den Wald, wobei der Weg nun breiter wird und steiler abwärts führt. Nach 100 m mündet er in einen breiten Schotterweg. An der Buche ist wieder die Markierung [Jakobsweg] angebracht. Auf dem Schotterweg geht man rechts aufwärts. Nach 200 m erreicht man oben das Wohngebiet Dickenloch. Der Weg ist ab nun

Fridingen

wieder mit der Markierung [Gelbe Gabel] versehen. Man wandert zwischen Waldrand und der ersten Hausreihe leicht abwärts. Vor dem letzten Haus verlässt man den Schotterweg, der nach rechts abbiegt und geht geradeaus auf dem Wiesenweg nun zwischen Waldrand und Wiesen weiter. Auf dem Trampelpfad hat man eine schöne Sicht Richtung Süden und Westen, an einer Ruhebank auch Richtung Osten und nach Fridingen. Der Weg führt nun steiler abwärts durch heideähnliche Landschaft. Man wandert auf erdigem, später steinigem und dann mit Gras bewachsenem, steilen Trampelpfad mit Blickrichtung Fridingen. Vor den ersten Häusern passiert man eine Schranke und erreicht kurz dahinter eine Asphaltstraße. Hier geht man sich links haltend an drei Garagen vorbei zu einem Stufenweg, der in Etappen hinab ins Tal führt. Am Ende des Stufenwegs erreicht man den Gatterweg, dem man geradeaus weiter abwärts bis zur Einmündung in die Tuttlinger Straße folgt. Hier geht man nach links zur Donaubrücke. Bevor man die Brücke überquert, lohnt ein kurzer Abstecher in die nur wenige Meter entfernte sehenswerte Altstadt von Fridingen.

✪ **Fridingen** – Die auf 626 m gelegene kleine Stadt mit ca. 3000 Einwohnern liegt in einer Talweitung des Donaudurchbruchs durch die Schwäbische Alb inmitten des Naturparks Obere Donau. Erstmals urkundlich erwähnt wurde der Name Fridingen im Jahr 861. Die historische Altstadt ist von Fachwerkhäusern geprägt. Hervorzuheben ist das Ifflinger Schloss im Stadtkern, erbaut um 1330, renoviert ab 1977. Heute ist das Heimatmuseum untergebracht. Zwischen Fridingen und dem Kloster Beuron liegt ein besonders schöner, verkehrsfreier Teil des Donaudurchbruchs mit hohen Kalkfelsen.

➡ **Fortsetzung des Rundwegs** – Man überquert die Donaubrücke und wandert sofort rechts mit [Gelber Raute] auf dem schmalen Dammweg zwischen Donau und der Straße Unterer Damm bis zum Wander-🅿, wo der schmale Weg endet. Dann geht man auf dem asphaltierten Weg, der dem Lauf der Donau folgt, weiter. In einer Linkskurve entfernt sich der Weg ein Stück von der Donau, trifft sie aber nach 700 m wieder. Zuvor kommt man an einer Mariengrotte mit zwei Rastbänken vorbei. An der Donau erreicht man eine Donauversinkungsstelle. Tafeln informieren ausführlich darüber, dass dies eine von drei Stellen ist (die anderen beiden befinden sich bei Immendingen und bei Tuttlingen-Möhringen), an denen die Donau einen erheblichen Teil ihres Wassers über einen unterirdischen Abfluss an den Rhein verliert. Der Verlust ist so groß, dass sie bei Immendingen bis zu 260 Tage im Jahr ein trockenes Flussbett aufweist. Im Mittel stammen 75 % der 18 km entfernten Aachquelle, der mit 8 m³/s größten Quelle Deutschlands, aus der Donau. Man wandert geradeaus an der Donau weiter zur nahen Donaubrücke, die man in Richtung Hofgut Ziegelhütte überquert. Direkt nach der Brücke geht man rechts mit dem [Roten Dreieck] am Ufer entlang und oberhalb der Versinkungsstellen weiter. Der befestigte Forstweg führt vorbei an Felsen am Waldrand aufwärts. Oben erreicht man freies Gelände. Man kommt an einem Bergsteigkreuz mit drei Rastbänken vorbei, von wo man eine schöne Aussicht auf das Donautal hat. Hier sind es nur noch wenige Meter bis zum Ausgangspunkt und zur wohlverdienten Einkehr im Landhaus Donautal.

Naturpark Obere Donau

✪ **Der Naturpark** - Als einer von insgesamt sieben Naturparks in Baden-Württemberg liegt der 1980 gegründete Naturpark Obere Donau ganz im Südwesten der Schwäbischen Alb. Die ca. 1350 km² des Schutzgebietes umfassen einerseits den Albtrauf und die weite Albhochfäche mit den höchsten Erhebungen des Mittelgebirges, andererseits das tief eingeschnittene Durchbruchstal der Oberen Donau. Im Norden grenzt das Gebiet an das Neckarland, im Westen an die Baar und im Süden an das Bodenseehinterland. Der Naturpark zeichnet sich durch eine besondere geologische Vielfalt aus, so dass auf relativ kleinem Raum verschiedene Lebensräume bestehen, die eine einmalige Pflanzen- und Tierwelt mit vielen seltenen Arten möglich machen. Die großen Kalksteinfelsen des Donautals und seiner nördlichen Seitentäler bieten zahlreichen felsenbrütenden Vogelarten wie dem Uhu, dem Kolkraben, der Dohle oder dem Wanderfalken den nötigen Lebensraum. Auch seltene Pflanzen, wie der Traubensteinbrech, ein Relikt aus der Eiszeit, kommen an den Felsen im Donautal vor. Die durch jahrhundertelange Beweidung entstandenen Wacholderheiden besitzen ebenfalls eine einzigartige Flora und Fauna. Die Albhochfläche mit ihrer durch den porösen Kalkstein bedingten Wasserarmut und zahlreichen Höhlen und Dolinen bietet wiederum einen ganz anderen sehr speziellen Lebensraum. Im Gegensatz dazu finden sich südlich der Donau feuchte Talauen und durch Kiesabbau entstandenen Seenplatten, wo sich eine artenreiche Vogelwelt angesiedelt hat. Um diesen Reichtum an Landschaften und Lebensräumen zu erhalten und für Besucher und Bewohner naturverträglich erlebbar zu machen, nehmen intelligente Besucherlenkungsmaßnahmen und Öffentlichkeitsarbeit einen großen Raum der Naturparkarbeit in Anspruch. So wurde ein gut ausgebautes und beschildertes Wegenetz mit vielen Informationstafeln erarbeitet, der Autoverkehr im Naturpark nach Möglichkeit reduziert (Anreise bequem mit dem Naturpark-Express s. u.) und Strategien zur Vermarktung regionaler Produkte entwickelt. Betriebe, die Lebensmittel mit dem Zeichen »Naturpark Obere Donau« erzeugen, haben sich zur Erhaltung des Naturparks verpflichtet. So werden zum Beispiel durch das Projekt Naturpark-Apfelsaft Streuobstwiesen erhalten.

✪ **Haus der Natur** - Gemeinsam mit dem Naturschutzzentrum Obere Donau wird vom Naturparkverein Obere Donau im alten Bahnhof von Beuron das Haus der Natur betrieben. Auf 150 m² informieren eine Dauerausstellung und verschiedene Wechselausstellungen über die verschiedenen Naturräume im Naturpark, die Entstehungsgeschichte der Landschaft, über Naturdenkmäler sowie die Tier- und Pflanzenwelt. Die Ausstellung ist ganzjährig von 9-17 Uhr geöffnet, vom 1. April bis zum 31. Oktober zusätzlich am Wochenende und an Feiertagen von 13-17 Uhr.

✪ **Naturpark-Express** - Der Naturpark Obere Donau kann umweltfreundlich ganz ohne Auto erreicht werden. Der Naturpark-Express bietet Wanderern und Radfahrern vom 1. Mai bis Mitte Oktober die Möglichkeit, an Samstagen, Sonntagen sowie an Feiertagen den Ausgangspunkt ihres Ausfluges ganz einfach mit dem Zug zu erreichen und vom Zielpunkt auch wieder zurück zu fahren. Zwischen Gammertingen und Blumberg auf einer Streckenlänge von 95 km hält der Zug an insgesamt 29 Bahnhöfen. Ein spezieller Fahrradwaggon bietet Platz für 100 Fahrräder. Tickets sind im Naturpark-Express ohne Aufpreis erhältlich. Fahrplaninformationen sind erhältlich unter www.naturpark-obere-donau.de oder bei der Hohenzollerischen Landesbahn (HzL).

➡ **Wandern und Klettern im Naturpark Obere Donau** - Um die abwechslungsreiche Landschaft des Naturparks Obere Donau in ihrer gesamten Vielfalt kennen zu lernen, bieten sich ausgedehnte Wanderungen auf den vom Schwäbischen Albverein (siehe Seite 13) übersichtlich markierten Strecken an. Über 4500 km markierte Wege, darunter viele Rundwanderwege, Themenwege und Erlebnispfade, bieten für jeden Wandergeschmack die passende Route. Das romantische Fehlatal beispielsweise ist ein wahrer Geheimtipp für Wanderer. Zwei herausragende Etappenwege (Qualitätsweg Wanderbares Deutschland), der Donauberglandweg und der Donau-Zollernalb-Weg, bilden gemeinsam einen Rundweg von 230 km Länge, der das gesamte Gebiet in seiner vollen Pracht erschließt (siehe Seite 110 ff. und Seite 90 ff.). Das Donautal mit seinen Kalkfelsen bietet ausgezeichnete Möglichkeiten zum Klettern. Im gesamten Naturpark ist das Klettern jedoch nur an freigegebenen Felsen möglich, um die wertvolle Natur im Oberen Donautal zu erhalten. Mit dem »Projekt Schaufelsen« haben Kletterer und Naturschützer gemeinsam einen Weg gefunden, die Natur zu schützen und trotzdem das anspruchsvolle Klettergebiet zu nutzen. Die aktuelle Regelung wird im Internet und auf Informationstafeln veröffentlicht und sollte unbedingt befolgt werden.

Donauversinkung

✪ **Weitere Informationen** - Die zentrale Anlaufstelle für den Naturpark Obere Donau ist das Haus der Natur, Wolterstraße 16, 88631 Beuron - Telefon: 07466/9280-0 - Fax: 07466/9280-23 - E-Mail: NaturparkObereDonau@t-online.de - Internet: www.naturpark-obere-donau.de und www.naturschutzzentren-bw.de

DONAUTAL AM ZUG
Gammertingen - Sigmaringen - Beuron - Tuttlingen - Immendingen - Blumberg

Informationen zum Fahrplan des Natur-Express sowie zum Naturpark Obere Donau erhalten Sie beim

Naturpark-Verein Obere Donau e.V.
Wolterstrasse 16, 88631 Beuron
Tel.: 07466 / 9280-14
Fax: 07466 / 9280-23

eMail: NaturparkObereDonau@t-online.de

www.naturpark-obere-donau.de

TOUR 27

Leibertingen - Burg Wildenstein - Donautal - St. Maurus - Kloster Beuron - Petershöhle - Paulsfelsen - Leibertingen

12 km

6 Stdn.

180 m

Charakteristik - Mitten im Herzen des Naturparks Obere Donau verläuft die wildromantische Wanderroute über die Burg Wildenstein zum berühmten Kloster Beuron. Mehrere Aussichtsfelsen und vor allem die Burg selbst bieten herrliche Blicke in den »Schwäbischen Grand Canyon«. Mit etwas Glück kann man auf der Strecke sogar Gamswild beobachten. Es empfiehlt sich unbedingt, festes Schuhwerk zu tragen.
Anfahrt - B 311 über Tuttlingen oder Sigmaringen in Richtung Donautal nach Beuron und Leibertingen.
Parken - Großer Gäste-P beim Gasthaus zum Adler. Der Wander-P Leibertingen befindet sich am Ortsende in Richtung Wildenstein.

Gasthaus zum Adler - Das 530 Jahre alte Gasthaus, welches sich seit 150 Jahren in Familienbesitz befindet, begrüßt seine Gäste im schlicht eleganten Gewölbekeller, der rustikal eingerichteten, schönen Stube, im mit viel Liebe zum Detail gestalteten Café und auf der schmucken Terrasse auf traditionelle Weise. Die Küche hat einen frischen, klassischen und persönlichen Stil. Die Gäste werden verwöhnt mit kulinarischen Genüssen, die liebevoll aus frischen, regionalen Zutaten und würzigen Kräutern zubereitet werden. Die erlesenen Weine stammen von renommierten Winzern der Region und von Größen aus Frankreich und Italien. Im Café werden köstliche Desserts und Kuchen gereicht. Regelmäßig finden Menüabende, auch mit exklusiven Weinmenüs, statt. Besondere Highlights des Gasthauses sind Anton Bisellis Sammlung von Porsche-Diesel-Oldtimern und seine Schnapsbrennerei. Das Gasthaus ist Mitglied der Gastrono-

miekooperation DonauVita. - ÖZ: Montag, Donnerstag, Freitag und Samstag 11.30-14 Uhr und 17-24 Uhr. An Sonn- und Feiertagen ist durchgehend geöffnet. Ruhetage sind Dienstag und Mittwoch.

➡ **Der Rundweg** - Man geht vom Gasthaus zum Adler ca. 300 m in Richtung Ortsmitte. Am Dorfplatz wendet man sich rechts zur Burg Wildenstein. Nach dem Ortsende trifft der Weg dann links auf die Markierungen des [Walderlebnispfades], dem man - vorbei an der Uhu-Station Donautal, die Deutschlands größte Eule beherbergt - bis zur Burg Wildenstein folgt.

✪ **Burg Wildenstein** - Imposant thront die Burg über den engen Talschlingen des Donautals. Sie gehört zu den besterhaltenen Burganlagen Süddeutschlands. Sie entstand wahrscheinlich im 13. Jahrhundert und wurde 1514-54 unter der Herrschaft der Zimmern, die durch die Zimmerische Chronik bekannt wurden, in ihren größtenteils noch heute erhaltenen, frühneuzeitlichen Zustand umgestaltet. Bis zum Ende des Jahres 1971 war die Burg in Besitz des Fürstenhauses Fürstenberg. Heute ist hier eine Jugendherberge untergebracht.

➡ **Fortsetzung des Rundweges** - Vor der Burg geht man nun mit der Markierung des [Donau-Zollernalb-Weges] links durch den Burggraben. Man steigt durch den Tobel abwärts, wobei man mit Blick nach rechts zum Bandfelsen beinahe 180 m Höhendifferenz überwindet. Anschließend überquert man die große Brücke, die über die Donau führt und wandert weiter nach links über eine Feldfläche bis zur im Stil der Beuroner Kunstschule erbauten Mauruskapelle. Nun folgt man dem Radwanderweg in Richtung Donau. Bei der Radfahrerbrücke nimmt man den schmalen Wildpfad geradeaus, der, nun begleitet von kleinen Tunnels, entlang der Donau bis nach Beuron mit seinem weithin berühmten Kloster Beuron führt. Man bleibt links der Straße und wandert nach dem Sonnenhaus links abwärts, wo man bei Beuron den Hermannsteg erreicht, auf dem man erneut die Donau quert. Nach der Brücke geht man die Straße links entlang und gelangt so zum alten Bahnhofsgebäude. Hier lohnt sich ein Blick in das Haus der Natur mit seiner interessanten Ausstellung. Entlang der Straße läuft man weiter in die Ortsmitte, wo man die Klosterkirche St. Martin besichtigen sollte. Weiter auf der Hauptstraße links aufwärts und über die große Eisenbahnbrücke gehen. Die Villa Hubertus passieren und links einbiegen. Hier betritt man den Wald. An der ersten nun folgenden Kreuzung biegt man nach links ab und folgt dem Weg in Richtung Jugendherberge Burg Wildenstein. Nach ca. 500 m erreicht man die Petershöhle. Nach kurzem Aufstieg befindet man sich in einer der größten Halbhöhlen des Donautals. Dem Pfad folgend gelangt man zum Paulsfelsen. Hier weiter am Hang entlang gehen. Die nächste Abbiegung nach rechts nehmen und aufwärts weiter in Richtung Wildenstein wandern. Nach 300 m ist die Burg bereits in Sichtweite. Man folgt dem Weg immer geradeaus und geht den letzten Anstieg zur Burg auf dem Fahrweg. Hinter dem P der Burg hält man sich schließlich rechts und wandert auf dem bekannten [Walderlebnispfad] zurück zum Ausgangspunkt der Wanderung, dem Gasthaus zum Adler in Leibertingen.

TOUR 28

Dietfurt - Inzigkofen (Fürstlicher Park und Kloster) - Gebrochen Gutenstein - Teufelslochfelsen - Gutenstein - Dietfurt

17 km

4 ½ Stdn.

400 m

Charakteristik - Wunderschöne, abwechslungsreiche und nicht ganz einfache Rundwanderung, auf der die Mühen durch die herrliche Schönheit der Natur und ein sehenswertes Kulturdenkmal, das Kloster Inzigkofen belohnt werden. Wird die Wanderung vormittags am ehemaligen Bahnhof Inzigkofen im Donautal begonnen, kann man nach Einkehr in Dietfurt am Nachmittag ausgiebig den Fürstlichen Park erkunden und genießen.

Anfahrt - Von Tuttlingen auf der B 311 und B 313 nach Vilsingen, dann K 8209 nach Dietfurt. - Von Sigmaringen über die L 277 bzw. Donautalstraße nach Dietfurt. - Mit dem IRE von Stuttgart in Richtung Aulendorf bzw. von Ulm in Richtung Neustadt/Schwarzwald jeweils bis Sigmaringen. Dort mit der Buslinie 50 in Richtung Tuttlingen oder Fridingen Hohenbergschule bis zur Bushaltestelle Sigmaringen-Dietfurt Abzweigung/L 277, Inzigkofen.

Parken - Gäste-P beim Gasthaus Mühle in Dietfurt oder P auf der gegenüberliegenden Donauseite vor der Brücke nach Dietfurt.

✪ **Dietfurt** - Der Name Dietfurt deutet auf eine Furt durch die Donau hin. Der Ortsname wurde erstmals im Jahr 1095 genannt. 1936 wurde der ca. 590 m hoch gelegene Ort nach Vilsingen eingemeindet und 1974 kam Vilsingen zu Inzigkofen. Sehenswert ist die im 11. Jahrhundert erbaute Ruine Dietfurt mit imposantem Bergfried und einer Burghöhle. Es ist nicht bekannt, wann die Burg zerstört wurde oder verfallen ist. Das Burgareal befindet sich seit 2004 im Eigentum der DRK-Bergwachtbereitschaft Sigmaringen, die umfangreiche Sanierungsmaßnahmen durchführte. Die Anlage ist nicht frei zugänglich.

➡ **Der Rundweg** - Vom Gasthaus Mühle Dietfurt geht man [ohne Markierung] auf der Burgstraße aufwärts vorbei an der Ruine Dietfurt mit dem markanten Bergfried. Man wandert an einem Wegkreuz geradeaus weiter und trifft auf die Markierung [Rote Gabel]. Wenige Meter weiter, nach dem letzten Haus, verlässt man die Burgstraße mit dem Wegweiser [Inzigkofen] nach links auf einen Wiesenweg. Dieser verläuft zunächst am Waldrand und später nach einem Abzweig nach rechts aufwärts im Wald. Weiter oben geht man an einer Weggabelung nach links weiter mit der [Roten Gabel]. Oben wandert man fast eben an einer Mobilfunkanlage vorbei. Schließlich kommt man aus dem Wald und geht am Waldrand entlang. Man erreicht eine Asphaltstraße, die weiterhin am Waldrand entlang führt und den Ortsbeginn von Inzigkofen.

✪ **Inzigkofen** - Die Gemeinde Inzigkofen mit knapp 3000 Einwohnern liegt mitten im Naturpark Obere Donau und an der Oberschwäbischen Barockstraße. Weitere Ortsteile sind Vilsingen mit Dietfurt und Engelswies. Erstmals urkundlich erwähnt wurde Inzigkofen im Jahr 1306. Besonders sehenswert sind die Klosteranlage und der Fürstliche Park sowie die barocke Wallfahrtskirche von Engelswies.

➡ **Fortsetzung des Rundwegs** - Direkt am Ortsanfang wandert man nach links zwischen erster Hausreihe und Waldrand, später wieder im Wald. Man kommt vor einer Wiese an den Waldrand. Hier hält man sich links und erreicht wenig später eine Weggabelung. - Wer abkürzen will, geht nun links abwärts mit dem Wegweiser [Zu den Grotten]. Der Weg führt an einigen der zahlreichen Grotten vorbei zu einer Wegteilung, wo er wieder auf den Wanderweg trifft und mit diesem und dem Wegweiser [ehemaliger Bahnhof Inzigkofen] ins Donautal führt. - Weitaus lohnender ist der etwa 3 km längere Weg durch die Klosteranlage und den Fürstlichen Park. Hierzu geht man oben etwa 50 m geradeaus weiter, überquert einen Forstweg und wandert durch die Lindenallee. An deren Ende überquert man eine Fahrstraße und geht geradeaus zur ehemaligen Klosteranlage und zum Fürstlichen Park.

✪ **Kloster Inzigkofen** - Das ehemalige Augustinerinnenkloster stammt in großen Teilen aus dem 17. Jahrhundert und zählt zu den am besten erhaltenen Anlagen in Baden-Württemberg. Gegründet wurde das Kloster im Jahr 1354 als Franziskanerinnenkloster. Seit 1394 ist es Augustinerinnenkloster. Durch die Säkularisation wurde das Kloster im Jahr 1802 aufgehoben. Der Klosterbesitz fiel an das Fürstenhaus Hohenzollern-

Teufelsbrücke über die Höllschlucht

Sigmaringen. Heute beherbergt die Anlage ein Volkshochschulheim. Sehenswert sind die Klosterkirche, 1780 im Barockstil erbaut, der Klosterkräutergarten in der früheren Zehntscheuer das Bauernmuseum des Schwäbischen Albvereins Inzigkofen, welches von Mai bis Oktober jeden ersten und dritten Sonntag von 14-17 Uhr besichtigt werden kann und die mächtige äußere Umfassungsmauer des Klosters. Die Klosteranlage ist frei zugänglich und kann besichtigt werden.

✪ **Fürstlicher Park** - Der 26 ha große Park ist Eigentum des Fürstenhauses Hohenzollern-Sigmaringen und für jedermann frei zugänglich. Während die Klosteranlage seit 1802 im Besitz des Fürstenhauses ist, erhielt die Parkanlage erst mit Erwerb des Fürstlich Fürstenbergischen Erblehenhofes Nickhof durch das Fürstenhaus im Jahr 1841 ihren Glanzpunkt. Der Park konnte so wesentlich vergrößert und um einige prächtige Natureindrücke erweitert werden. Hervorzuheben sind beispielsweise der Amalienfelsen, ein fast 29 m hoher Felsen, der von der Donau umspült wird, die Teufelsbrücke, die eine wildromantische, fast 20 m tiefe Schlucht überbrückt, das Känzele mit besonders schönem Panoramablick auf das Donautal sowie der romantische Teil des Parks: die Grotten und ein gewaltiges Felsentor. Besonders beeindruckend ist die Nebelhöhle, eine über 5 m hohe und 10 m tiefe Felsengrotte. Die malerischen Felsformationen sind Auswaschungen von Massenkalken.

➡ **Fortsetzung Rundweg** - Nach der Besichtigung der Klosteranlage kommt man unterhalb der Klosterkirche zu einem Wegkreuz. Der Weg durch den Fürstlichen Park ist sehr gut ausgeschildert. Man geht vor einem Ausflugscafé auf einem Asphaltweg links abwärts Richtung Amalienfelsen. Vorbei an einem Denkmal erreicht man den Felsen. Hier gelangt man direkt an das Ufer der Donau und steht dabei auf derselben Donauseite gegenüber dem Felsen. Der Flussverlauf macht hier einen Knick. Zum nächsten Ziel im Park, der Teufelsbrücke, muss man wieder aufsteigen. Der Weiterweg führt danach zum Aussichtspunkt Känzele und zu den Grotten. Hier trifft man auf den Weg der Abkürzung. Bevor man geradeaus abwärts wandert, kann man noch ca. 200 m aufwärts zu den restlichen Grotten gehen. Der Weg abwärts führt durch Wald ins Donautal. Unten geht man rechts mit dem [Roten Dreieck] abwärts. Bevor man die Fürstlichen Anlagen verlässt und die Fahrstraße erreicht, passiert man das Felsdach Inzigkofen. Eine Tafel informiert, darüber, dass hier bei archäologischen Untersuchungen in den Jahren 1938 und 1965 Funde aus der Mittel- und der Jungsteinzeit sowie aus der Bronzezeit entdeckt wurden. An der Straße wandert man nach links über die Donaubrücke, überquert die Bahngleise und geht danach wieder links zum ehemaligen Bahnhof Inzigkofen. Auf der anderen Straßenseite direkt gegenüber dem Bahnhof führt ein Wanderweg teilweise über Stufen mit den Markierungen [Klosterfelsenweg], [Donau-Zollernalb-Weg], [Rotes Dreieck] und später auch [Hohenzollernweg] steil aufwärts. Bei der bald folgenden Wegkreuzung geht man geradeaus weiterhin aufwärts, jetzt auf breitem Forstweg. Nach etwa 1 km folgt man dem breiten Waldweg, der eben nach links weiterhin mit Markierung [Rotes Dreieck] verläuft. Nach wenigen Schritten sollte man [ohne Markierung] nach links auf den schmäleren Traufweg wechseln, der parallel zum Wanderweg verläuft, um die schöne Aussicht auf das Donautal und die Felsen zu genießen. Der Traufweg führt vorbei an einer Rastbank wieder zum breiten Wanderweg. Kurz dahinter hat man eine schöne Sicht auf die kühn auf einer Felsnadel thronende Ruine Gebrochen Gutenstein, den Rest der Burg Neugutenstein, die vermutlich im 14. Jahrhundert erbaut wurde und bereits 1546 Ruine war. Danach steigt man auf einem gut markierten, steinigen Weg über Wurzeln in Serpentinen ins Schmeietal ab. Oberhalb des Bahndamms erreicht man eine Wegteilung. Hier geht man mit [Rotem Dreieck] links abwärts am Bahndamm entlang. Später führt der erdige Weg zwischen Waldrand und erhöhtem Bahngleis, auch neben kleinen Felswänden und Bahngleis vor zur Straßenbrücke. Man wandert unter dieser durch und anschließend nach links über Stufen hoch zur L 277. Auf dem Gehweg führt die Wanderung über die Brücke. Man überquert die Straße und geht wenige Meter (**!**) auf der Straße in Richtung Unterschmeien. Dann weist das [Rote Dreieck] nach links aufwärts auf einen breiten Asphaltweg. Auf dem leicht ansteigenden Weg hat man eine schöne Aussicht auf das Donautal und auf Dietfurt mit seiner Ruine. Nach etwa 500 m besteht eine Abkürzungsmöglichkeit zum 1 km entfernten Dietfurt. - Unter Verzicht auf die schöne Aussicht vom Teufelslochfelsen verringert sich die Wanderzeit um etwa eine Stunde. - Lohnender ist der Weiterweg zum Teufelslochfelsen. Dieser entfernt sich zunächst vom Donautal. Nach einem Rechtsbogen geht es wieder links am Waldrand entlang. An einer Gabelung wandert man rechts und bleibt damit am Waldrand. Danach geht es wieder im Wald aufwärts. Man erreicht den Gutensteiner Berg, verlässt den breiten Schotterweg und biegt nach links auf einen erdigen, wurzelbewachsenen Wanderweg ab. Nun kommt man fast eben zur 715 m hoch gelegenen Teufelslochhütte. Mit der Markierung [Rote Gabel] geht es ca. 200 m leicht abwärts zum Aussichtspunkt Teufelslochfelsen, den man mit einem kurzen Abstecher vom Wanderweg erreicht. Vom Felsen hat man eine phantastische Aussicht. Man wandert nun weiter abwärts, teilweise steil, in Richtung Gutenstein. Beim P Hofstättle überquert man die

L 277 und geht über die Donaubrücke und das Bahngleis nach Gutenstein (siehe auch Seite 141). An der Gabelung nach dem Bahngleis geht man mit der [Roten Gabel] geradeaus aufwärts auf der Langenharter Straße. Beim nächsten Abzweig nach links folgt man dem Verlauf der Langenharter Straße, weiterhin mit der [Roten Gabel] und wandert am Bahnhof und an der überbauten Kläranlage vorbei in den Wald. Der ansteigende Weg verläuft rechts der Bahnlinie. Nach 200 m zweigt mit der [Roten Gabel] ein schmaler Weg steil aufwärts nach rechts ab. Oben, wenige Meter vor der Einmündung in einen breiteren Schotterweg, hat man von einem Felsvorsprung eine schöne Aussicht auf das Donautal. Am Schotterweg geht man nach links und kurz darauf an einer Wegteilung rechts. Auf dem schmaleren Waldweg wandert man geradeaus steil abwärts. Man kommt aus dem Wald heraus mit Aussicht auf die Ruine Dietfurt. Auf einem Wiesenweg überquert man im Talgrund ein kleines Bächlein. Der Weg steigt kurz an, wobei man rechts an der Ruine und einem Gehöft vorbei auf einem Asphaltsträßchen in den Ort kommt. Am Ende des Sträßchens erreicht man die Burgstraße, auf der man nach links abwärts wandert zur wohlverdienten Einkehr im

)¶ **Gasthaus Mühle** - Fernab von Stress und Großstadtlärm lädt das Gasthaus zum Verweilen ein. Mittagessen, Vesper, Kaffee und Kuchen können im idyllischen Biergarten oder in den gemütlichen Galerieräumen genossen werden. Die regionale und saisonale Küche bietet ein breites Spektrum an klassischen Gerichten und frischen Kreationen. Zu den schwäbischen und bayerischen Spezialitäten empfiehlt es sich, ein zünftig gezapftes Bier oder einen der leckeren Weine aus dem Sortiment zu probieren. Auf dem hauseigenen, überdachten Grillplatz bietet sich die Möglichkeit, während einer Kanu-, Fahrrad- oder Wandertour eine Zwischenrast einzulegen. Am Kiosk kann man Getränke und Grillgut erwerben und im Mühlenläde findet man ein übersichtliches Sortiment verschiedener Naturkostprodukte. Die behaglich eingerichteten Gästezimmer werden mit Warmwasser aus einer Solaranlage versorgt und auch der Strom ist durch Wasserkraft und Photovoltaikanlage selbst produziert. - ÖZ: Ab 11.30 Uhr wird durchgehend warme und kalte Küche geboten. Von September bis Juni ist montags Ruhetag, im Juli und August ist auch an Montagen von 11.30 Uhr bis 18 Uhr geöffnet.

TOUR 29

Sigmaringen - Historischer Stadtrundgang

Anfahrt - Von Stuttgart über die B 27 und B 313, von Ulm über die B 311 und L 277. - Mit der Regionalbahn oder dem Interregio-Express bis zum Bahnhof Sigmaringen, Stadtbus oder Buslinien vom »naldo« in Sigmaringen.

Parken - Sigmaringen besitzt viele zentrale, gut ausgeschilderte Parkmöglichkeiten. Günstig gelegen sind der P Schneckengarten bzw. der P vor der Stadthalle und das 🅿 bei der Marstallpassage.

1½ Stdn.

✪ **Sigmaringen** - In einer der schönsten Regionen Baden-Württembergs mitten in abwechslungsreicher und einzigartiger Landschaft nahe des Naturparks Obere Donau liegt die ehemalige Residenzstadt Sigmaringen. In der Hohenzollernstadt an der wildromantischen jungen Donau vereinen sich eine stolze Tradition, das Flair der Residenzstadt gepaart mit einer dynamischen Moderne, eine gelebte Kultur, eine attraktive Landschaft und eine interessante Geschichte. Hoch über der historisch geprägten Stadt thront das bereits 1077 erstmalig erwähnte Schloss Sigmaringen, das Stammschloss der Fürsten von Hohenzollern (s. S. 138 ff). Im Jahre 1535 gelangte die Stadt Sigmaringen an die Grafen von Hohenzollern, welche die Stadt als gräflichen Wohnsitz nutzten. Ab 1805 wurde die Stadt Hauptstadt der Zollernschen Lande. Im Jahre 1849 fiel Sigmaringen an Preußen und blieb bis 1945 Sitz der preußischen Regierung für die Hohenzollernschen Lande. Insbesondere diese Epoche prägte das Stadtbild, das von der Architektur des 19. und frühen 20. Jahrhunderts beherrscht wird. Heute gehören zu der Hohenzollernstadt auch die Ortsteile Gutenstein, Oberschmeien, Unterschmeien, Laiz und Jungnau. Neben dem romantischen Stadtkern mit seinen Cafés, Weinstuben und Gasthäusern bietet die Stadt viele Möglichkeiten der aktiven Freizeitgestaltung: Ob Kanutouren auf der Donau, Klettern auf den ausgewiesenen Felsen, Radtouren durch das Donautal oder Wanderungen im faszinierenden Naturpark Obere Donau, hier kommen alle auf ihre Kosten.

Gehen Sie auf Entdeckungstour in Sigmaringen - die charmante Stadt liegt in einer der schönsten Regionen Baden-Württembergs, am Rande des Naturparks Obere Donau, einem Paradies für Radfahrer und Wanderer. Erkunden Sie bei einer Stadtführung oder mit einem Audioguide außerdem die spannende Geschichte der ehemaligen Residenzstadt.

Auskunft und Info: Tourist Info Sigmaringen
Leopoldplatz 4
72488 Sigmaringen
Tel. 07571/106-224
Fax 07571/106-177
tourismus@sigmaringen.de

➡ Historischer Stadtrundgang - Bei einem Spaziergang durch die pittoreske Stadt begegnet dem Besucher die Geschichte auf Schritt und Tritt. Das Haupthaus des heutigen 1) Rathauses entstand zwischen 1925 und 1927 nach den Plänen des Architekten Friedrich Imbery. Das erste Rathaus wurde bereits 1454 errichtet. An der Westecke des Gebäudes befindet sich ein Ehrenmal von Bildhauer Franz Marmon für die im Ersten Weltkrieg gefallenen Bürger. Es zeigt den Alemannen-Ritter Sigmar, den vermeintlichen Stadtgründer und Namensgeber. Vor dem Rathaus befindet sich der Marktbrunnen aus dem Jahre 1826 mit der Brunnenfigur Graf Johann von Hohenzollern-Sigmaringen. Vom Rathaus aus schaut man direkt zum 2) Schloss Sigmaringen, dem Wahrzeichen der Stadt, das seit 1535 Sitz der Grafen und späteren Fürsten von Hohenzollern-Sigmaringen ist (weitere Informationen siehe Seite 138 ff.). Direkt beim Schloss steht die 3) Stadtpfarrkirche St. Johann, die auf die 1247 erstmalig erwähnte Burgkapelle zurückgeht. Die heutige barocke Kirche wurde von 1756 bis 1763 durch den Maurermeister Johann Martin erbaut. Die zu den bemerkenswertesten Barockkirchen der Region zählende Kirche ist mit Werken bedeutender Künstler der damaligen Zeit geschmückt: Stuckaturen von Johann Jakob Schwarzmann, Altäre von Johann Michael Feichtmayr, Altarbild des in Sigmaringen geborenen Malers Andreas Meinrad von Ow und Werke des Bildhauers Johann Georg Weckmann. Weiterhin beheimatet St. Johann den kostbaren Fidelisschrein, das Armreliquiar des heiligen Fidelis sowie die Fideliswiege. Der heilige Fidelis wurde der Überlieferung nach im 4) Fidelishaus in der Fidelisstraße unweit der Kirche als Markus Roy (1577-1622) geboren. Der studierte Philosoph und Anwalt machte sich als »Advokat der Armen« einen Namen, ehe er als Kapuzinermönch mit

Nordwestansicht des Schlosses Sigmaringen

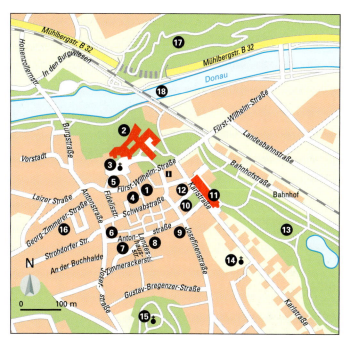

dem Namen Fidelis als wichtiger Volksprediger wirkte und später nach einer Missionspredigt erschlagen wurde. Der Erstlingsmärtyrer des Kapuzinerordens wurde 1746 heilig gesprochen und ist hohenzollerischer Landes- sowie Sigmaringer Stadtpatron. Die Fürst-Wilhelm-Straße entlang kommt man vorbei am 5) Hoftheater, das heute als Kino genutzt wird. Links der Antonstraße folgend gelangt man zum 6) Runden Turm, einem ehemaligen Wehrturm der alten Stadtbefestigung. Seit 1970 befindet sich hier das Heimatmuseum. Schräg gegenüber steht die 7) Alte Schule, die 1875-1879 nach den Plänen des fürstlichen Baurates Josef Lauer erbaut und bis 1975 als Schule genutzt wurde. Nach einer umfassenden Sanierung wurde das klassizistische Gebäude zum städtischen Kulturzentrum ausgebaut und beherbergt die Stadtbibliothek und die städtische Musikschule. Der Antonstraße weiter folgend gelangt man zum 8) Landeshaus im klassizistischen Stil, das bis 1973 Sitz des Hohenzollerischen Landeskommunalverbandes, des Kommunallandtages und des Landesausschusses war. Am Ende der Straße an der Kreuzung Anton- und Josefinenstraße befindet sich die 9) Bilharzapotheke, die an das Geburtshaus der Gebrüder Bilharz (renommierte Mediziner) erinnert, das an derselben Stelle stand. Von dort sind es nur wenige Schritte bis zum 10) Leopoldplatz mit einem Reiterstandbild des Fürsten Leopold. Der Platz lag damals außerhalb der Stadtmauer und wird von zwei Seiten vom 11) Prinzenbau und dem 12) Ständehaus, das seit 175 Jahren die Landesbank Kreissparkasse Sigmaringen beherbergt, eingerahmt. Der Neue Prinzenbau mit seinen klassizistischen Elementen und einer der ersten Warmwasserheizungen Europas entstand nach Plänen des Bauinspektors Bröm (1842-47). Der Alte Prinzenbau war eines der ersten Häuser außerhalb der Stadt und Wohnsitz der Fürstin Amalie Zephyrine. Er lag im Langen Garten, der sich heute als 13) Prinzengarten hinter den Gebäuden in der 14) Karlstraße mit der Evangelischen Stadtkirche erstreckt. Die Karlstraße mit ihrer großen Anzahl an historischen Gebäuden führt bis zum ehemaligen Kloster Hedingen. Die neugotische Evangelische Stadtkirche ist eines der wenigen Gebäude der Stadt, das nicht auf die Initiative des Fürstenhauses zurückgeht. Sie wurde 1861/62 von Friedrich August Stüler errichtet, der zeitgleich an der Hohenzollernburg bei Hechingen (s. S. 78 f.) baute. Südlich des Stadtkerns erbaute Hans Albertal 1629 die 15) Josefkapelle auf einer Anhöhe. 1660 wurde sie von Michael Beer barockisiert. Das heutige Baudenmal ist ein Ort der Andacht und der Gottesdienste. Die Josefstraße führt zurück zum Stadtkern und geht über in die Antonstraße. Von der Antonstraße geht es links in die Strohdorfer Straße, mit dem 16) Alten Schlachthof. Der Gebäudekomplex wurde im Industriebaustil der Gründerjahre 1884/85 unter Regierungsbaurat Wilhelm Friedrich Laur erbaut und ist heute durch die »Ateliers im Alten Schlachthof« ein viel beachtetes Kulturzentrum. Auf der anderen Seite der Donau, direkt gegenüber dem Schlossberg gelegen, bietet der 17) Mühlberg wunderschöne Ausblicke auf das Schloss, die junge Donau und weite Teile der Stadt. Auch die 18) Eisenbahnbrücke und den Panthelstein kann man von dort sehen. Im Jahre 1828 veranlasste Fürst Anton Alois Sprengungen rund um den Mühlberg, damit ein Weg angelegt werden konnte. Damit waren die Voraussetzungen für einen Wanderweg, eine Straße und die Bahnlinie geschaffen. Der Rehbock (gestiftet vom preußischen Major und Wehrbereichsleiter Eugen Panthel) auf dem Panthelstein soll vom Mühlberg auf diesen Felsen gesprungen sein. All diese Sehenswürdigkeiten lassen sich zu einem faszinierenden historischen Stadtrundgang verbinden. In der Touristinformation können sich Interessierte einen Audioguide ausleihen, der viele Informationen zu den historischen Gebäuden auf dem ausgeschilderten Rundgang gibt. Zusätzlich werden viele geführte Stadtrundgänge angeboten.

➥ **Wanderwege in der näheren Umgebung** - Sigmaringen bietet sich als idealer Ausgangspunkt für Rad- und Wandertouren im Naturpark Obere Donau, in der Umgebung der Hohenzollernstadt und in der Südalb an. Der Schwäbische Albverein hat mehrere Wege in und um Sigmaringen übersichtlich mit Zahlen markiert. Mehrere Wanderkarten hält die Tourismusinformation für die Besucher bereit.

➥ **Ins idyllische Schmeiental** - ca. 10 km - ca. 3 Stdn. - Markierung [1] - Wander-P Oberschmeien - Schutzhütte Teufelsloch - Aussichtspunkt Teufelslochfelsen - Unterschmeien - Wander-P Oberschmeien.
➥ **Über den Josefsberg** - ca. 3 km - ca. 1 Std. - Markierung [2] - P Stadthalle - historische Altstadt - Bahnhof - Prinzengarten - Hedinger Kirche - Josefkapelle - P Stadthalle.
➥ **Über die Höhen von Sigmaringen** - ca. 6 km - ca. 1½ Stdn. - Markierung [3] - P Donaubrücke Burgstraße - Wehr - Hohenzollernstraße - Krankenhauspark - Kriegerdenkmal - Brauereihof - P Donaubrücke Burgstraße.

➡ **Durch den Inzigkofer Park** - ca. 10 km - ca. 2½ Stdn. - Markierung [4] - Laiz, P Donaubrücke, Sporthalle - Teufelsbrücke - Känzele - Labyrinth der Grotten - Erratischer Block - Laiz, P Donaubrücke, Sporthalle.

➡ **Panoramaweg Morgenweide** - ca. 8 km - ca. 2½ Stdn. - Markierung [5] - P Stadthalle - Jägerstüble - Hohkreuz - Lainz - P Stadthalle.

➡ **Rund um die Fürstenhöhe** - ca. 7 km - ca. 2 Stdn. - ca. 180 Höhenmeter - Markierung [6] - P Hochsträß B 436 Großwieshof - Oberschmeien - Sportplatz - Stilzer Eich Hütte - P Hochsträß B 436 Großwieshof.

➡ **Rund um den Witberg** - ca. 7 km - ca. 2 Stdn. - ca. 180 Höhenmeter - Markierung [5] - P am Trimm-Dich-Pfad - Nägelesfelsen - Pavillon - Ruine Hertenstein - Kreuzung Nollhof - Weißes Kreuz - P am Trimm-Dich-Pfad.

✪ **Weitere Informationen** - Die Touristinformation Sigmaringen, Leopoldplatz 4, 72488 Sigmaringen bietet viele Informationen einschließlich Wanderkarten für die Besucher an. Auch die Audioguides für den historischen Stadtrundgang können hier entliehen werden. Telefon: 07571/106-224 - Fax: 07571/106-177 - E-Mail: tourismus@sigmaringen.de - Internet: www.sigmaringen.de

Eichfelsen-Panorama-Blick ins Donautal

Schloss Sigmaringen

Imposant thront das Wahrzeichen der Stadt, das Schloss Sigmaringen, auf seinem Felsen. Bereits 1077 wurde das Gebäude, damals noch eine Burg, erstmals erwähnt. In ihrer bewegten Geschichte wurde die Burg immer wieder erweitert und umgebaut. Die alten Gemäuer sind auch heute noch in den Schlossmauern zu finden. Das Burgtor, der Palas und der Bergfried stammen noch aus der Stauferzeit um 1200, als die Burg Sigmaringen unter den Grafen von Helfenstein in Buckelquaderweise umgebaut wurde. Im 13. und 14. Jahrhundert wurden keine großen baulichen Veränderungen vorgenommen. Erst 1460 und 1500 wurde die Burg unter den Grafen von Werdenberg zum Schloss Sigmaringen umgebaut und erweitert. Im Jahre 1540 gelangte Sigmaringen über den »Pfullendorfer Vertrag« endgültig an das Haus Hohenzollern, in dessen Besitz das Schloss bis heute ist (Karl Friedrich Fürst von Hohenzollern). Unter Graf Karl II. von Hohenzollern-Sigmaringen (1576-1606) begann eine dritte Bauperiode. Insbesondere in den Jahren 1627-1630 durch den Baumeister Hans Alberthal wurde aus der

Nordost-Ansicht des Schlosses Sigmaringen vom Mühlberg gesehen

ehemaligen Wehrburg ein prächtiges Renaissanceschloss. Im 19. Jahrhundert wurden dann durch den fürstlichen Baumeister Josef Laur neugotische Elemente in das Schloss eingebracht. Nach dem großen Brand 1893, der fast das ganze Schloss erfasste, wurden umfassende Neugestaltungen im Stil des Historismus oder Eklektizismus durchgeführt (Hofbaurat Johannes de Pay und Architekt Emanuel von Seidl). So haben verschiedene Stilepochen ihre Spuren hinterlassen. Heute wirkt das märchenhafte Schloss von der Donauseite her imposant und uneinnehmbar, während es sich der Stadtseite prunkvoll und harmonisch präsentiert.

✪ **Burgführungen** - Das Schloss der Hohenzollern fasziniert nicht nur von außen durch seine historische Baukunst, auch das Innere des Schlosses besitzt eine ganz besondere Magie, die der Besucher bei Schlossführungen und in vielen individuellen Themenführungen hautnah erleben kann. Die ausgebildeten Schlossführer lassen die fast 1000-jährige Geschichte anschaulich wieder aufleben und erläutern Hintergründe der prachtvoll ausgestatteten Residenzsäle mit ihrer originalen Ausstattung an kostbaren Möbeln, Miniaturen, Uhren und Gemälden. Zu jeder Führung gehört auch eine Besichtigung der Rüstkammer. Die große Waffenhalle beherbergt eine der größten privaten Waffensammlungen Europas mit mehr als 3000 Hieb-, Stich-, Schutz- und Trutzwaffen sowie Gewehren. Die anschaulichen Themenführungen widmen sich dem Alltag des höfischen Lebens, präsentieren unbekannte Räume und geschichtliche Zusammenhänge. So können die Besucher das Schloss in den romantischen Abendstunden entdecken oder Gespenstergeschichten im nächtlichen Schloss lauschen. Auch der fürstliche und bürgerliche Alltag wird spannend und häufig amüsant von den Schlossführern vermittelt, die auch gerne einmal in die Rolle von Zofen oder Dienern schlüpfen und über das höfische Leben aus dem Nähkästchen plaudern. Auch für Kinder werden viele spezielle Führungen angeboten, auf denen die kleinen Besucher den Schlossgeheimnissen auf die Spur kommen können. Märchenhafte Erzählungen, gespenstische Zeiten, das Leben der Ritter auf der Burg oder speziell auf Kleinkinder oder auf Teenager zugeschnittene Führungen - die Auswahl an spannenden Themen ist die vielseitigste, die ein Schloss in Deutschland zu bieten hat. Dabei werden alle Themenführungen zu festen Terminen angeboten. Es besteht jedoch die Möglichkeit, einige individuell für Gruppen zu buchen.

✪ **Museen im Schloss** - Auch das Kunstmuseum im Schloss Sigmaringen ist einen Besuch wert. Es wurde 1862-1867 erbaut und stellt aufgrund seiner bemerkenswerten Architektur und Ausstattung schon selbst ein faszinierendes und facettenreiches Kunstwerk dar. Es werden vorrangig Werke schwäbischer Maler, Bildhauer und Kunstschmiede des 15. und 16. Jahrhunderts ausgestellt. Aufgrund seiner außergewöhnlichen und vielseitigen Exponate ist das Kunstmuseum weit über die Stadtgrenzen hinaus bekannt. Das Marstallmuseum hat sich der höfischen Fahrkultur gewidmet: Hier können Jagd-, Reise- und Galawagen ebenso wie Sänften und Schlitten bewundert werden.

✪ **Öffnungszeiten** - Das Schloss hat täglich für die Besucher geöffnet (Ausnahmen bilden die Feiertage vom 24., 25. und 31. Dezember, der Neujahrstag sowie der Fastnachts-Dienstag). Während der Wintersaison zwischen November und März lädt es von 10 Uhr bis 16 Uhr, während der Sommersaison zwischen April und Oktober von 10 Uhr bis 18 Uhr zur Besichtigung ein.

✪ **Weitere Informationen** - Auf der Internetseite des Schlosses finden sich die verschiedenen Themenführungen sowie deren Termine. Zusätzliches Informationsmaterial zu den Themenführungen kann bei der Schlossverwaltung angefordert werden: Schloss Sigmaringen, Karl-Anton-Platz 8, 72488 Sigmaringen - Telefon: 07571/729-230 - Fax: 07571/729-255 - E-Mail: schloss@hohenzollern.com - Internet: www.schloss-sigmaringen.de

TOUR 30

Gutenstein - AP Am Eichbühl - Rabenfelsen - Thiergarten - Gutenstein

10 km

3 Stdn.

250 m

Charakteristik - Ein sehr schöner Weg mit zwei herrlichen Aussichtspunkten am Eichbühl und am Rabenfelsen, die einen atemberaubenden Tiefblick auf das Donautal bieten.

Anfahrt - Von Tuttlingen oder Messkirch auf der B 311 und B 313 nach Rohrdorf, dann K 8279 nach Gutenstein. - Von Sigmaringen über die L 277/Donautalstraße nach Gutenstein. - Von Stuttgart mit dem IRE Rtg. Aulendorf oder von Ulm mit IRE Rtg. Neustadt/Schwarzwald jeweils bis Sigmaringen. Dort mit Buslinie 50 Rtg. Tuttlingen oder Fridingen Hohenbergschule. Bushaltestelle ist Gutenstein Abzweigung/L 277, Sigmaringen ca. 350 m von der Donauperle entfernt.

Parken - Gäste-P beim Restaurant Donauperle oder P Donaubrücke, ca. 200 m von der Donauperle entfernt. Weiterer P Hofstätte bei der Donaubrücke: Abzweigung an der L 277 Rtg. Wald, 350 m von der Donauperle entfernt.

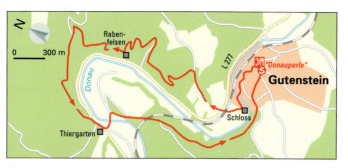

✪ **Gutenstein** - Gutenstein mit rd. 500 Einwohnern ist ein auf 604 m gelegener Stadtteil der Stadt Sigmaringen und liegt inmitten des Durchbruchs der jungen Donau durch die südwestlichen Ausläufer der Schwäbischen Alb. Gutenstein war einst eine alemannische Siedlung: 1887 wurden bei Bauarbeiten die Reihengräber von zwei wohlhabenden Männern aus dem Ende des 7. Jh. gefunden. Ein Grab enthielt eine silberne Schwertscheide. Sehenswert sind die Pfarrkirche St. Gallus und das Schloss Gutenstein sowie einige Naturdenkmäler, beispielsweise der Teufelslochfelsen, der Schlossfelsen und der Kreuzfelsen.

➡ **Der Rundweg** - Vom Restaurant Donauperle wandert man auf der Burgfeldenstraße geradeaus aufwärts am Schneckenbrunnen vorbei. Der Weiterweg führt auf der Burgfeldenstraße leicht abwärts zur Donaubrücke, die man überquert. Zurückschauend kann man das auf einem Felsen thronende Schloss Gutenstein bewundern, wobei der Felsen in die Donau ragt. Nach einer Rechtskurve, bei der sich die Straße von der Donau entfernt, steigt man geradeaus leicht aufwärts in Richtung Nusplingen und quert die Bahnlinie und die Donautalstraße/L 277. Man wandert auf der gegenüberliegenden Asphaltstraße ca. 500 m bergauf und erreicht ein Wegkreuz von Wanderweg und Asphaltstraße. Hier verlässt man die Asphaltstraße und folgt dem breiten Waldweg nach links mit dem [Roten Dreieck] sowie dem [Donaufelsenweg], dem [Donau-Zollernalb-Weg], dem [Hohenzollernweg] und dem Wegweiser [Rabenfelsen]. Nach 50 m geht man an einer Gabelung links. Etwa 300 m dahinter kommt man auf fast ebenem Weg an einen Abzweig. Bevor man der Markierung [Rotes Dreieck] und dem Wegweiser [Rabenfelsen] scharf nach links folgt, sollte man unbedingt einen kurzen Abstecher von etwa 50 m vor an die Kante zum AP Am Eichbühl [ohne Markierung] machen, von dem man eine herrliche Aussicht auf das Donautal und die dahinter liegenden Höhen hat. Zurück am Abzweig folgt man der Markierung [Rotes Dreieck] abwärts. Der Weg führt unterhalb des zuvor besuchten Aussichtspunkts abwärts in eine Senke und entfernt sich wegen eines tiefer gelegenen Zwischentals vom Donautal. Danach wandert man auf steinigem Pfad wieder leicht aufwärts. Bevor der Weg vor dem mächtigen Rabenfelsen ansteigt, entfernt er sich nochmals vom Donautal und führt durch eine Senke. Zuletzt wandert man aufwärts bis zu einem Abzweig vor dem Rabenfelsen. Zum Grat sind es nur noch ca. 30 m auf einem felsigen Pfad (Unbedingte (!) Vorsicht ist auch beim Blick ins Tal geboten!). Von hier oben bietet sich eine unvergessliche Aussicht nach Thiergarten, über das Donautal und die Höhen. Vorsichtig sollte man auch auf dem folgenden Wegstück, einem schmalen, romantischen Hangpfad im Felsenlabyrinth sein. Der Pfad, der in leichtem Auf und Ab verläuft, bietet immer wieder schöne Ausblicke. Der Weg endet in einem Waldweg. Man folgt immer dem [Roten Dreieck]. Auf dem nächsten befestigten Weg biegt man nach links ab. Man wandert nun über den Bröller, eine periodisch schüttende Karstquelle. Nach ca. 1 km führt gut ausgeschildert links ein schmaler Pfad abwärts ins Tal, an einem Strommasten vorbei und zuletzt in Serpentinen nach Thiergarten an der Donautalstraße/L 277.

✪ **Thiergarten** - Thiergarten ist ein kleiner Ortsteil der Gemeinde Beuron mit knapp 100 Einwohnern. Der Name stammt von einem Wildgehege, das 1575 bei der Burg Falkenstein angelegt wurde. Erstmals urkundlich erwähnt wurde der Ort im Jahr 1138 unter seinem früheren Namen Weiler. Die Umbenennung erfolgte noch vor dem Dreißigjährigen Krieg. Das Wildgehege wurde wegen der Probleme mit Landwirten aus der Umgebung von den Besitzern aufgegeben. Wirtschaftliche Bedeutung besaß Thiergarten lange Zeit aufgrund eines der größten regionalen Verhüttungswerke für Bohnerz. Sehenswert sind die Kapelle St. Georg, die romanischen Ursprungs ist und vermutlich um das Jahr 1000 errichtet wurde und die kleinste Basilika nördlich der Alpen darstellt sowie die Ruine Falkenstein.

➡ **Fortsetzung des Rundweges** - An der L 277 geht man rechts, überquert die L 197 und an der Piratenherberge die L 277. Hier wandert man, die L 277 verlassend, direkt am historischen Hammer-Gebäude abwärts und im Linksbogen zur Donaubrücke. Nach der Brücke erreicht man an einer Mehrfachkreuzung ein Haus. Hier führt ein Trampelpfad rechts vom Haus mit der [Roten Gabel] und dem Wegweiser [Gutenstein] aufwärts in den Wald. - Alternativ gelangt man hier auch auf dem [Donauradweg], der an der St. Georgs-Kapelle vorbeiführt, zurück nach Gutenstein. - Oben kommt man an eine Gabelung (»östlich Thiergarten«), wo man links abwärts mit der [Roten Gabel] und dem [Bettelküchenweg] geht. An einer Rastbank bleibt man [ohne Markierung] geradeaus oben und wandert nicht (**!**) links abwärts. Später verläuft der Weg in leichtem Auf und Ab auch neben der Donau. Man kommt zu einer Talmulde. Hier wandert man links auf einem schmalen Pfad weiter donauabwärts mit Blick auf das Schloss Gutenstein. Über einen Stufenweg erreicht man aufwärts eine Fahrstraße, der man nach

HERZLICH WILLKOMMEN IN DER DONAUPERLE

Genießen Sie heimische Speisen aus der Region, ausgewähltes Fleisch und knackige Salate in idyllischem Ambiente

www.donauperle.com

donauperle
Restaurant . Biergarten . Gästezimmer

D-72488 Gutenstein · Telefon 07570-951388

links zum Schloss folgt. Vor dem Schloss Gutenstein biegt man schließlich nach rechts in den Schloßweg ab. Vorbei am Bürgerhaus wandert man vor bis zur Kirche und biegt an dieser nach links ab. Leicht abwärts gelangt man so in nur noch wenigen Metern zum Ausgangspunkt der Rundwanderung, wo mit der wohlverdienten und gemütlichen Einkehr das Restaurant Donauperle lockt.

Restaurant Donauperle - Das idyllisch gelegene Haus ist der ideale Ausgangspunkt für Wanderungen in die beeindruckende Umgebung. Die behaglich eingerichteten Gästezimmer bieten Erholung in gesundem Klima. Im stilvollen Speiseraum, der Nische, dem Nebenzimmer und auf der Gartenterrasse werden die Gäste von der mehrfach prämierten, gehobenen Küche mit kreativen saisonalen und regionalen Gerichten kulinarisch verwöhnt. Die rosagebratene Flugentenbrust in Honigbalsamico-Soße ist Gewinner des Restaurant Grand Prix der Region Bodensee und Oberschwaben 2008 und ein Gedicht! Auserlesene Weine und frisch gezapftes Bier ergänzen die köstlichen Speisen. P am Haus. - ÖZ: Dienstag bis Freitag ab 17 Uhr, samstags, sonntags und feiertags 11-14 Uhr und ab 17 Uhr. Küchenöffnungszeiten: 17.30-21.30 Uhr, am Wochenende auch 11.30-14 Uhr. Montag ist Ruhetag.

Mengen-Ennetach - Das Römermuseum

Anfahrt - Von Stuttgart über die B 313/B 32 nach Mengen-Ennetach. - Von Ulm über die B 311/B 32, Abfahrt von der B 32 nach Ennetach (westlich von Mengen). - Zwischen Freiburg und München fährt auf historischer Route der Zug »Kleber-Express«. Weitere Informationen zum Nahverkehr unter www.naldo.de
Parken - P beim Römermuseum.

Salve! - Willkommen zur Reise in die Römerzeit - Das Gebiet an der Oberen Donau gehörte von 15 v. Chr. bis in die Mitte des 3. Jahrhundert n. Chr. zum Römischen Reich. Dieses war in einzelne Verwaltungseinheiten, die Provinzen, aufgeteilt. Mengen-Ennetach gehörte zur Provinz Raetien. Die Geschichte der Region wurde aufgrund ihrer langjährigen Lage im Grenzgebiet vor allem vom Militär geprägt. Auf dem Ennetacher Berg befand sich im 1. Jahrhundert ein römisches Kastell, in dem 500 Soldaten aus verschiedenen Einheiten stationiert waren: Fußsoldaten, Reiter und Bogenschützen. Nach Abzug der Truppen blieb Ennetach vom Ende des 1. Jahrhunderts bis Mitte des 3. Jahrhundert römische Straßensiedlung. Funde aus dieser Zeit wurden bereits im 19. Jahrhundert gemacht. Im Jahre 1997 erfolgte die Lokalisierung und archäologische Untersuchung des 1,4 ha große Kastells am so genannten rätischen Donaulimes und der römischen Straßensiedlung (vicus).

Römersoldaten vor dem Römermuseum Mengen-Ennetach

✪ **Das Römermuseum** - Das Museum wurde am 1. Juli 2001 eröffnet. Ermöglicht wurde seine Einrichtung mit Unterstützung durch das LEADER-II-Projekt, einem Förderprogramm der Europäischen Union für strukturschwache Gebiete in ländlichen Regionen. Es handelt sich um ein architektonisch ansprechendes Bauwerk mit einem modernen Glasvorbau an einer alten Scheune.

✪ **Die Konzeption** - Die Planer strebten ein Museum für einen möglichst breiten Besucherkreis an. Das Römermuseum zeigt, dass Bildung und Information zur Geschichte einer Region zugleich unterhaltsam und belehrend vermittelt werden können und dass ein Museumsbesuch durchaus Spaß machen kann. So erwarten den Besucher z. B. auch Elemente zum Mitmachen (s. unten).

✪ **Exponate und Aktionen** - Neben Fundstücken aus dem römischen Kastell und der römischen Siedlung werden auch solche aus der Bronze- und Hallstattzeit sowie von der keltischen Viereckschanze gezeigt. Neben Alltagsgegenständen wie Keramik und Baumaterialien sind unter anderem ein kompletter Bronzekrug, das Werkzeug eines römischen Chirurgen und ein Goldring ausgestellt. Im Untergeschoss werden mittels Bildern in Dialeuchtkästen archäologische Methoden wie geophysikalische Prospektion, Luftbildarchäologie und Grabung vorgestellt. Das 1. Obergeschoss ist nach einer Einführung in die römische Geschichte Südwestdeutschlands und Karten des Römischen Reiches in 5 Themeninseln gegliedert. Hierbei werden Einblicke in verschiedene Bereiche des römischen Alltags gegeben: 1. Straßen, Handel, Reisen. - 2. Mode, Menschen, Sprache. - 3. Bauen, Wohnen, Siedlungen. - 4. Essen, Trinken, Feiern. - 5. Jenseits, Glaube, Kult. Zu jeder Themeninsel wird ein Hörspiel einer möglichen Alltagssituation angeboten. Das Marschgepäck eines römischen Soldaten, Kleidungsstücke, wie sie auch im römischen Ennetach getragen wurden, und Spiele laden den Besucher ein, mitzumachen und sich in die Römerzeit zurückzuversetzen

Anhand eines antiken und eines römischen Müllberges werden Fragen bezüglich der Archäologie von heute und von morgen diskutiert. Ein Videoclip zur Rezeption der Römerzeit im Film soll dazu anregen, unser heutiges Bild der Antike zu überdenken. Im Mittelpunkt des 2. Obergeschosses steht ein Geländemodell der Region, auf das die Besiedlung zu verschiedenen Zeiten (Stein-, Bronze-, Hallstatt-, Latène-, Römerzeit und Frühmittelalter) per Knopfdruck durch einen Videobeamer projiziert wird. Des Weiteren sind interessante Grabungsfunde aus dem gesamten Ennetach-Bereich ausgestellt. Von dem verglasten Balkon des Museums bietet sich ein herrlicher Blick auf den Ennetacher Berg.

Das Café Domus - Im Erdgeschoss des Museums sorgt das Café-Team für das leibliche Wohl. Neben Kaffee und Kuchen werden hier kleine römische Speisen angeboten.

Führungen - gibt es auf Voranmeldung. Von Mai bis Juli sowie im September und Oktober finden jeweils am 2. Sonntag im Monat um 14 Uhr offene Führungen statt.

Der Rundwanderweg - Direkt am Römermuseum mit den ersten Info-Tafeln beginnt der Archäologische Wanderweg über das ehemalige Kastellgelände auf dem Ennetacher Berg. Der Weg ist ca. 5 km lang und führt über Feldwege und Wiesen. Weitere Tafeln entlang des Weges informieren über die Nutzung dieser topographischen Lage seit der Bronzezeit.

Radwandern - Auch Fahrradliebhaber kommen hier auf ihre Kosten: Das Römermuseum liegt direkt am bekannten Donauradweg.

Mit dem Fahrrad in die Römerzeit

RÖMERMUSEUM MENGEN-ENNETACH

Kastellstraße 52
88512 Mengen-Ennetach
Direkt am
Donau-Radwanderweg
Tel.: 0 75 72 . 76 95 06
Fax: 0 75 72 . 76 95 05

März bis November
Di – So, 10 – 18 Uhr

Mo geschlossen
Führungen auf Anfrage

www.roemermuseum.mengen.de

Und danach ins CAFÉ DOMUS

INFO

Die Heuneburg - Eine Keltenstadt bei Herbertingen-Hundersingen

Anfahrt - A 81 bis AS 36, Tuningen dort Rtg. Tuningen, Tuttlingen, Bad Dürrheim und Spaichingen bis zur Gabelung, an dieser rechts Rtg. B 523, Tuttlingen und Talheim. In Tuttlingen zur B 311, auf dieser nach Mengen, dort B 12 bis nach Herbertingen-Hundersingen. - Von Ulm B 311 und B 32 bis Herbertingen-Hundersingen. - Der Bhf. Herbertingen liegt an den Bahnstrecken Ulm - Neustadt/Schwarzwald und Aulendorf - Tübingen. Die Allgäu-Zollern-Bahn fährt nach Herbertingen. Dort Buslinie 419 zur Haltestelle Heuneburg (Rufbus, Anmeldung der Fahrten 2 Stdn. vor Antritt, Telefonnummern sowie Fahrplan unter www.naldo.de).
Parken - Gäste-P bei der Heuneburg.

✪ **Die Heuneburg - Keltenstadt Pyrene** - Weithin sichtbar, oberhalb der Donau gelegen, zeugen noch bis heute die mächtigen Wallanlagen und Großgrabhügel von der Bedeutung der Heuneburg. Vor 2500 Jahren, zur Zeit der frühen Kelten, lag hier in Oberschwaben die älteste Stadt nördlich der Alpen. Schon der griechische Schriftsteller Herodot schrieb in der Antike »Der Istros entspringt bei den Kelten und der Stadt Pyrene und fließt mitten durch Europa«. Ohne Zweifel war die Heuneburg - die Keltenstadt Pyrene - während ihrer Blütezeit zwischen 650 und 450 v. Chr. das bedeutendste Siedlungs-, Handels- und Machtzentrum nördlich der Alpen. Kostbare Importwaren wie Bernstein, Koralle, attische Keramik und südländische Lehmziegelbauten bezeugen ihre weitreichenden Verbindungen. Außergewöhnliche Bestattungen im Umland verweisen auf eine wohlhabende Elite, die auf der Heuneburg ihren Sitz hatte. Am bekanntesten ist das Fürstinnengrab der Bettelbühlnekropole. Der Schmuck der außergewöhnlich reich ausgestatteten Frau ist aus Bernstein, Gagat, Bronze und Gold nach fremdländischen Vorbildern gefertigt. Interessierten bietet sich hier die Möglichkeit, in die Lebenswelt der Kelten einzutauchen. Das Freilichtmuseum der Heuneburg bietet mit seinen Rekonstruktionen wunderbare und zutiefst faszinierende Einblicke in die Zeit der Kelten. Beeindruckend ist beispielsweise noch vor dem Betreten des Geländes das Torgebilde. Von der originalgetreuen Stadtmauer - der imposanten keltischen Wallanlage - und vom Siedlungsareal kann man bei klarer Sicht den Blick über die Donau bis hin zu den schneebedeckten Gipfeln der Alpen schweifen lassen. Spannend sind die konstruierte Wehranlage, die Wohnhäuser und Werkstätten der Kelten. In den wieder aufgebauten Häusern kann man erleben, wie diese gewohnt gelebt und gearbeitet haben und dem Rätsel um Pyrene auf den Grund gehen. Im Museums-Shop besteht die Möglichkeit, sich umfassend zum keltischen Fürstensitz Heuneburg zu informieren und sich im Museums-Café für einen ereignisreichen Ausflug in die Welt der Archäologie bei Kaffee, Eis und Kuchen zu stärken. Den Besuchern werden aktuelle Sonderausstel

Siedlungs-Rekonstruktion im Freilichtmuseum

lungen, Workshops, experimentelle Archäologie und Mitmach-Aktionen für die ganze Familie, aktuelle Vorträge und Kolloquien, Filmpräsentationen und 3D-Simulation der neuesten Ausgrabungen, Audioguides und die Heuneburg-App geboten. Zudem gibt es spezielle Angebote für Gruppen und Schulklassen. Wanderern sei der Archäologische Rundwanderweg empfohlen. - ÖZ: April bis Oktober Di.-So. 11-17 Uhr. Gruppenführungen außerhalb der regulären Öffnungszeiten sind auf Anfrage möglich.

✪ **Keltenmuseum Heuneburg** - Im Heuneburgmuseum finden sich Vorgeschichte, Geschichte und die Gegenwart unter einem Dach. Informative Texttafeln, eindrucksvolle Inszenierungen sowie originale Ausgrabungsfunde bieten profunde Einblicke in Alltagsleben und Kunstschaffen der Kelten. Die Dauerausstellung erstreckt sich in der ehemaligen Zehntscheuer des Klosters Heiligkreuztal über zwei Ebenen. Seit 1985 wird hier das umfangreiche Fundmaterial, welches im Laufe der langjährigen archäologischen Grabungen angetroffen wurde, ausgestellt. Thematisiert werden Funde und Baubefunde aus der Eisenzeit sowie die Ergebnisse der Grabungen der Heuneburg-Außensiedlung. Dabei kontrastieren die historische Bausubstanz des Dachstockes und der Außenmauern mit den nüchternen Inneneinbauten und verbinden so auch optisch Vergangenheit und Gegenwart. Durch Szenen und Modelle im Maßstab 1:1 wird das Angebot auf gelungene Art abgerundet. - ÖZ: von April bis Oktober Dienstag bis Sonntag und an Feiertagen von 11 Uhr bis 17 Uhr.

✪ **Weitere Informationen** - findet man im Internet unter www.heuneburg-keltenstadt.de sowie unter www.heuneburg.de

TOUR 31

Stetten-Frohnstetten - Kaiseringen - Schmeietal - Storzingen - Frohnstetten

16 km

4½ Stdn.

410 m

Charakteristik - Sehr abwechslungsreicher Rundweg. Mit weiter Sicht geht es über die Albhochfläche abwärts ins idyllische Schmeietal. Von der ländlichen Gemeinde Storzingen führt ein längerer Anstieg zurück auf die Höhe.
Anfahrt - B 463 Albstadt - Sigmaringen. In Winterlingen Richtung Stetten am kalten Markt. - Von Tübingen oder von Sigmaringen mit der Hohenzollerischen Landesbahn AG bis Storzingen und von dort mit Buslinie 7427 in Richtung Kreenheinstetten, Leibertingen bis Frohnstetten Hilb. - Von Ebingen-Albstadt mit Buslinie 7425 in Richtung Nusplingen Rathaus bis Frohnstetten Hilb.
Parken - Ⓟ Hotel-Gasthof Rössle oder bei der Kirche in Frohnstetten.

✪ **Frohnstetten** - Das auf 792 m gelegene Frohnstetten ist mit knapp 1200 Einwohnern der größte Teilort der Gemeinde Stetten am kalten Markt und liegt auf dem Großen Heuberg im Naturpark Obere Donau. Erstmals urkundlich erwähnt wurde der Ort im Jahr 842. Durch die Gemeindereform 1975 wurde Frohnstetten nach Stetten am kalten Markt eingemeindet. Sehenswert sind die 1617 fertiggestellte katholische Pfarrkirche St. Silvester mit Rokokoaltar, das Alte Rathaus und die Alte Schule, die heute das Bürgerhaus beherbergt sowie der Teich in der Ortsmitte, die Hilb.
🍽 **Hotel-Gasthof Rössle** - Im gepflegten Haus, welches direkt am Dorfweiher liegt, erwartet die Besucher unter dem Leitspruch »dem Gaste nur das Beste« eine sehr angenehme Atmosphäre. Die Gästezimmer sind modern und komfortabel ausgestattet und im Ferienhaus Schmeienblick finden sich geräumige, luxuriöse Appartements. Es wird viel Wert auf Details gelegt. In den gemütlichen Galasträumen mit Restaurant, Bauernstube und Festsaal verwöhnt die gehobene Küche die Gäste mit modern-regionaler

Hotel Gasthof Rössle . Fam. Erika Mauz
An der Hilb 13 . D-72510 Stetten a. k. M./Frohnstetten
Fon 0 75 73 . 95 13 00 . Fax 0 75 73 . 95 13 02 22
info@roessle-stetten.de . www.roessle-stetten.de

Schlemmereien mit saisonalem Bezug, die mit viel Fantasie zubereitet werden. Passend dazu gibt es Weinempfehlungen. - ÖZ des Restaurants: Von Dienstag bis Freitag gibt es 6.30-10 Uhr, von Samstag bis Montag 8-10 Uhr Frühstück. Samstag und Donnerstag gibt es Mittagstisch auf Anfrage, Montag, Dienstag und Mittwoch sowie Freitag und Sonntag zwischen 11.45 Uhr und 13.45 Uhr. Abendessen wird Freitag bis Mittwoch 17.30-22 Uhr serviert. Donnerstag ist Ruhetag.

➡ **Der Rundweg** - Links vom Hotel-Gasthof Rössle wandert man durch den Rössleweg. Dieser endet bei einer Querstraße, der Hohenzollernstraße. Auf dieser geht man nach rechts, bis sie in die Amerikastraße mündet. Hier wandert man mit der Markierung [Gelbe Gabel] nach links und verlässt den Ort. Etwa 200 m nach dem Ortsende biegt man bei einem Bildstock und drei Linden mit Rastbank und den Wegweisern [Straßberg] und [Ehestetter Hof] nach rechts auf einen geschotterten Feldweg ab. Man hat einen schönen Rückblick auf Frohnstetten und die Albhochfläche. Beim nächsten Querweg, einem Asphaltsträßchen, geht man links aufwärts. Nach ca. 1 km erreicht man mit der [Gelben Gabel] einen breiten Schotterweg, dem man nach rechts folgt. Nach 200 m verlässt man den Weg nach links. Der Schotterweg mündet bei einem Kruzifix in eine asphaltierte Fahrstraße. Hier wandert man nunmehr [ohne Markierung] nach rechts mit Wegweiser [Kaiseringen]. Der Weg führt für ca. 2 km abwärts. Nach einer Linkskehre erreicht man in Kaiseringen das erste Haus. Hier kommt man zu einer Gabelung, an der man sich links hält. Auf der Waldhofstraße wandert man abwärts, vorbei an der schön renovierten Allerheiligenkirche von 1893 mit ihrem spätgotischen Flügelaltar zur Frohnstetter Straße, wo man nach rechts geht. Am nächsten Abzweig (Bühlweite), direkt nach dem ehemaligen Rathaus mit Schulhausanbau, biegt man nach links ab. Man geht unter der Bahn durch, auf der Brücke über die Schmeie und nach 50 m an einer Gabel, an der es rechts in eine Sackgasse geht, nach links. Auf der Asphaltstraße wandert man leicht aufwärts aus dem Ort, dann wieder abwärts. Am nächsten Abzweig eines Asphaltsträßchens biegt man nach links ab und geht aufwärts am Waldrand entlang. Nach 200 m geht man in einer Linkskurve rechtwinklig rechts auf einen Wiesenweg, der aufwärts zu einem breiten, querenden Schotterweg führt. Hier wandert man rechts mit Markierung [Gelbes Dreieck], wobei sich die Markierung etwas versteckt am Strommasten befindet. Von hier hat man einen schönen Blick auf das oben auf dem Berg liegende Frohnstetten. - Nach wenigen Metern kann man am Waldrand rechts einen kurzen Abstecher auf einem Wiesenweg zu einem Gedenkkreuz machen: Hier gab es 1981 einen Zusammenstoß zwischen einem US-Aufklärungsflugzeug und einem Hubschrauber der Bundeswehr, bei dem drei junge Menschen starben. - Wieder zurück erreicht man im Wald eine Gabel, an welcher man rechts auf dem Schotterweg leicht abwärts mit dem [Gelben Dreieck] und dem Wegweiser [Storzingen] ins Schmeietal geht. An der nächsten Weggabelung wandert man wieder rechts abwärts zu einer Schranke. Wenig später kommt man an der Frohnstetter Hütte mit Grillstelle vorbei, wo die Markierung für den Weiterweg nach links weist. - Zuvor lohnt ein kurzer Abstecher nach rechts zu einem kleinen aufragenden Felsen. - Das letzte Wegstück verläuft über einen Wiesenweg. Vom Felsen oben hat man eine schöne Sicht auf das Schmeietal. Beim Weiterweg macht man einen weiten Rechtsbogen am Waldrand entlang. Auf dem Schotterweg erreicht man einen Abzweig, wobei das [Gelbe Dreieck] auf einen Schotterweg nach links weist und man den talwärts führenden Weg verlässt. Kurz danach, am Beginn einer Linkskurve des Schotterwegs, geht man geradeaus bzw. halb rechts auf einen Wiesenpfad. Der schmale Pfad führt abwärts neben die Eisenbahnlinie. Man wandert nun an der Bahn entlang auf einem besonders schönen Abschnitt des Schmeietalwegs mit Blick auf eine Felswand am rechten Hang. In leichtem Auf und Ab erreicht man einen breiten Schotterweg. Man kommt aus dem Wald und trifft nach ca. 2 km vor einem Weiher auf einen Querweg. Hier hält man sich rechts, überquert die Schmeie und geht anschließend unter der Bahnlinie und der Fahrstraße hindurch. Der Asphaltweg führt zur L 218 nach

✪ **Storzingen** - Der Ort liegt in einem engen Talkessel an der Schmeie auf 633 m und ist mit knapp 400 Einwohnern der zweitgrößte Teilort der Gemeinde Stetten am kalten Markt. Erstmals urkundlich erwähnt wurde er im Jahr 843. Der Bau der Eisenbahnlinie 1878 verbesserte die Lebenssituation der Bewohner. 1972 wurde der Ort auf eigenen Wunsch nach Stetten am kalten Markt eingemeindet. Erst 1979 erhielt der Ort einen Anschluss an die B 463, zuvor konnte man ihn nur über Stetten erreichen. Sehenswert sind die Pfarrkirche St. Zeno und das Pfarrhaus von 1624.

➡ **Fortsetzung des Rundwegs** - Auf der Bahnhofstraße L 218 geht man in Storzingen bis zur Ortsmitte. Bei der Ampel biegt man nach rechts ab und überquert die Schmeie. Danach wandert man nunmehr mit der [Gelben Gabel] und dem Wegweiser [Gemeindehaus Weckenstein, Kinderspielplatz] rechts auf dem Mühlweg aufwärts. Der Mühlweg mündet in die Schneckenbergstraße, der man mit einer schönen Aussicht auf den Ort nach rechts weiter aufwärts folgt. Nach einer Linkskehre erreicht man auf der Aspaltstraße den Sportplatz von Storzingen. Der Weg ist nun für ein kurzes Stück fast eben, bevor er mit der [Gelben Gabel] durch den Wald weiter aufwärts führt. Man geht an einem Dammwildgehege entlang und wandert an einer Gabel vor den Frohnstetter Sportplätzen geradeaus, nunmehr wieder auf einem Asphaltweg, weiter, links an den Sportplätzen vorbei. Nach dem Friedhof und der Friedhofskapelle erreicht man sich links haltend die Sigmaringer Straße L 453. Hier geht man rechts aufwärts zur Ortsmitte von Frohnstetten und zur Hilb am Ausgangpunkt der Wanderung, zur wohlverdienten Einkehr im Hotel-Gasthof Rössle.

TOUR
32

Hartheim - Sägental - Meßstetten - Heinstetter Weg - Hartheim

Charakteristik - Wer die unaufdringliche, spröde Schönheit der Albhochfläche liebt, der wird an diesem bequemen Rundweg seine Freude haben. Auf der Hochfläche bietet sich eine weite Sicht.

Anfahrt - B 27 Stuttgart über Tübingen bis Balingen, dort B 463 und K 7151 nach Meßstetten weiter über L 433 nach Hartheim. - Von Stuttgart mit IRE Rtg. Aulendorf bis Albstadt-Ebingen, von dort mit Buslinie 61 Rtg. Obernheim Kirche. - Von Stuttgart mit RE bis Tübingen, von dort mit der Hohenzollerischen Landesbahn (HzL) Rtg. Sigmaringen bis Ebingen und weiter mit Buslinie 63 Rtg. Schwenningen (Baden). - Von Ulm mit IRE Rtg. Lindau bis Aulendorf, von dort mit IRE Rtg. Stuttgart bis Ebingen und dort weiter mit Buslinie 61 Rtg. Obernheim Kirche. - Von Ulm mit RE Rtg. Donaueschingen bis Sigmaringen, von dort mit der HzL Rtg. Tübingen bis Ebingen. Dort mit Buslinie 61 Rtg. Obernheim Kirche oder von Ulm mit IRE Rtg. Neustadt (Schwarzwald) bis Hausen i. T., von dort mit Buslinie 7427 Rtg. Stetten am kalten Markt bis Schwenningen (Baden) Adler. Dort mit Buslinie 63 Rtg. Ebingen Alb Center. Bushaltestelle in Hartheim für alle Busse ist Hartheim Lamm.

Parken - Gäste-[P] beim Restaurant-Café Lammstuben oder [P] am Dorfplatz gegenüber.

11 km

3 Stdn.

280 m

✪ **Hartheim** - Die zuvor selbständige Gemeinde wurde 1974 nach Meßstetten eingemeindet. Der Ort liegt auf 899 m auf der Hochfläche des Großen Heubergs im Naturpark Obere Donau. Erstmals nachweislich erwähnt wurde Hartheim im Jahr 768.

🍴 **Restaurant-Café Lammstuben** - Das weithin bekannte Restaurant überzeugt mit gepflegter Gastlichkeit und stellt auch gehobene Ansprüche zufrieden. In stilvoller Atmosphäre wird der Gast mit erlesenen regio-

RESTAURANT · CAFE
Lammstuben

Römerstraße 2
72469 Meßstetten/Hartheim
Telefon 07579/621
Fax 07579/2460

www.lammstuben.de

ÖFFNUNGSZEITEN
Do-Mo 11.30-14 Uhr & 17-21.30 Uhr, Mi ab 17 Uhr
Ruhetag ist Dienstag

151

nalen und internationalen Köstlichkeiten - von der gutbürgerlichen schwäbischen Küche bis hin zum 5-Gänge-Menü verwöhnt. Sehr erlesene Weinkarte. Für zünftige Feiern steht Charlys Stadl zur Verfügung.- ÖZ: Donnerstag bis Montag 11.30-14 Uhr und 17-23 Uhr, Mittwoch ab 17 Uhr. Ruhetag ist Dienstag.

➡ **Der Rundweg** - Ausgangspunkt der Wanderung ist Restaurant-Café Lammstuben. Hier überquert man die L 196 und geht am schönen Dorfplatz rechts in die Brunnenstraße. Man wandert auf dieser Straße [ohne Markierung] geradeaus aufwärts bis zum Ortsende. Nach dem letzten Haus am Ende der Asphaltstraße kommt man zu einer Weggabelung. Hier geht man halb links abwärts auf einem Schotterweg, dem Oberen Wagenrieseweg mit dem Wegweiser [Zum Brünnele] in den Wald. Der Forstweg führt teilweise steil abwärts. Weiter unten passiert man einen Rastplatz mit Wasserstelle und drei Holzschnitzereien. Nach einer Links-Rechtskurve zweigt ein Weg steil abwärts nach links ab. Auf diesem erreicht man im Tal vor der Fahrstraße einen Querweg, den Unteren Wagenrieseweg, dem man mit der Markierung [Roter Gabel] nach rechts folgt. Links sieht man die Kirche und Häuser von Unterdigisheim und auf der gegenüberliegenden Seite einen schönen Heidehang. Jetzt wandert man kurz parallel zur Fahrstraße L 433. Wo sich die Straße Richtung Mehrstetten und Richtung Hossingen gabelt, überquert man die L 433 und geht auf der wenig befahrenen K 7147 Richtung Hossingen weiter. Nach 200 m weist die [Rote Gabel] nach halb rechts auf geschottertem Weg in den Wald hinein. Jetzt wandert man im Sägental aufwärts. Bald geht man an einer Gabel rechts mit dem Wegweiser [Meßstetten]. Nach einem kurzen Anstieg durch den Wald erreicht man vor dem Truppenübungsgelände die Albhochfläche. Nach dem Waldaustritt wandert man auf einem Wiesen- und anschließend Schotterweg vor zur wenig befahrenen L 433, der man nach links mit dem Wegweiser [Meßstetten] folgt. Man erreicht den Ortsanfang von Meßstetten.

✪ **Meßstetten** - Die Stadt am Heuberg mit rd. 11000 Einwohnern liegt auf 737-989 m. Zur Stadt gehören die Kernstadt, sechs ehemals selbständige Orte und 19 weitere Dörfer, Weiler sowie Höfe. Der Teilort Heinstetten ist mit 917 m die höchstgelegene Gemeinde der Schwäbischen Alb. Meßstetten selbst ist eine der höchst gelegenen Städte in der Bundesrepublik. Gut sichtbar steht auf dem 989 m hohen Weichenwang eine Radaranlage der Bundeswehr, die Radarkugel. Bis 2014 war Meßstetten Standort der Bundeswehr (Zollernalb-Kaserne). Die Stadt besitzt ein ausgedehntes Wandernetz. Vorwiegend Exponate aus dem süddeutschen Raum zeigt das Museum für Volkskunst (ÖZ: Mittwoch, Sonn- und Feiertag von 14 Uhr bis 17 Uhr). Außerdem haben die Teilorte Hossingen und Tieringen ein Heimatmuseum. Lohnend ist auch der Blick von der Aussichtsplattform des Wasserturms (geöffnet nur an Wochenenden bei gutem Wetter).

➡ **Fortsetzung Rundweg** - Am Ortsanfang von Meßstetten an der ersten Kreuzung geht man geradeaus auf der Unterdigisheimer Straße weiter. Sie mündet nach 200 m in die Straße Im Grund. Hier geht man rechts abwärts zum nahen Kreisel. Man überquert diesen und wandert auf der anderen Seite auf der Hohenbergstraße geradeaus aufwärts. Die Straße führt aus dem Ort und anschließend über eine Kuppe. Nach kurzer Zeit

kommt man wieder in eine Wohnsiedlung. Bei der Kreuzung Zeurengasse geht man rechts in Richtung Heinstetten. Nach 200 m biegt man mit der Markierung [Gelbes Dreieck] und dem Wegweiser [Heinstetten] halb rechts auf den Heinstetter Weg ab. Jetzt hält man sich auf dem asphaltierten Fahrweg immer geradeaus. Nach einiger Zeit geht es rechts am Waldrand entlang abwärts in ein kleines Tal. Am Wander-P Alter Hau überquert man eine Fahrstraße und wandert halb rechts auf einem Asphaltsträßchen mit dem Wegweiser [Hartheim], aber [ohne Markierung], da der Weg mit der Markierung [Gelbes Dreieck] hier geradeaus nach Heinstetten abzweigt. Bald bleibt man an einer Gabel geradeaus auf dem Asphaltsträßchen, das leicht aufwärts durch landschaftlich reizvolle Alblandschaft mit Wiesen, Äckern und kleinen Waldabschnitten führt. Oben, inzwischen auf Betonbelag, sieht man schon die Häuser von Hartheim. Leicht abwärts wird der Ortsanfang erreicht. Man überquert eine Fahrstraße und geht geradeaus durch die Jägerstraße zur nahen L 196 (Römerstraße). Hier sind es nur noch wenige Meter nach links zur Einkehr im Restaurant-Café Lammstuben.

TOUR 33

Albstadt-Ebingen - Historischer Stadtrundgang

Anfahrt - A 81 bis Ausfahrt Rottweil, von dort über die B 27 und die B 463 nach Albstadt. - Von Sigmaringen über die B 463. - IRE- und RB-Verbindungen bspw. von Tübingen oder Ulm.
Parken - 🏠 sowie diverse P in der Stadt.

2½ Stdn.

➦ **Der Stadtrundgang** - Die Beschreibung des Rundweges beruht auf einem Faltblatt der Ortsgruppe Ebingen des Schwäbischen Albvereins. Der Stadtrundgang beginnt in der Marktstraße 35, wo sich die 1) Stadtverwaltung und das Amt für Kultur, Tourismus und bürgerschaftliches Engagement befinden. Das Haus wurde 1912/13 nach einem großen Brand im Jugendstil erbaut. Man geht in die Straße Landgraben und über die Stufen hinter dem Komplex rechts zur 2) ehem. Waagenfabrik im Kirchgraben 17. 1879 war die Werkstätte für Präzisionswaagen außerhalb der Stadtmauer errichtet worden und wurde später zur Waagenfabrik Gustav Hartner. Daneben, Haus Nr. 15, befindet sich das 3) Wohnhaus Hartner, das einstige Zuhause des Fabrikanten aus dem Jahre 1900. Geht man geradeaus über die Kreuzung gelangt man zum Kirchengraben 11. Bei diesem schönen Jugendstilbau handelt es sich um das 4) Neue Vereinshaus von 1908/09. Auf der linken Straßenseite steht das Haus Nr. 2, die 5) ehem. Klause. Die ursprüngliche Herberge der Rottweiler Dominikaner befand sich zwischen 1420 und 1608 im Besitz der Ebinger Klausnerinnen. Vor dem Zweiten Weltkrieg kehrte man hier beim »Kirchenwirt« ein. Daneben befindet sich die 6) Ev. Martinskirche, deren Urkirche über einem alemannischen Gräberfeld des 7. Jh. stand. Sehenswert sind der spätgotische Chor von 1473, die Kanzel von 1682 sowie das Kirchenschiff. Man geht die Martinstraße abwärts an der Kirche entlang und um diese herum. Weiter über den Pflasterweg links aufwärts, in der Rehgasse rechts, in der Martinsstraße links bis zur Ecke Marktstraße. In Nr. 59 befindet sich das 7) Obere Torhäusle, das frühere Wartehaus für Einlassbegehrende und später Polizeiwache. Durch die Straße Obere Vorstadt gelangt man nun in die 8) Obere Vorstadt. Eine Tafel am Haus Marktstraße Nr. 56 verweist auf die Stadterweiterung im 15. Jh. Vor dem Haus Nr. 14 geht man rechts abwärts zum 9) Oberen Stadtgraben zwischen innerer und äußerer Stadtmauer. Informationen hierzu findet man an einer Tafel in der Oberen Vorstadt 14. Die 10) Ev. Kapellkirche wurde 1382 »zu Ehren unserer lieben Frau und des Heiligen Grabes für Jerusalem« gestiftet. Der heutige Bau stammt von 1490 und wurde 1833 renoviert. Dahinter erreicht man in der Johann-Philipp-Palm-Straße links das Haus Nr. 9, die 11) ehem. Stadtschreiberei aus dem

Neue Villa Haux

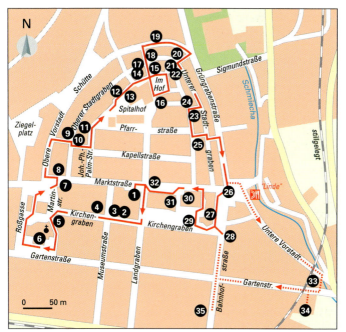

15. Jh., die bis 1913 Kanzlei des Stadtschultheißen war. Man läuft in die Straße Spitalhof und dort bis zum Haus Nr. 10, dem 12) Hohenberger Schloss. 1463 ließ Graf Sigmund von Hohenberg an dieser Stelle ein festes Haus erbauen. Dieses wurde nach seinem Tode bis zum Jahr 1878 als Spital genutzt, ab 1881 war es der Farrenstall. 1972-74 entstand daraus schließlich das ev. Gemeindehaus Spitalhof. Hier, im Haus Nr. 13, findet sich auch die 13) Alte Schule auf dem Spitalhof. Zunächst war dieses Gebäude Pfarrhaus, später, ab 1550 Schule. Der jetzige Fachwerkbau stammt von 1717. Heute sind hier das Ebinger Heimatmuseum und der Sitz des Schwäbischen Albvereins Ebingen untergebracht. Man geht die Straße nach links und abwärts zum 14) ehem. Martinsfruchtkasten Im Hof 21. Die einstige Zehntscheuer der Martinspflege von 1584 beherbergt heute die Akademie des Handwerks. Daneben, das Haus Nr. 19, ist der 15) Herrschaftliche Fruchtkasten, ehem. Kornspeicher der württembergischen Obrigkeit aus der zweiten Hälfte des 15. Jh. und heute Museum im Kräutergarten mit Bürgertreff und Kleinkunst. Über den Platz Im Hof mit seinem Brunnen gelangt man zur 1383 erstmals erwähnten 16) Stadtmühle, deren Mühlwerk vom heute verdolten Bach getrieben wurde. Weiter geht es zurück und links am Kräuterkasten vorbei zum 1584 erschaffenen und 1850 abgebrochenen 17) Neuen Tor. Hier sieht man auch 18) Auf dem Grünen Graben, den mittelalterlichen Stadtgraben vor der äußeren Stadtmauer. Am Eckhaus gibt eine Tafel Wissenswertes preis. Durch die Grüngrabenstraße geht man rechts mit großartigem Ausblick zum Haus Nr. 52, der 19) Villa Groz, 1907/08 nach Plänen der Stuttgarter Architekten Böklen und Feil im Jugendstil entstanden. Man läuft weiter im Rechtsbogen und biegt

nach Nr. 41 nach rechts ab in 20) Im unteren Stadtgraben mit Stadtgrabenbebauung vom Beginn des 19. Jh. Die Tafel diesbezüglich ist am Haus Nr. 7 angebracht. Nr. 9 ist der 21) ehem. Malefizturm, einst Diebesturm und herrschaftliches Gefängnis. Hier sieht man zudem den 22) Rest der inneren Stadtmauer. Weiter der Straße folgend erreicht man das 23) Gerber-Viertel unterhalb der Stadtmühle am »Bach«. Rechts führt der Weg in die nach dem »Schwäbischen Salomon« Wilhelm Dodel benannten 24) Dodelgasse. Nach 25 m geht man links zum 25) Mittelalterlichen Mietshaus, hinter diesem wieder links, quert die Kreuzung geradeaus (Stufen) und geht rechts in die Grüngrabenstraße und die 26) Untere Vorstadt. Die Stadterweiterung besteht seit dem 15. Jh. Gleich links liegt hier das

Hotel Linde - Das erste Haus am Platz ist für seine Einzigartigkeit und sein hohes Maß an Qualität und Komfort weit über die Landesgrenzen hinweg bekannt. Die Gästezimmer sind elegant, stilvoll und modern eingerichtet. In den edlen Galerieräumen wird der Gast von der Gourmetküche des Hauses verwöhnt und vom unaufdringlichen Service jederzeit umsorgt. Mit einer kompetenten Beratung auch in Sachen Wein & Co. wird jedes Gericht oder ein ganzes Menü zum Erlebnis. Das angenehme Ende eines ereignisreichen Wandertages bildet Zino`s Bar, in der Sie einen klassischen Digestif oder ein frisch gezapftes Bier genießen können. - ÖZ: Montag bis Samstag von 12.00 Uhr bis 14.00 Uhr und von 18.30 Uhr bis 21.30 Uhr, sonntags hat das Restaurant geschlossen.

Fortsetzung des Stadtrundganges - Halbrechts durch die Bahnhofstraße geht es zum im 19. Jh. aufgefüllten 27) Schweinweiher, zu welchem die in der Stadt gehaltenen Schweine getrieben wurden. Schräg gegenüber steht Nr. 22, das 28) Haus des Merkur. Durch den Kirchengraben erreicht man den 29) Bürgerturm »in der Burg«. Der Eckturm der Stadtbefestigung stammt aus dem 15. Jh. Bereits vor der Stadtgründung stand hier eine Talburg. Heute beherbergt der Turm den Sitz des Deutschen Alpenvereins, Sektion Ebingen. Dahinter **(!)** geht man rechts und dann links auf die Marktstraße. Nr. 11 ist die seit 1840 genutzte 30) Untere Apotheke mit der Holzplastik »Ecce homo« der Meßkircher Schnitzerschule vom Anfang des 16. Jh. Ein Stück weiter steht das 31) Hospiz, ehemals herrschaftlich Württembergisches Amtshaus. 1732 wurde es nach einem Brand neu errichtet. Gegenüber steht der 32) Marktbrunnen mit dem Renaissanceritter von 1545.

HOTEL LINDE

Herzlich Willkommen

Jenseits vom Trubel und der Hektik des Alltags, im Herzen der Schwäbischen Alb, liegt das Hotel Linde.
Es bietet modernen Service und Komfort sowie exzellente Küche in luxuriösem Ambiente.
Wir heißen Sie willkommen in der perfekten Umgebung um abzuschalten und in Ruhe zu entspannen!

| Untere Vorstadt 1 | Fon: +49.74 31.13 41 4-0 | E-Mail: info@hotel-linde.eu |
| 72458 Albstadt-Ebingen | Fax: +49.74 31.13 41 4-300 | Web: www.hotel-linde.eu |

➡ **Wegerweiterung** - Wer noch mehr Häuser der schmucken Stadt betrachten möchte, geht vom Hotel Linde vorbei am Stadtbrunnen, durch die Straße Untere Vorstadt halb links, passiert die Bahnunterführung und geht dahinter rechts zur Gartenstraße 2. Die 33) Alte Villa Haux wurde als Wohnhaus des Fabrikanten Friedrich Haux auf dem Grundstück der gegenüberliegenden Villa Haux erbaut und 1907 an seinen jetzigen Platz verschoben. An seinem ursprünglichen Platz, Nr. 5, steht heute die 34) Neue Villa Haux. Man folgt der Gartenstraße stadteinwärts und biegt links in die Bahnhofstraße ein, wo man bei der Nr. 3 die 35) Villa Sauter bewundern kann. Zurück durch die Bahnhofstraße erreicht man zur Einkehr das Hotel Linde und daraufhin links durch die Marktstraße den Ursprung des Stadtrundganges.

✪ **Weitere Freizeitangebote** - Zu weiteren Highlights der Stadt gehören das Freizeitzentrum »badkap«, ein weithin beliebtes, wunderbar ausgestattetes Badezentrum mit diversen Innen- und Außenbecken, Grotten, Rutschen, Wellenbrandungsbad, Strömungskanal, Saunalandschaft und zahlreichen anderen Attraktionen. Zudem sehenswert sind das Albaquarium, die Galerie Albstadt, die Stadtgeschichtliche Sammlung im Ebinger Heimatmuseum sowie das Museum im Kräuterkasten.

»Traufgänge« - Premiumwanderwege

Entlang des steil abfallenden Albtraufs, der das Albvorland von der Albhochfläche trennt, locken professionell angelegte und perfekt ausgeschilderte Wege durch die abwechslungsreiche, urwüchsige und beeindruckende Alblandschaft. Die Traufgänge rund um Albstadt sind Premiumwanderwege auf dem höchsten Niveau, die vom Deutschen Wanderverein mit dem »Deutschen Wandersiegel« ausgezeichnet wurden. Sieben abwechslungsreiche Rundwanderungen und ein Premium-Winterwanderweg führen die Traufgänger über die typischen Wacholderheiden mit Schafen, durch idyllische Täler, raue Schluchten und immer wieder zu atemberaubenden Aussichtspunkten. Das Wechselspiel zwischen den lichtdurchfluteten Wäldern und der unberührten Kargheit einiger Albhochflächen, Orchideenwiesen und sagenumwobenen Felsen, dann wieder tief bewaldeten Bergflanken oder skurril geformten Kalkfelsen macht diese lohnenswerten Wanderwege zu etwas ganz Besonderem.

➡ **Die einzelnen Traufgänge im Speziellen** - Die genauen Routenbeschreibungen und alternative Startpunkte finden sich unter www.traufgaenge.de oder unter www.albstadt-tourismus.de

➡ **Schlossfelsenpfad** - (s. S. 158).

➡ **Sagenhafte Wacholderhöhe** - ca. 9 km - ca. 3 Stdn. - ca. 296 Höhenmeter. - Durch die sagenhaften Wacholderheiden, vorbei an Silberdisteln und verwunschenen Orten führt dieser Wanderweg über die Höhen von Albstadt-Tailfingen. - P Schützenhaus Tailfingen - »Tailfinger Schloss« - Leimenfelsen - Meinetshaldenfelsen - Strichfelsen - Schönhaldenfelsen - Sandlöcher - Schafhaus - P Schützenhaus Tailfingen.

➼ **Zollernburg-Panorama** - ca. 16 km - ca. 6 Stdn. - ca. 421 Höhenmeter. - Dieser mittelschwere Wanderweg wurde als zweitschönster Wanderweg Deutschlands 2011 ausgezeichnet und bietet verwunschene Wege durch Kathedralen aus Bäumen, schattige Schluchten und unvergleichliche Panoramablicke bis zu der märchenhaften Burg Hohenzollern. - P Stich Richtung Albtrauf - Heiligenkopf - Zollersteighof - Zeller Horn - Hangender Stein - Stocken - Nägelehaus - Dagersbrunnen - P Stich.

➼ **Auf dem Felsmeersteig** - ca. 17 km - ca. 6 Stdn. - ca. 723 Höhenmeter. - Durch unberührte Natur, vorbei an urtümlichen Felsenlandschaften und an gigantischen Mammutbäumen gelangt der Wanderer auf diesem anspruchsvollen Weg zu immer wieder großartigen Panorama-Rundblicken. Die Tour ist in zwei kleinere unterteilbar. - Albstadt-Burgfelden (P Ortseingang) - Böllat - Wannental (mit Streichelzoo) - Mammutbäume - Ruine Schalksburg - Felsenmeer - Albstadt-Lautlingen - Albstadt-Margrethausen - Heersberg - Albstadt-Burgfelden.

➼ **Hinauf über die Hossinger Leiter** - (s. S. 163).

➼ **Einzigartige Ochenbergtour** - (s. S. 161).

➼ **Idyllische Wiesenrunde** - ca. 11 km - ca. 3½ Stdn. - 303 Höhenmeter. - Dieser Traufgang führt durch großflächige Naturschutzgebiete mit seltenen Pflanzen und Tieren, über den Irrberg mit einer wunderschönen Aussicht auf die Burg Hohenzollern und durch das idyllische Wünschtal. - Wander-P Zitterhof - Irrenberg - Hörnle - P Albstadt Pfeffingen - Wander-P Zitterhof.

➼ **Premium-Winterwanderweg Schneewalzer** - ca. 5 km - ca. 2 Stdn. - Der gewalzte Winterwanderweg bezaubert mit verschneiten Wäldern und fantastischen Ausblicken von der Traufkante über eine weiße Winterwelt. - P Heersberg Albstadt-Burgfelden - Heersberg - Albstadt-Burgfelden.

TOUR 34

Traufgang »Schlossfelsenpfad«

     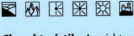

15 km

5½ Stdn.

481 m

Charakteristik - Aussichtsreiche Rundtour, die sich in zwei Abschnitte aufteilen lässt und auf ihrer gesamten Länge die Mannigfaltigkeit der Schwäbischen Alb verdeutlicht. Mit wunderschönen Panoramablicken über Höhen und Täler bis hin zu den Alpen, dem Schlossfelsenturm, dem Wildgehege und dem Kletterpark steckt die Tour voller Highlights.

Anfahrt - wie S. 153 und in Albstadt weiter über die L 448, von dieser links zum Hotel abbiegen. - Von Albstadt mit dem ÖPNV-Bus Linie 7421 RAB vom Busbahnhof Ebingen/H 11 zum Süßen Grund.

Parken - Gäste-P beim Hotel-Gasthof zum Süßen Grund.

)|(Hotel-Gasthof zum Süßen Grund - Der ehemalige Bauernhof mitten im Grünen ist ein gemütlicher Ort für unvergessliche Momente und bietet nach einem erlebnisreichen Wandertag viele Möglichkeiten, um Ruhe und Entspannung zu finden. Die gemütlichen Hotelzimmer mit ländlichem Flair sind komfortabel ausgestattet. Im Restaurant oder auf der Terrasse werden die Gäste verwöhnt mit liebevoll zubereiteten Gerichten, welche vom herzhaften Vesper über regionale Spezialitäten wie aus Omas Küchentopf bis hin zu mediterranen Köstlichkeiten reichen. Passend dazu werden frisch gezapftes Bier und ausgesuchte Weine angeboten. - ÖZ: Montag bis Sonntag 11.30-22 Uhr, warme Küche gibt es 11.30-14 Uhr und 17.30-21 Uhr, dazwischen kann man Gerichte von der Vesperkarte sowie nachmittags Kaffee und Kuchen bestellen.

➡ **Der Traufgang** - Vom P des Gasthofs zum Süßen Grund geht man an der Infotafel zum Schlossfelsenpfad geradeaus vorbei und mit dem Wegweiser [1,4 km bis zum Schlossfelsenpfad] am Haus und der Reithalle sowie den Reitplätzen auf dem markierten Verbindungsweg entlang. An der Kreuzung rechts halten und weiter im großen Bogen durch Wiesen bis zum Hauptweg, dort nach links in Richtung Waldheim mit dem Wegweiser [Waldheim, 5,3 km]. 50 m vor einem Holzschuppen führt der Weg links über Wiesen und am linken Waldrand entlang. Später geht man nach rechts, durchquert den Wald und wandert an einer Wacholderheide vorbei. Links aufwärts und wieder in den Wald gehen, später verläuft der Weg leicht abwärts. Beim Waldaustritt folgt man dem Wegweiser geradeaus weiter auf einem asphaltierten Weg, läuft dann einen Linksbogen und gleich

Kristine & Marcelo Föhr
Bitzer Berg 1
72458 Albstadt-Ebingen
Tel: 0 74 31 - 13 66-0
Fax: 0 74 31 - 13 66-66
www.hotel-suessergrund.de

wieder rechts aufwärts, durch die Wacholderheide und daraufhin abwärts. Den asphaltierten Weg mit dem Wegweiser [Waldheim, 2,5 km] überqueren und durch Wiesen und mit Wacholderheide zur Rechten links auf einen breiten Weg gehen. Vor dem Anstieg hält man sich am Waldrand links **(!)** und geht nach einem Rechts- und dann Linksbogen rechts auf einen breiten Querweg mit dem Wegweiser [Waldheim, 1,2 km]. Später läuft man auch mit der Markierung [Gelbes Dreieck] und dem Wegezeichen des [Hasenwäldleweges] erneut rechts aufwärts. Man wandert geradeaus weiter, am Schwarzwildgehege entlang und dann halb links auf dem Waldlehrpfad zum Kletterpark Waldheim. Dahinter, am P, geht es links zum Waldheim. Direkt davor geht man, nunmehr mit dem Wegweiser [Galgenfels, 3,8 km] und der Markierung [Rote Gabel] nach rechts. Der Waldlehrpfad führt aufwärts zum 953 m hoch gelegenen Schlossfelsenturm, der nach etwa 500 m erreicht ist. Im 12. und 13. Jahrhundert stand hier eine mittelalterliche Burg. Im Regelfall ist der Turm geöffnet und kann besichtigt werden. Von oben bietet sich ein herrlicher Blick auf Ebingen. Man wandert jetzt konsequent weiter auf dem [Schlossfelsenpfad], der nun an zahlreichen Aussichtsstellen vorbeiführt, die teilweise auch mit Ruhebänken ausgestattet sind. Größtenteils wandert man direkt am Trauf entlang durch lichten Wald. Der Weg ist durchgehend gut markiert und führt im Verlauf leicht abwärts zur Bitzer Steige (L 448). Diese viel befahrene Straße **(!)** mit aller gebotenen Vorsicht queren, ihr dann ca. 50 m nach rechts folgen und daraufhin mit dem Wegweiser und der Markierung des [Donau-Zollernalb-Weges] links aufwärts in den Wald hinein gehen. Nach 70 m bietet sich hier eine Abkürzung mit Rückkehrmöglichkeit zum Hotel-Gasthof zum Süßen Grund, der von dieser Stelle nur 600 m entfernt liegt. Der [Schlossfelsenpfad] und der Wegweiser [Galgenfels] führen geradeaus weiter durch den Hochwald leicht aufwärts zunächst zur Schleicherhütte mit Aussichtspavillon, von dem aus man einen wunderbaren Blick über Albstadt-Ebingen hat. Weiter geht es mit der Markierung leicht abwärts zum Galgenfels und, stets weiter am Trauf entlang, zum Mühlenfels. Mit etwas Glück kann man entlang des Pfades Vögel wie Wanderfalken, Uhus und Kolkraben sehen, die hier beheimatet sind. Nach dem Mühlenfels führt der Weg zunächst weiter durch den Wald und nach dem Waldaustritt über eine offene Wiese zur Fohlenweide. Vor dem Stallgebäude wendet man sich nach links und wandert kurz darauf rechts aufwärts durch eine weitere Wiese auf einen Wald zu. Vor dem Waldeintritt verläuft der Weg nach rechts und über eine Kuppe. Beim Verlassen des Waldes folgt man, hier auch mit der Markierung [Gelbes Dreieck], der Teerstraße geradeaus und geht an der Stelle, an der diese einen Linksknick beschreibt, geradeaus weiter, wieder auf den Wald zu. Diesen durchquert man und wandert immer geradeaus bis zum Rossberg. Hinter dem Berg führt der Wegweiser [Stählernes Männlein] erneut durch den Wald bis zum P und dann weiter auf der asphaltierten Straße. Bei der Einmündung hält man sich halbrechts, dann kurz darauf halblinks den Wald betreten. Beim folgenden Wegekreuz verlässt man den Hauptweg und wandert nach links weiter auf dem Verbindungsweg direkt zum P Setze und nach Querung der L 488 schließlich weiter zur wohlverdienten Einkehr zurück zum Hotel-Gasthof zum Süßen Grund.

TOUR 35

Traufgang »Einzigartige Ochsenbergtour«

10 km

3 ½ Stdn.

373 m

Charakteristik - Herrliche Rundwanderung mit Alpenblick - wie aussichtsreich die Schwäbische Alb ist, erlebt man bei guter Fernsicht auf dieser Rundtour, von der man nicht nur auf Albstadt-Ebingen sondern bis zu den Alpen blicken kann. Schöne Felsen und eine Höhle runden das Erlebnis ab. Die Wanderung kann verkürzt werden, eine kürzere Variante der Tour mit 6 km - 2 Std. ist unten im Text beschrieben.
Anfahrt - wie S. 153. In Albstadt gelangt man über die Ochsensteigstraße zum Ochsenberg 1 und der Höhengaststätte.
Parken - Großer Gäste-P an der Höhengaststätte »Ochsenhaus«.

Höhengaststätte »Ochsenhaus« - Im 907 m hoch gelegenen Ochsenhaus wird den Gästen gutbürgerliche Küche sowie herzhafte Hausmannskost geboten. Dabei wird sehr viel Wert auf Entspannung und Genuss gelegt. Die Galerieräume sind charmant, gezielt wurden klassische mit modernen Stilelementen kombiniert. Im Biergarten lässt es sich wunderbar entspannen und für die Kleinen steht ein weitläufiger Kinderspielplatz zur Verfügung. - ÖZ: Mittwoch bis Samstag 11.30-21.30 Uhr, sonntags und an Feiertagen 11.30-21 Uhr. Montag und Dienstag ist Ruhetag.

Der Traufgang - Der Rundweg beginnt hinter der Höhengaststätte und dem Spielplatz am Waldrand. Ab hier folgt man der Markierung [Traufgänge Ochsenbergtour] über Treppen hinab in den Wald und weiter im Linksbogen am Hang entlang. Die durchgehend sehr gut markierte Strecke führt aus dem Wald heraus und durchs spärlich bewachsene NSG Mehlbaum, in dem man Wacholderheiden und Orchideen bewundern kann. Immer wieder blickt man auf den Albstädter Stadtteil Ebingen ins Tal hinab. Nach Austritt aus dem NSG wird der 950 m hohe Katzenbuckel umrundet. Der Pfad führt in den leichten Mischwald des Hanges und biegt nach etwa 2 km nach links ab, hinauf auf die Hochfläche und zur Teerstraße, die zum

Höhengaststätte mit 105 Plätzen • Gutbürgerliche Küche • Biergarten mit 100 Plätzen • Spielplatz direkt am Haus

Inhaber: Maik Habi
Ochsenberg 1
72458 Albstadt
☎ 0 74 31 / 72 32 7

info@ochsenhaus.de
www.ochsenhaus.de

Öffnungszeiten: Mi.-Sa. 11-22 Uhr • So. & Fei. 10-22 Uhr • Mo. & Di.: Ruhetage

P Kälberwiese führt. Man läuft jedoch oberhalb der Straße erneut durch eine schöne Wacholderheide weiter zum P Kälberwiese, wo sich eine Infotafel mit Wegbeschreibung findet. Den P nach halblinks queren, mit der Markierung aufwärts zunächst auf einem breiten Weg und nach 200 m rechts (!) über eine Wiese aufwärts im leichten Rechtsbogen in Richtung Wald wandern. - Für einen kürzere Variante dieser Tour kann man hier geradeaus weiter dem breiten Weg folgen, der nach etwa 400 m erneut auf die Markierung der [Ochsenbergtour] stößt, die auf einer Kuppe nach links aufwärts mit einem Wegweiser in Richtung des Aussichtspunktes Alpenblick führt. Die Gesamtlänge dieser kürzeren Variante des Traufganges beträgt ca. 6 km. - Wer die lange Variante vorzieht und nach rechts in die Wiese abgebogen ist, geht mit dem Wegweiser [Schnecklesfels 1,1 km] in den Wald hinein. Nach 200 m lohnt es sich, rechts einen Abstecher zu einem Aussichtsfelsen mit Jesuskreuz und einer wunderbaren Aussicht auf Ebingen zu unternehmen. Zurück am Hauptweg wandert man weiter mit der Markierung im stetigen auf und ab durch den Wald, mal auf schmalem Pfad, mal auf breitem Weg. Am Schnecklesfels, einer 920 m hoch gelegenen keltischen Siedlungsstelle aus dem 5.-7. Jh. v. Chr., bietet sich erneut ein herrlicher Blick auf Ebingen und die Umgebung. Hier führt der Weg mit dem Wegweiser [Heidensteinhöhle 0,8 km] nach links in den Wald. An der Kreuzung rechts und gleich wieder links gelangt man durch den Wald zum Klarafels mit Blick auf den gegenüber liegenden Schlossbergturm. (!) Hier ist die Markierung etwas unklar. Vom Klarafels nicht absteigend (!) läuft man wieder ein paar Meter aufwärts auf den oberen Weg, der am Hang entlang über Ebingen verläuft. Nach einigen Treppenstufen sollte man unbedingt einen Abstecher etwa 100 m nach links aufwärts zur Heidensteinhöhle machen. Hierbei handelt es sich um eine typische Jurahöhle, die in der letzten Eiszeit von altsteinzeitlichen Bewohnern als Schutzplatz genutzt wurde. Den gleichen Weg zurück gehen und nach links weiter mit dem Wegweiser [Alpenblick 2,7 km], vorbei am Aussichtspunkt Martinsfels auf 940 m Höhe. Von diesem folgt man weiter der Markierung, vorbei an mehreren Aussichtspunkten, dann lange auf einem breiten Forstweg. An der Kreuzung im Linksbogen weiter mit der Markierung wandern, die nächste Gabelung mit dem Wegweiser zum [Aussichtspunkt Alpenblick, 900 m] nach rechts verlassen. Im Linksbogen vorbei an einer Holzhütte, später bei der Einmündung geradeaus weiter und 200 m danach rechts aufwärts (!) zum Aussichtspunkt Alpenblick gehen. Bei gutem Wetter hat man eine fantastische Fernsicht bis zu den Alpen! Sitzbänke, Komfortliegen und ein Picknicktisch laden zum Verweilen ein. Weiter geradeaus laufen, im Rechtsbogen durch die Wacholderheide, rechts auf die Forststraße, dann nach etwa 150 m links am Waldrand entlang, immer mit der Markierung. Dieser auch später konsequent weiter folgen, kurz auf dem asphaltierten Weg und wo dieser nach rechts abknickt, weiter geradeaus in den Mischwald des Kreuzbühls übers Hochplateau bis zur Höhengaststätte Ochsenhaus, die zur gemütlichen Einkehr lockt.

Traufgang »Hinauf über die Hossinger Leiter«

TOUR 36

Charakteristik - Alpin anmutende Wanderung zur spektakulären Hossinger Leiter, die durch eine Schlucht aufs Hochplateau führt, von dem aus man den Blick bis zur Alpenkette hin schweifen lassen.
Anfahrt - wie S. 153, von Albstadt weiter in den Ortsteil Laufen und zur Traufganghütte Brunnental. - Mit der Zollern-Alb-Bahn 1 (ZAB 1, nähere Informationen im Internet unter www.naldo.de) entweder bis Albstadt-Lautlingen, von dort ca. 1½ km bis zum P Brunnental oder bis Albstadt-Laufen, von dort sind es ca. 2 km bis zum P Brunnental.
Parken - Großer Gäste-P bei der Traufganghütte Brunnental.

9 km

3½ Stdn.

458 m

✪ **Traufganghütte Brunnental** - Die Gaststätte, die ein wunderbarer Ausgangspunkt zu Traufgängen und auch Winterwanderwegen ist, bietet unverfälschten und originellen Hüttenzauber. Bei der Zubereitung der leckeren Gerichte der saisonale Speisekarte wird auf frische Produkte und erstklassige Zutaten ohne lange Lieferwege Wert gelegt. So schmecken die frischen Hüttenklassiker, die Vesperbretter und hausgemachten Blechkuchen, das frische Holzofenbrot mit hausgemachtem Griebenschmalz, die hausgemachten Maultaschen und das Traufganghüttensteak, welches

Traufganghütte
Brunnental

Raiten 1 · 72459 Albstadt
Telefon: 0 74 35 / 15 00
info@traufghaette-brunnental.de
www.traufghaette-brunnental.de

Zeit zur Einkehr
Zeit zum Genießen

Schwäbische Köstlichkeiten und vieles mehr auf
der wohl schönsten Sonnenterrasse Albstadts!

Guten Appetit und zum Wohle!
Willkommen in der Traufganghütte Brunnental!

Öffnungszeiten
Dienstag bis Sonntag 11.00 - 22.00 Uhr
Montag Ruhetag

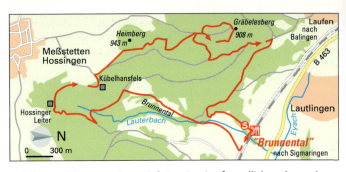

auf dem Holzbrett serviert wird. Der Service freundlich und zuvorkommend, die Einrichtung rustikal und edel zugleich und zeigt viel Liebe zum Detail und Phantasie. Der Biergarten ist urgemütlich und lädt zum Verweilen ein. - ÖZ: Dienstag bis Sonntag 11-22 Uhr, auch an Feiertagen ist geöffnet. Ruhetag ist Montag.

➡ **Der Traufgang** - Der durchgängig sehr gut mit der Markierung [Traufgänge Hossinger Leiter] gekennzeichnete Weg führt zunächst vom P der Traufganghütte bis zum Wendeplatz am Ende der Zufahrtsstraße und dort weiter auf dem Fußpfad an den Bahnschienen entlang. Nach etwa 200 m, an der Einmündung in den Asphaltweg Thieringer Steig, biegt man nach rechts ab. Etwa 500 m daraufhin erfolgt der Waldeintritt. Man wandert dem Bachlauf folgend aufwärts durch den Wald. Weiter geht es geradeaus, durch Wiesen auf den Wald zu, vorbei an einem Holzschuppen zur Linken, unter den Stromleitungen hindurch, stetig aufwärts. Im Wald wählt man den Querweg links mit dem Wegweiser [Hossinger Leiter 1,5 km]. Etwa 150 m weiter, nach dem Linksbogen mit Bachquerung, läuft man mit dem Wegweiser und der [Roten Raute] scharf rechts (!) aufwärts. Nach 100 m wird der Weg zu einem schmalen Pfad und führt am Steilhang, unterhalb von Felswänden und oberhalb des Bachlaufs entlang zur Hossinger Leiter. Über Metallstege und Treppen geht es steil aufwärts durch die wildromantische Schlucht bis zu einer Schutzhütte. Vor dieser Hütte wendet man sich nach rechts und geht am Grat entlang und die Stufen steil aufwärts. Oben wandert man geradeaus weiter, am Trauf entlang durch den Wald. Beim Waldaustritt hat man eine herrliche Sicht auf Meßstetten-Hossingen. Der Weg führt weiter entlang des Traufs über offene Höhenwiesen und Wäldchen bis zu einer Ruhebank auf dem Kübelhansfels mit einem schönen Blick auf Hossingen. Weiter der Markierung und dem Wegweiser folgen. Nach 100 m den breiten Weg verlassen und mit dem Wegweiser und der [Roten Raute] halblinks auf einen Pfad gehen, der oberhalb vom Waldrand verläuft. Am Strommast führt rechts ein Stichweg zu einem weiteren Aussichtspunkt. Weiter auf dem Hauptweg erfolgt kurz darauf, bei einer weiteren Ruhebank mit Blick auf Hossingen, erneut der Waldeintritt. Später führt rechts abermals ein Stichweg zu einer Ruhebank mit Blick übers Tal und auf Albstadt. Man wandert weiter durch den Wald, rechts mit der Markierung und nun auch der [2] und dem Wegzeichen des [Donau-Zollernalb-Weges] durch eine Senke, dann weiter aufwärts und wiederum nach rechts zu zahlreichen, wunderbaren Aussichtspunkten. Immer weiter der Markierung folgen. Nachdem ca. 5 km der Strecke bewältigt sind, beginnt nach links der etwa 3 km lange Abstieg ins Brunnental. Geradeaus führt ein ca. 1 km langer Rundweg über den 915 m ü. NN gelegenen Gräbelesberg an dem Wälle, Brunnen und Außengräben gefunden wurden, die teils auf ca. 600 v. Chr., teils auf die Hallstadtzeit (ab 800 v. Chr.) datiert werden.

TOUR 37

Gammertingen - Rundweg Lauchert- und Fehlatal

Charakteristik - Zauberhafter Weg durch das anmutige Laucherttal und das paradiesisch-romantische Fehlatal.
Anfahrt - B 32 von Hechingen bzw. Sigmaringen. - B 313 von Reutlingen. - Von Albstadt über die L 448. - Von Riedlingen über die L 275. - Von Sigmaringen mit der Hohenzollerischen Landesbahn (Infos bezüglich der Stationen und Abfahrtszeiten im Internet unter www.hzl-online.de). - Ab Hechingen und Reutlingen mit dem Bus nach Gammertingen.
Parken - Großer Gäste-P beim Hotel und Gästehaus Kreuz.

14 km

3½ Stdn.

Hotel und Gästehaus Kreuz - Das seit 5 Generationen in Familienbesitz befindliche Haus ist ein kleines architektonisches Highlight. Die Gäste werden mit herzlicher Gastlichkeit empfangen, das gepflegte Ambiente, die schönen Aussichten und die herrliche Natur sorgen für pure Entspannung. Übernachtet wird in behaglichen Zimmern und Junior-Suiten - teils mit Balkon -, das Frühstücksbuffet wartet im Wintergarten. Die schwäbische Küche ist bekannt gut, die hausgemachten Maultaschen gibt es aufgrund ihrer großen Beliebtheit auch zum Mitnehmen und der Zwiebelrostbraten lässt einem wahrlich das Wasser im Mund zusammenlaufen. - ÖZ: Montag bis Freitag ab 16 Uhr, Samstag 11-14 Uhr und ab 17 Uhr, an Sonn- und Feiertagen durchgehend ab 11 Uhr.

GASTLICHKEIT, DIE VON HERZEN KOMMT!

Das Motto unserer Küche „Gottes schönste Gabe ist die Küche der Schwaben"
Unsere Komfort-Zimmer in himmlischer Ruhe garantieren Ihnen einen erholsamen Aufenthalt.

KREUZ ★★★ Hotel und Gästehaus
Marktstr. 6
72501 Gammertingen
Tel.: 0 75 74/93 29 0
Fax: 0 75 74/93 29 20
info@hotel-kreuz-gammertingen.de

Mo.-Fr.: ab 16 Uhr - Sa. 11-14 Uhr und ab 17 Uhr
So. ab 11 Uhr durchgehend geöffnet - **kein Ruhetag**

www.hotel-kreuz-gammertingen.de

✪ Gammertingen (667 m)
- Die schön gelegene Stadt im Laucherttal geht auf eine alemannische Siedlung zurück. Die Stadtgründung selbst erfolgte im 13. Jahrhundert durch die Grafen v. Veringen. 1418 wurde ihr das Marktrecht verliehen. Sehenswert sind die Katholische Pfarrkirche St. Leodegar von 1803/04, der Turm aus dem 16. Jahrhundert sowie die Michaelskapelle von 1595/98. Das einstige Schloss, erbaut 1776/80 beherbergt heute das Rathaus. Im ehemaligen Amtshaus aus dem 18. Jahrhundert befindet sich die Museumsbahn.

➥ **Der Rundweg** - Vom Kreuz mit der Radwegmarkierung [Fürstensteig] durch die Marktstraße gehen, an der Lauchertbrücke rechts, dahinter links. Entlang der Lauchert läuft man auf einem befestigten Weg mit dem [Gelben Dreieck] vorbei an einer Schule. In der Breiten Straße links und wieder links auf die Brücke. Dahinter auf dem befestigten Weg nach rechts, längs der Lauchert. Mit dem Geh- und Radweg parallel zur B 32 zum P Vohlstein. Rechts die Brücke überqueren, dahinter dem befestigten Weg links durchs schöne Tal folgen. Links drüben sieht man die Teufelstorfelsen. Man geht nun im Bogen um den kleinen Teich, passiert den Bahnübergang und wandert dahinter zwischen Bahn und Flüsschen weiter. Rechts folgt der Bahntunnel. Man erreicht an einem Fabrikgelände vorbei Hettingen mit seinem schön gelegenen Schloss aus dem Jahre 1720, der Martinskirche aus dem 15. Jahrhundert, der 1582/83 erbauten Marienkapelle und der sehenswerten Sebastianskapelle von 1612. Links in die Tunnelhalde, geradeaus durch die Berthold-Leibinger-Straße und daraufhin rechts in die Breite Straße gehen. Der Sägestraße halbrechts, dem [Gelben Dreieck], dem Fußweg neben der Lauchert, dem Sträßle nach rechts und dem Wegweiser [Veringenstadt] bis zum Bahnübergang folgen. Um den Bruckberg herum gelangt man nun ins Fehlatal. Im (!) Linksbogen vor Forellenteichen mit den Wegweisern [Fehlatal] und [Schloss Hettingen] sowie der Markierung des [Donau-Zollernalb-Weges] und dem [Gelben Dreieck] halbrechts abzweigen. Etwas aufwärts gehen, dann betritt man den Wald und wandert hoch überm Tal weiter, während man unten das hübsche Mäandermuster der Fehla sehen kann. Es folgt ein Abzweig halblinks (!) mit dem [Jakobsweg], dem [Gelben Dreieck] und der lokalen Markierung [1], der abwärts ins malerische Wiesental führt, dessen Stille den Wanderer für 3-4 km wohltuend begleitet. An einer Gabel geht man mit dem [Gelben Dreieck] nach links. Vor einem Felsklotz biegt man in einen Pfad (!) scharf rechts ein und wandert weiter aufwärts mit der [Gelben Gabel]. Mit dem entsprechenden Wegweiser zum 712 m hoch gelegenen Alten Schloss Baldenstein weitergehen. Die Burg wurde um 1138 gegründet, nach ihrer Zerstörung standen nur noch Restmauern. 1963-65 wurde die Anlage von der Bundeswehr wieder aufgebaut. Vom Schloss sollte man die wunderbare Aussicht ins Fehlatal genießen. Der Weg verläuft nun mit der [Gelben Gabel] im S-Bogen leicht aufwärts. An der kommenden Kreuzung geradeaus (!) und dem Wegweiser [Gammertingen - P] folgen. Beim Waldaustritt geht man geradeaus über die freie Hochfläche zu einem befestigten Querweg. Links abwärts mit dem Wegweiser geradeaus und daraufhin [ohne Markierung] in den Wald. Weiter abwärts geht es im Rechtsbogen am Waldrand entlang. - Rechts führt ein Weg zum P Vohlstein. - Auf dem befestigten Weg [ohne Markierung] weiter geradeaus wandern. (!) Man passiert ein Feldkreuz und erreicht schließlich wieder Gammertingen. Hier biegt man gleich (!) in den Eschenweg rechts ein, läuft in der Bergstraße geradeaus und im Bogen abwärts in Richtung der Brücke. Vor der Brücke biegt man in die Breite Straße und wandert auf dem bekannten Weg zurück zum Ausgangspunkt des Rundweges, dem Hotel und Gästehaus Kreuz.

TOUR 38

Trochelfingen - Hennenstein - Mägerkingen - Lauchert - Hochbuch - Grafental - Trochtelfingen

Charakteristik - Dieser großartige Rundweg führt durch die beliebte Wanderregion des Seckach- und Lauchertals in der mittleren Kuppenalb und ist geprägt von romantischen Bächen, sanft geschwungenen, bewaldeten Hügeln, wunderschöner Wacholderheide und üppigen Wiesen. Ein echter Genuss!
Anfahrt - Von Reutlingen bzw. Gammertingen über die B 313. - Von Gammertingen oder Engstingen via HzL oder Bus nach Trochtelfingen.
Parken - Gäste-P beim Albquell Bräuhaus.

 13 km
 3 ½ Stdn.

✪ **Trochtelfingen** - Der auf 700 m Höhe gelegene, staatlich anerkannte Erholungsort ist eine der ältesten alemannischen Siedlungen. Die erste urkundliche Erwähnung Trochtelfingens stammt aus dem Jahr 1161. Der Stadtkern, im 16. Jahrhundert mit drei Mauerringen und vier Türmen befestigt, steht heute unter Denkmalschutz. Reste der einstigen Wehranlage zeugen noch immer von der ehemals großen Bedeutung des Ortes. Sehenswert sind der Hohe Turm, das spätgotische Schloss, die Pfarrkirche St. Martin, die Erhard- und die Burgkapelle sowie die zahlreichen wunderschönen Fachwerkhäuser.

➡ **Der Rundweg** - Vom Albquell Bräuhaus geht man in die Marktstraße und auf dieser mit dem [Gelben Dreieck] aufwärts, vorbei am Hohen Turm. Halb rechts in die Straße Am Degelberg gehen, dort vor dem Haus Nr. 25 rechts abwärts halten und links in die nächste Querstraße einbiegen. An der Kreuzung und im Panoramaweg geradeaus und aufwärts laufen bis zum Wald. 80 m hinter dem Waldende geht man auf einem Grasweg links über die Wiese zur Hünenstein- oder Hennensteinkapelle mit Wandmalereien von 1320. Über den Graspfad aufwärts gelang man zum 778 m hohen Hennenstein. Über den Querweg links erreicht man erneut ein Waldstück und daraufhin einen Wiesenweg mit schöner Aussicht. Wieder folgt eine Querstraße links, die nach Mägerkingen führt. Im Rechtsbogen wandert man abwärts in den Ort. Rechts in die querende Linkstraße einbiegen. Vor der Kirche halb rechts in die Brunnenstraße und später für ein Stück entlang der Seckach gehen. Beim Haus Nr. 48 hält man sich halb links und geht in den Hauweg. Durch die Unterführung kommt man zum Lauchertsee mit seinem herrlichen Freizeitgelände. Man wandert rechts am See entlang und nach der Lauchertbrücke im Rechtsbogen aufwärts. An der Gabel mit dem Wegweiser [Hausern] und der [Gelben Raute] geradeaus. Weiter führt der Weg durch das romantische Laucherttal mit seiner prächtigen Ufervegetation und seinen saftigen Wiesen bis zur L 385. An dieser kurz rechts gehen, nach der Brücke links auf den asphaltierten Radweg einbiegen und gleich danach mit dem [Gelben Dreieck] wieder halbrechts aufwärts auf den Wiesenweg. Hier befindet man sich in wunderschöner Wacholderheide im Naturschutzgebiet. Dort, wo der Weg unweit von Hausen auf die asphaltierte Straße trifft, biegt man nun [ohne Markierung] scharf nach rechts aufwärts ab. In einer Linkskehre zum Wald und stetig leicht aufwärts wandern. Oben geradeaus weiter (!) - nicht die nicht Rechtskehre wählen - vorbei an Sitzbänken unter Buchen, im Rechtsbogen durch Wiesen abwärts auf dem asphaltierten Weg bis zur zweiten Abzweigung bei einem einzelnen Baum mit Sitzbank. Dort nach links wenden. (!) Der Weg führt weiter durchs sanfte Tal, unter Hochspannungsleitungen durch, an der Gabel rechts ab auf einen unbefestigten Weg. Dem Verlauf der Stromleitungen folgen, zunächst links am Waldrand entlang, dann in den Wald eintreten. Immer gerade bis zur Gabel, dort halb links. Auf die asphaltierte Querstraße rechts aufwärts, auch mit [RW 5] und am Andreaskreuz gera-

**Traditionelle Braukunst und
Gastlichkeit aus Leidenschaft.**

Wandern auf der Schwäbischen Alb mit einer Rast
bei traditionsreichem Essen und süffigem Bier.
Wir vom Albquell Bräuhaus freuen uns, Sie im urigen
Gastraum und herrlich grünem Biergarten bewirten zu dürfen.
Darüber hinaus bietet Ihnen unser Bierkrugmuseum über 1000 Exponate
der Braugeschichte verschiedener Jahrhunderte.

Ihr Team vom Albquell Bräuhaus heißt Sie herzlich willkommen!

Albquell Bräuhaus
Lindenplatz 6, 72818 Trochtelfingen
Tel.: 07124 - 733, Fax: 07124 - 2422
Internet: www.albquell-brauhaus.de
GPS: N48 18 29.0 E9 14 44.0

deaus weiter mit dem Wegweiser [Trochtelfingen 1,8 km]. Über die Kuppe und abwärts über den Grafentalweg gelangt man in den Ort. Dort geht man vorbei an Tennisplätzen. Rechts und gleich wieder links gelangt man schließlich in die Schillerstraße, der man immer abwärts folgt. Am Ende der Straße hält man sich rechts, biegt dann links in Marktstraße ein und erreicht schließlich wie auf dem Hinweg zur wohlverdienten Einkehr das Albquell Bräuhaus im Zentrum von Trochtelfingen.

Albquell Bräuhaus - Der traditionsreiche private Braugasthof bietet den Gästen behagliche Komfortzimmer und gemütliche, rustikale Gasträume sowie einen wunderbaren Biergarten. Serviert wird neben herrlichem, frisch gezapften Bier - im Haus mit frischem Quellwasser selbst gebraut - bodenständige schwäbische Küche. Die Speisen werden sorgfältig zubereitet und sind sehr schmackhaft, die renommierte Küche bietet auch herzhafte Brauervesper an. Untere bis mittlere Preisklasse. - ÖZ: Ruhetag ist Sonntag.

TOUR 39

Rund um Trochtelfingen durchs Grafental

Charakteristik - Die erholsame Rundwanderung führt den Wanderer durch die herrliche, offene Wiesen- und Waldlandschaft rund um Trochtelfingen und Mägerkingen.
Anfahrt - Von Reutlingen bzw. von Gammertingen über die B 313. - - Von Gammertingen oder von Engstingen via HzL oder Bus nach Trochtelfingen.
Parken - Gäste-P Hotel-Gasthof Rössle.

 9 km

 2½ Stdn.

➡ **Der Rundweg** - Vom Hotel-Gasthof Rössle geht man die Marktstraße nach links aufwärts und passiert daraufhin den Rathausplatz. Rechts mit Radweg-Markierung und dem Wegweiser [Mägerkingen] am Hohen Turm vorbei und abwärts bis zum Rad- und Wanderweg laufen, der rechts der

Bahnschienen und an diesen entlang bis nach Mägerkingen führt. Diesem Radweg stets folgend gelangt man zum Ortseingang von Mägerkingen. Hier geht man unter Bahnunterführung durch, die zweite Straße, die Talstraße, nach rechts und daraufhin auf der befestigten Straße durchs Grafental mit dem Wegweiser [Friedhof] immer geradeaus. Im Rechtsbogen wandert man nun aufwärts entlang der langen Halde, hier auch mit der Markierung [RW 8]. Konsequent dem Weg folgen bis zu einem Wegekreuz mit Kruzifix und Sitzbank. An diesem biegt man nun auf die befestigte Straße nach rechts ein und läuft gemütlich am Waldrand entlang in die Höhenlagen von Trochtelfingen, dann im Linksbogen abwärts. Vorbei am Haus im Grafental geht man den Grafentalweg abwärts, biegt in die nächste Querstraße nach rechts ein, läuft dann links in die Schillerstraße und über die Straße Brechgrube rechts bis zur Marktstraße. Hier führt der Weg schließlich nach links und zur gemütlichen Einkehr ins Hotel-Gasthaus Rössle im Ortszentrum von Trochtelfingen.

Hotel-Gasthof Rössle - Im gepflegten Haus mit langer Tradition wird viel Wert auf das Wohlbefinden der Gäste gelegt. In den großzügigen Komfortzimmern, im Hallenbad, der Sauna und dem Solarium lässt es sich wunderbar entspannen. Die weithin bekannte und beliebte Küche verwöhnt ihre Gäste in stilvollen Räumen mit auserlesenen, kreativ zubereiteten schwäbischen und saisonalen Spezialitäten. Am Herd steht dabei der Chef persönlich mit seinem Team und achtet auf das anspruchsvolle Niveau. Der Weinkeller ist hervorragend sortiert. - ÖZ: Dienstag bis Sonntag 11.30-14 Uhr und 17-21.30 Uhr. Ruhetag ist Montag (nicht für Hotelgäste).

Rund um die ALB-GOLD Nudelfabrik bei Trochtelfingen

TOUR 40

4 km

1 Stdn.

Charakteristik - Eine kleine, aber feine Wanderung durch eine wunderschöne Wald- und Wiesenlandschaft. Diesen Weg kann man sozusagen als Apéritif vor der Besichtigung des ALB-GOLD-Kundenzentrums oder aber als Digestif nach der Einkehr im Restaurant Sonne genießen - oder umgekehrt.

Anfahrt - Von Plochingen und Wendlingen auf der B 313 über Metzingen, Reutlingen (B 312) und Engstingen. - Von Sigmaringen über die B 313 nach Gammertingen und Trochtelfingen. Weiter vor die Tore der Stadt mit ihrem mittelalterlichen Ambiente bis etwa 1½ km nördlich des Ortsschildes. Abfahrt in westlicher Richtung, gut beschildert. - Das ALB-GOLD-Kundenzentrum liegt auf der Strecke Gammertingen-Reutlingen der Hohenzollerischen Landesbahn Linie 400.

Parken - Sehr großer Gäste-P beim ALB-GOLD-Kundenzentrum.

Der Rundweg - Vom Restaurantausgang geht man die Straße links durch eine sanft geschwungene Hügellandschaft mit üppigen Wiesen, die beidseitig von Wald gesäumt ist. Man geht unter den Hochspannungsleitungen hindurch und vor dem Waldrand mit der lokalen Markierung [10] rechts auf einen unbefestigten Weg. Links vorbei am Umspannwerk. Immer geradeaus im weiten Linksbogen bis zu einem Wegekreuz am Ortsrand von Trochtelfingen gehen. Hier wandert man links aufwärts auf einer befestigten Straße. Die erste Straße nach rechts auf einen unbefestigten Weg einbiegen, dann folgt ein Linksbogen. Weiter vor bis zum Waldrand, dann links am Wald entlang und mit wunderbarem Ausblick leicht abwärts durch Wiesen. Am nächsten Waldrand rechts entlang gehen und nach einem Rechtsbogen unter Stromleitungen hindurch weiter abwärts wandern, nun durch Wiesen. Bei der Einmündung macht der Weg einen Linksknick und man läuft nach links weiter auf einem zweispurigen, betonierten Weg. Nach 100 m geht man links **(!)** auf dem zweispurigen Weg mit Gras-

Kräuter Welt, der Erlebnisgarten des ALB-GOLD-Kundenzentrum

streifen zwischen Feld und Wald. Im Rechtsbogen rechts am Wald entlang, weiter zur nächsten Waldecke. Dort erreicht man geradeaus weiter gehend die ALB-GOLD Fabrik. Um die Fabrikhalle herum und am Regenwasser-Biotop vorbei geht es links zum Haupteingang und zum Restaurant »Sonne«, in dem es leckere Nudelspezialitäten in vielen Variationen zu probieren gibt.

✪ **ALB-GOLD-Kundenzentrum** - Das ALB-GOLD- Kundenzentrum ist ein Ausflugsziel für die ganze Familie und ein Marktplatz und Forum rund um die gesunde Ernährung. Hier kann man beispielsweise in der Gläsernen Produktion alles über die Herstellung von original schwäbischen Spätzle und anderen Teigwaren erfahren. Bei laufender Produktion werden die Besucher durch die »Nudelfabrik« geführt. Das geschulte Fachpersonal erläutert die Herstellung der Nudelspezialitäten von der Rohstoffanlieferung über die Ausformung und Trocknung bis hin zur fertigen Verpackung. Mit Hilfe von Videofilmen und Live-Kameras werden einige Geheimnisse des schwäbischen Nudelhandwerkes gelüftet. Ein absolutes Erlebnis für Groß und Klein! Zusätzlich zur Gläsernen Produktion bietet ALB-GOLD laufend unterschiedliche Veranstaltungen rund um die Themen gesunde Ernährung und Fitness an. Dazu gehören beispielsweise Kochshows- und -kurse im Kochstudio sowie Vorträge und Workshops in den Seminarräumen. Es finden Themenmärkte statt, zudem kann man im Landmarkt in gemütlicher Marktatmosphäre neben dem kompletten Nudelsortiment eine Reihe regionaler Qualitätsprodukte erstehen. Im 2 ha großen Garten der Kräuter Welt, die gegenüber dem ALB-GOLD-Kundenzentrum herrlich in die Landschaft der schwäbischen Alb eingebettet liegt, kann man auf einer wahren Endeckungsreise die schier unendliche Pflanzenwelt der Kräuter erkunden. Im Kräuter Markt, dem gläsernen Verkaufsgewächshaus, findet sich ein reichhaltiges Angebot an allerlei Pflanzen, Naturkosmetik und Heilsäften sowie Terracotta. Wunderschön ist auch der ALB-GOLD-Erlebnisspielplatz, wo Kinder auf einem 300 m² großen Parcours aus Holz die Bewegungsvielfalt entdecken können. Das Restaurant-Café Sonne ist schließlich ein wahres Schlaraffenland für Nudelfreunde. Neben dem Thema »kreative Nudelgerichte« wird hier auch großer Wert auf gesunde und natürliche Ernährung gelegt. So gibt es in der Küche keine Fritteuse und alle Speisen werden mit Meersalz zubereitet. Größenteils werden Qualitätsprodukte von regionalen Erzeugern verwendet, die auch im Landmarkt angeboten werden. Anstelle handelsüblicher zuckriger Limonadenerzeugnisse wird eine große Auswahl an Natursäften angeboten. Die Biere sind herrlich und die Weine köstlich und all dies lässt sich zu Sonnenstunden auf der wunderbaren Terrasse genießen. Das ALB-GOLD-Kundenzentrum ist nicht zuletzt auch ein hervorragender Ausgangspunkt für Wanderungen und andere sportliche Aktivitäten. Hier seien die Wander- und Radtouren der ALB-GOLD-Radwanderkarte, geführte Wanderungen mit den Alb-Guides, Kutsch- und Heißluftballonfahrten genannt. - ÖZ: Gläserne Produktion Montag bis Freitag um 11.30 Uhr, hier ist eine Anmeldung erwünscht. Während der baden-württembergischen Schulferien gibt es eine zusätzliche Führung um 14.30 Uhr. - Landmarkt Montag bis Samstag 9 Uhr bis 20 Uhr, Sonntag 11 Uhr bis 18 Uhr. - Kräuter Welt Montag bis Sonntag 10 Uhr bis 22 Uhr, ab Mitte November ist hier Winterpause. - Kräuter Markt Montag bis Samstag 10 Uhr bis 18 Uhr, Sonntag 11 Uhr bis 18 Uhr, auch hier ist ab Mitte November Winterpause. - Restaurant Sonne hat von April bis Oktober von Montag bis Samstag 10 Uhr bis 22 Uhr, von November bis März 10 Uhr bis 20.30 Uhr geöffnet.

✪ **Weitere Informationen** - zu Veranstaltungen, Führungen und rund um das ALB-GOLD-Kundenzentrum gibt es im Internet unter www.kundenzentrum.alb-gold.de

ALB·GOLD

ALB-GOLD Kundenzentrum
Idealer Ausgangspunkt für Rad- und Wandertouren

Gläserne Produktion (Montag - Freitag)
Spätzle & Nudeln hautnah entdecken

Restaurant SONNE (tägl. geöffnet)
Kreative Nudelgerichte

Landmarkt (tägl. geöffnet)
Spätzle & Nudelvielfalt, Spezialitäten

Kräuter Welt (tägl. geöffnet)
2 ha großer Erlebnisgarten mit Kräutern und Pflanzen

ALB-GOLD Teigwaren
Grindel 1 · 72818 Trochtelfingen · Tel. (07124) 92 91-155 · www.alb-gold.de

TOUR 41
Gomadingen - Pfaffental - Sternberg - Gomadingen

13 km
3½ Stdn.

Charakteristik - Eine erholsame Wanderung in gesunder Luft durch die herrliche Landschaft der mittleren Kuppenalb rund um den Sternberg. Von dessen Gipfel reicht der Blick bis über die Albhochfläche. Der Betrachter sieht staunend auf ein faszinierendes grafisches Muster aus Streifen und Flächen, das sich aus den zahlreichen bunten Wiesen- und Ackerflächen zusammensetzt. Im Winter, wenn die Landschaft unter einen glitzernden Schneedecke liegt, wirkt alles wunderbar weit.
Anfahrt - Von Reutlingen fährt man auf der B 312 über die Alb. Vor Engstingen links in Rtg. Münsingen und weiter bis Gomadingen. - Von Bad Urach über die B 465 in Rtg. Münsingen, kurz vor Münsingen rechts über die L 230 bis Gomadingen. - Busverbindungen ab Reutlingen.
Parken - Gäste-P beim Gasthof zum Lamm in Gomadingen. Weitere P beim Bahnhof oder beim Rathaus links unterhalb des Gasthofs.

Gasthof zum Lamm - Die weithin beliebte Landgaststätte mit familiärem Flair bietet ihren Gästen gemütliche Gästezimmer mit modernem Komfort. In den anheimelnden Galsträumen und im Biergarten schmecken die saisonalen, schwäbischen Gerichte köstlich. Vom herzhaften Vesper bis hin zum Feinschmeckergericht erfüllt die Küche fast jeden Wunsch. Abgerundet wird das leckere Essen durch passende Getränke. - ÖZ: Ruhetag ist Montag.

Der Rundweg - Vom Gasthof zum Lamm auf der Brunnenstraße und der Odenwaldstraße mit [5] am Feriendorf und am Tennisplatz vorbei aus dem Ort hinaus wandern. Nach der Holzhütte geradeaus auf der Fahrstraße bleiben. (!) An der nächsten Gabelung beim Jubiläumsbaum wählt man den linken Weg und geht durch den Wald leicht aufwärts. Konsequent auf dieser kleinen Straße bleiben, bis man oben an die Einmündung in die Stra-

ße Marbach - Ödenwaldstetten gelangt. Nach 200 m zweigt man links in einen breiten Forstweg ab mit [4], [5] und dem Wegweiser [Dapfen] und kommt an einer Forsthütte vorbei. An der großen Waldkreuzung geht man geradeaus leicht aufwärts. Nach kurzer Zeit befinden sich links zahlreiche Erdeinstürze oder Dolinen, eine typische Naturerscheinung in Karstgebieten wie der Schwäbischen Alb. Hohlräume, die sich durch unterirdisch fließendes Wasser dicht unter der Erdoberfläche gebildet haben, stürzen ein, wodurch sich an der Oberfläche Einsturztrichter, sogen. Dolinen bilden. Ein kleiner Trampelpfad führt durch das märchenhaft anmutende Dolinenfeld. Bald nach den Dolinen erreicht man eine Gabelung und wählt den Weg halb rechts. An der nächsten Gabelung wieder halb rechts abbiegen mit [4] und [5]. Nach dem Waldaustritt führt ein Linksbogen zu einem asphaltierten Querweg, geht dort scharf rechts und zweigt nach 10 m mit der [2] gleich scharf links ab. Man wandert unterhalb eines herrlichen Heidehanges abwärts ins Pfaffental. Unten am Talweg hält man sich rechts. An der Gabel nach 200 m bleibt man geradeaus im Tal auf dem Schotterweg. Immer geradeaus, an der nächsten Gabelung rechts halten, bis man zur Straße von Marbach nach Ödenwaldstetten gelangt. Hier geht es kurz links und an der nächsten Abzweigung beim Wander-P mit dem Fahrradweg [Bernloch] nach rechts auf einem ebenen Weg weiter durch das Pfaffental, das sich verbreitert. Auf dem Weg mit [Bernloch] geht man später mit der [Gelben Gabel] und dem Wegweiser [Sternberg 4,5 km] scharf rechts aufwärts, später abwärts bis zur Sitzbank mit dem Gedenkstein. An der Kreuzung den linken Weg wählen und immer dem [Gelben Dreieck] und dem Wegweiser zum [Wanderheim Sterneck] folgen. Nach der Schutzhütte bleibt man geradeaus bis zum Waldrand, dort rechts gehen. Mit dem [Gelben Dreieck] überquert man die Kreuzung und wandert geradeaus. (!) Links biegt man zum Buchschorrenhäusle mit Grillstelle ab und geht dort den Wiesenweg mit dem [Gelben Dreieck] abwärts. Dann links halten. Über den Wander-P führen [HW 5] und der [Rote Strich] aufwärts durch eine wunderschöne Heidelandschaft mit herrlichem Ausblick über die Alb zum Wanderheim und Aussichtsturm Sternberg. Vorbei am Turm gelangt man mit der [Gelben Raute] und dem Wegweiser [Gomadingen] wieder ins Tal. (!) 20 m nach der dritten Waldkreuzung biegt der Weg rechts auf einen schmalen Pfad ab. Über die Heide mit herrlichem Ausblick erreicht man die Höllenbergstraße in Gomadingen und gelangt über die Brunnenstraße wieder zurück zum Ausgangspunkt der Wanderung und zur Einkehr im Gasthof zum Lamm.

TOUR 42

Dapfen - Gomadingen - Der Planetenweg - Dapfen

17 km

4½ Stdn.

150 m

Charakteristik - Beim Erwandern dieser Tour wird neben dem Körper auch der Geist bewegt: Die Rundwanderung führt zunächst durch die typischen Wacholderheiden entlang der noch jungen Lauter - vorbei am Haupt- und Landgestüt Marbach - wobei man viel Wissenswertes über das Sonnensystem lernen kann. Von jeder der verschiedenen Stationen entlang des Planetenwegs reicht der Blick immer wieder zurück zum Sternberg. Der Rückweg begeistert mit der typischen Westalb-Landschaft und Ausblicken über das Tal.

Anfahrt - A 8 aus Richtung Karlsruhe bzw. Stuttgart bis zur Ausfahrt Reutlingen/Tübingen, daraufhin über die B 27 und später über die B 312 nach Metzingen. Ab dort führt die B 28 bis Bad Urach und dann die B 465 bis Münsingen. Von Münsingen fährt man über die L 230 in Richtung Reutlingen bis zur Abzweigung L 247 Marbach. - Aus Richtung München und Ulm bis zur Abfahrt Merklingen und dann über die L 230 Münsingen bis zur Abzweigung L 247 nach Marbach. - Ab Marbach fährt man über die L 249 bis Dapfen. - Busverbindungen von Reutlingen über Gomadingen und von Reutlingen über Würtingen und Münsingen.

Parken - P am Landgasthof Hirsch. Weitere P am Gemeindehaus und am Sportplatz.

Landgasthof Hirsch - Der Hirsch empfängt seine Gäste in rustikalen Galt räumen mit schwäbischer Gastlichkeit. Die Gästezimmer sind gemütlich eingerichtet. Im Gastraum werden schwäbische Spezialitäten sowie saisonale und typisch regionale Gerichte serviert, wobei Fleisch- und Wurstwaren ausschließlich von heimischen Metzgern und örtlichen Landwirten stammen. Der Weinkeller mit seiner erlesenen Auswahl rundet das Angebot ab.

HIRSCH
Gasthof Pension

Familie Bückle
Lautertalstraße 59
72532 Gomadingen-Dapfen

Tel.: 0 73 85/427
Fax: 0 73 85/13 11

Email: Hirsch-Dapfen@t-online.de

- Schwäbische Spezialitäten
- Saisonale & regionale Gerichte
- Fleisch & Wurst aus der Region
- Erlesene Weine
- Gästezimmer

www.hirsch-dapfen.de

➡ **Der Rundweg** - Vom Gasthof Hirsch geht man rechts 50 m auf der Hauptstraße entlang, über die Straße, links in den Enger Weg und mit den lokalen Markierungen [4] und [5] immer geradeaus, leicht aufwärts. Nach ca. 1-1½ km zweigt links ein Weg zum Sportplatz ab. Geradeaus gehen, nach ca. 100 m führt ein Forstweg rechts mit [4] und [5] in den Wald. Diesem Weg folgen, **(!)** am Härdle 32/6 leicht links. Weiter bis zur Straße K 6735. Nach links wenden und rechts den nächsten Weg mit Wegweiser zum [P] wählen. Geradeaus weiter, am [P] vorbei, auf dem Waldpfad mit der [4] aufwärts wandern. Ab einer kleinen Lichtung ist etwas Aufmerksamkeit gefragt, um den Wegeverlauf zu erkennen. Ein Wiesenpfad führt vorbei an uralten Bäumen durch die Heidelandschaft bis zum Schafstall. Nun rechts zur Grillstelle laufen und im weiteren Verlauf das Fahrsträßchen mit der [4] abwärts nehmen. Nach ca. 200 m erscheinen links der Wegweiser [Sternberg] und die [4]. Dem breiten Weg folgen. **(!)** Am Ende des Schotterweges rechts über den Wiesenpfad [ohne Markierung] auf den Wald zugehen. Hier den [HW 5] und den [Burgenweg] queren und in den Wald hinein mit dem [Lehrpfad]. Bald erreicht man den Ausgangspunkt des durchgängig markierten [Planetenweges]. 10 Stationen erklären das Sonnensystem, ausgehend von der Sonne. Kurz aufeinander folgen Merkur, Venus, Erde und Mars. Am Wegedreieck geht man links in Richtung Gomadingen. Unten angekommen wieder links, vorbei am Sportplatz und am Feriendorf und daraufhin nach rechts in die Brunnenstraße. Rechts der Hauptstraße entlang bis zum Rathaus. Hier wird der Planet Jupiter beschrieben. Weiter verläuft der Weg zwischen der Bahnlinie und Lauter. Links liegt der Gomadinger See, eine Teichanlage mit Grillplatz, Pavillon und Info-Tafeln zum Großen Lautertal. Bei der nächsten Kreuzung befindet sich rechts der Planet Saturn. Hier geht man links über die Brücke, quert die Straße L 249 und nimmt den gegenüberliegenden Forstweg aufwärts. An der Gabelung rechts, leicht bergab, vorbei an den Weiden des Gestüts Marbach. Entlang der Hauptstraße, vorbei an den Stallungen des Landgestüts bis zur Landesreitschule. Hier ist nach einem kurzen Stück aufwärts der Uranus erreicht. Rechts auf einen kleinen Waldpfad einbiegen. Bei den Häusern des Schelmenbühls zunächst links und dann dem halbrechten Weg folgen. Der Blick schweift über den kleinen Ort und die Kirche. Nach ca. 1-1½ km geht es an der nächsten Kreuzung geradeaus bis zum Waldrand und an diesem bis zu Neptun. Auf dem Weg abwärts bis zum nächsten Wegedreieck wandern. **(!)** - Hier besteht die

Möglichkeit, die Wanderung um ca. 2½ km zu verkürzen. Zu diesem Zwecke folgt man dem Weg konsequent geradeaus abwärts und gelangt auf diese Weise direkt zum Ausgangspunkt der Wanderung. - Der [Planetenweg] verläuft links weiter. Bei zwei aufeinanderfolgenden Wegedreiecken der Rechtskurve entlang des Gebüschs folgen. Am nächsten Weg hält man sich links mit der örtlichen Markierung [2]. Bald ist mit Pluto die letzte Station oberhalb von Wasserstetten erreicht. An der daraufhin folgenden Kurve rechts gehen. Die Markierungen [Burgenweg Dapfen] und [2] führen oberhalb des Tales zurück nach Dapfen. Am Ortseingang die Gartenstraße überqueren. Der Radweg führt nun direkt zum Ausgangspunkt, dem Landgasthof Hirsch, zurück.

TOUR 43

Gomadingen-Dapfen - Rundwanderweg Nr. 7: Steingen - Rund um den Plaun - Finstertäle - Dapfen

8 km

2 Stdn.

190 m

Charakteristik - Diese Rundwanderung ist eine gemütliche Halbtagestour. Ohne besondere Anstrengung wandert man zwischen Wiesen und Feldern rund um und teilweise durch das herrliche Waldgebiet Plaun. Bedingt durch den Schatten spendenden Laubwald ist diese Wanderung auch an wärmeren Tagen hervorragend geeignet.
Anfahrt - wie S. 176.
Parken - Für Gäste des Hauses stehen am Lagerhaus an der Lauter diverse P zur Verfügung. Weitere P-Möglichkeiten befinden sich zudem am Gemeindehaus und am Sportplatz in Gomadingen-Dapfen.

➡ **Der Rundweg** - Die Tour ist mit der lokalen Markierung [7] beschildert, zwar nicht immer durchgängig, jedoch gut ersichtlich und richtungsweisend. Sie beginnt in der Oberdorfstraße, führt nach rechts und leicht aufwärts aus dem Ort hinaus. Konsequent dieser Straße geradeaus folgen, sie verläuft weiter bis an den Waldrand. Vorbei am Hainbuchenhof wandert man zwischen wunderschönen Wiesen und Feldern durch die lieblich anmutende Landschaft. Nach ca. 2 km kommt an einer Wegekreuzung der [Planetenweg] hinzu (siehe auch Seite 176 ff.). Immer weiter geradeaus gehen. An der nächsten Wegegabelung trifft man auf Neptun - er ist Teil des [Planetenweges]. Nun rechts am Waldrand entlang, dem Wegverlauf folgend in den Wald hinein und auf dem breiten Forstweg geradeaus. Der Weg führt gemächlich, aber stetig aufwärts. Bei der Kreuzung (!) mit [Jägerbuche 33/9] links. Auf der Höhe wieder links. An einer Gabelung führt der Weg bald abwärts. (!) Hier beschreibt man [ohne Markie-

rung] eine scharfe Kurve. Nach ca. 1 km kommt eine Kreuzung mit Wegweisern. Hier links in Richtung Dapfen bis zum Waldende gehen. Bei der Wiese (Kräuter) rechts am Waldrand entlang. Am Hochstand und Waldrandende führt ein Teersträßchen geradeaus abwärts ins Finstertäle. Bald ist die Martinskirche von Dapfen zu sehen und der Weg mündet in den [Lautertalweg]. Links übers Brückle, dem Weg entlang der Lauter folgen. Bald darauf ist der Ausgangspunkt der Wanderung erreicht. Eine süße Belohnung im Lagerhaus an der Lauter ist nach der Tour genau das Richtige!

Lagerhaus an der Lauter - Hier erwartet den Gast erlesene Genusskultur. Das Lagerhaus beherbergt eine Chocolaterie und eine Seifenmanufaktur. Schon längst überregional bekannt sind die süßen Köstlichkeiten, die der Konditormeister hier kreiert: Spätestens seit die Landes-Torte für den Brüsseler Neujahrsempfang der baden-württembergischen Landesvertretung hier gezaubert wurde, ist das Lagerhaus in aller Munde. Die Gäste des Hauses werden mit verführerischen Süßigkeiten und einmal im Monat, immer zum Kleinkunstprogramm, auch mit passenden kulinarischen Köstlichkeiten verwöhnt. In der Seifenmanufaktur werden lecker duftende Seifen hergestellt. Jeden Mittwoch kann man den Konditoren und Seifenmachern über die Schulter schauen. Das Café bietet bei jahreszeitlich wechselnder Tageskarte feine Speisen für den großen und kleinen Hunger. Hierbei wird sehr viel Wert auf die Qualität und Regionalität der Angebote gelegt. - ÖZ: Mittwoch bis Samstag 14-19 Uhr, Sonntag 11-19 Uhr. Ab 10 Uhr gibt es sonntags Frühstück. Montag und Dienstag sind Ruhetage außer während der Sommerferien.

Münsingen

Anfahrt - A 8 zwischen Ulm und Pforzheim bis Ausfahrt 61, Merklingen. Weiter in Richtung Laichingen und Heroldstatt, zunächst auf der L 1230, dann L 230 und auf der K 6773 bis nach Münsingen. - Von Stuttgart auf der B 27, B 312 Richtung Metzingen, B 28 Richtung Ulm und Münsingen und B 465 bis Münsingen. - Via RE oder RB nach Reutlingen, ab dort gibt es Busverbindungen nach Münsingen.
Parken - Diverse öffentliche P im Stadtgebiet.

Ob Wandern auf dem ehemaligen Truppenübungsplatz oder Kanufahren im romantischen Großen Lautertal: Münsingen bietet ein einmaliges Angebot an Bus-, Bahn-, Wander- und Raderlebnistouren durch das gesamte Biosphärengebiet Schwäbische Alb. Von Mai bis Oktober ist an Sonntagen das Informationszentrum Münsinger Bahnhof geöffnet. Hier erfährt man in der Ausstellung »Reiseziel Natur« auch Spannendes über die Kulturlandschaft der Schwäbischen Alb sowie über das historische Münsinger Bahnhofsensemble. Mitten in der Stadt lädt das beheizte Terrassenfreibad zum Baden in Quellwasser ein. Das Schloss beherbergt heute nicht nur eine schön gestaltete Ausstellung, sondern auch das Faksimile des berühmten Münsinger Vertrags. Auf originellen Stadtführungen, die von der Touristik Information vermittelt werden, kann man die einstige Oberamtsstadt Münsingen und ihre reizvolle Umgebung entdecken. Der frühere Truppenübungsplatz bietet ein einzigartiges Landschaftserlebnis: Das sogenannte »Münsinger Hardt« wurde über Jahrzehnte hinweg stets von Schafen beweidet. Auf diese Art entstand eine parkähnliche Heidelandschaft, wie man sie üblicherweise auf den Albflächen des 19. Jahrhunderts vorfand. Ein beliebtes Ziel für viele Besucher ist das ehemalige Dorf Gruorn im Westteil des Areals mit seiner wieder aufgebauten Stephanus-Kirche und dem alten Schulhaus. Ebenfalls sehenswert ist das Alte Lager, eine Truppenunterkunft aus dem 19. Jahrhundert. Im alten Postgebäude ist das TrÜP-Museum eingerichtet. Die freigegebenen Wege sind mit [Gelb] markierten Pfählen bzw. mit [Gelben Rauten] gekennzeichnet und dürfen nicht verlassen werden. Auf bestimmten Wegen sind zudem nur geführte Touren zugelassen. Gruppen können sich die TrÜP-Guides an individuellen Terminen vermitteln lassen, als Einzelperson, Paar oder Kleingruppe empfiehlt es sich, an einem der im Jahreskalender festgelegten Termine teilzunehmen. Ein besonderes Erlebnis ist eine Reise mit der Schwäbischen Alb-Bahn durch das Biosphärengebiet. Die gesamte Reise führt von Schelklingen über Münsingen nach Trochtelfingen. Der regelmäßig verkehrende Dampfzug führt zu Stationen entlang der Strecke, von denen aus sich spannende Ausflüge anbieten. Von Mai bis Oktober fahren sonntags die historischen Triebwagen. Die Fahrradmitnahme ist hier kostenlos. Charterfahrten für Gruppen, Vereine und Veranstaltungen sind jederzeit nach Absprache möglich. Für Events steht zudem der Münsinger Lokschuppen zur Verfügung. Das rund 10 ha große Hofgut Hopfenburg ist ein ausgezeichneter Platz zum Entspannen. Es liegt am Fu-

Natürlich mehr erleben ...

...bei einer geführten Tour durch Stadt, Land und den ehemaligen Truppenübungsplatz Münsingen.

Mehr Informationen erhalten Sie bei:

Touristik Information Münsingen
Hauptstraße 13
72525 Münsingen
Telefon: 07381-182145

touristinfo@muensingen.de
www.muensingen.de

ße des Naturreservates »Beutenlay«. Auf dem Archehof findet man seltene Tier- und Pflanzenarten. In Zirkuswagen, Schäferkarren, Indianertipis und kirgisischen Jurten kann man komfortabel wohnen und übernachten. Die gepflegten, zentralen Sanitäranlagen vervollständigen das Angebot des modernen Campinggeländes. Das Biosphärengebiet Schwäbische Alb soll wie alle UNESCO-Biosphärenreservate beispielhaft zeigen, wie die Bedürfnisse von Mensch und Natur in Einklang gebracht werden können. Die Biosphärengastgeber stehen ehrlich und überzeugt für dieses Ziel ein. Wenn man in ihren Häusern zu Gast ist, soll man die Schwäbische Alb erleben, schmecken und genießen und somit einen Beitrag leisten, sie auch so schön zu halten, wie sie ist. Im Biosphärenzentrum Schwäbische Alb kann man das Biosphärengebiet auf rund 450 m^2 Ausstellungsfläche aus einem etwas anderen Blickwinkel kennenlernen: Die hier lebenden Menschen begleiten die Besucher durch das Zentrum. Am »Stammtisch« kann man den Gesprächen lauschen. Ein Spaziergang durch den Buchenwald ist erholsam. Beim Blick über die Schulter der Schäferin oder der des Imkers kann man sich einschlägiges Wissen aneignen. Die Besonderheiten und der Charme der Region kann man an über 30 interaktiven Ausstellungselementen für Groß und Klein erleben. Im Multifunktionsraum stimmt ein Film über das Biosphärengebiet auf die wunderbare Region ein.

✪ **Weitere Informationen** - gibt es bei der Touristik Information Münsingen, Hauptstraße 13, 72525 Münsingen - Telefon: 07381/182145 - E-Mail: touristinfo@muensingen.de - Internet: www.muensingen.de und beim Bahnhof Münsingen, Bahnhofstraße 8, 72525 Münsingen - Telefon: 07381/5017556 - Internet: www.bahnhof-muensingen.de

Der Münsinger Beutenlay

Anfahrt - siehe Seite 180.
Parken - siehe Seite 180.

In unmittelbarer Nähe des Bahnhofes liegt das 100 ha große Naturreservat Beutenlay am südlichen Stadtrand von Münsingen - einer der vielen charakteristischen Weidekuppen der 700-800 m hoch gelegenen Münsinger Kuppenalb. Die Hochfläche bietet einen einzigartigen Rundblick über die Kuppenalb. Nach Norden sieht man weit in die Kernzone der Biosphärengebiets. Bei klarer Sicht erscheint im Süden über die Klifflinie hinweg die Alpenkette. Die verschiedenen Wald- und Pflanzengesellschaften auf dem Beutenlay bieten einen interessantes Miniaturspiegelbild über die Vielseitigkeit und Schönheit der Landschaft sowie über Fauna und Flora der Schwäbischen Alb. Im Gelände befinden sich ein Strauchlehrpfad und ein Arboretum. Zahlreiche alte Hutbuchen und vor allem die vom Schäfer gepflegte Wacholderheide sind weitere Attraktionen. Eine Besonderheit des Beutenlay ist das Feld-Flora-Reservat, in dem über Jahrhunderte bewährte

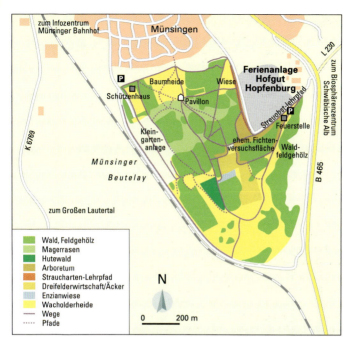

Dreifelderwirtschaft auf der Schwäbischen Alb dargestellt wird. Das blühende Leinfeld und der Dinkelacker mit den charakteristischen Getreidebegleitern wie Kornrade, Kornblume und Klatschmohn sind besondere Anziehungspunkte für Besucher. Über den Reservatcharakter hinaus soll der Beutenlay Erholung durch Naturbeobachtung ermöglichen. Er bietet mit seiner Fülle verschiedener Pflanzenarten Lebensräume und reiche Entwicklungsmöglichkeiten für Schmetterlinge und Insekten. Wegen seiner botanischen Besonderheit und der artenreichen Fauna wurde der Beutenlay mit der Silberpflanze des deutschen Naturschutzrings ausgezeichnet. Neben der Schutzkategorie »Geschützter Grünbestand« sind große Teile seiner Fläche als »Besonders geschützte Biotope« nach Bundesnaturschutzgesetz ausgewiesen. Der Beutenlay ist Teil des größten von Organismen erbauten Gebildes. Vor ca. 155 Millionen Jahren war das Gebiet der heutigen Stadt Münsingen und seiner Umgebung ein Teil des Meeresbodens des damaligen Jurameeres. Auf dem breiten Küstenflachmeer bildeten Kiesschwammriffe einen Gürtel, der sich über mehr als 7000 km erstreckte. Es war damit das größte von Organismen erbaute Gebilde, das jemals auf der Erde existierte. Damit verglichen ist das Große Barriere-Riff vor Australien mit seinen 2000 km Länge relativ klein. Reste dieses größten Riffs aller Zeiten finden sich heute vom Kaukasus bis Portugal oder gar nach Neufundland. Beispielsweise sind die weißen Kalkfelsen der Schwäbischen Alb größtenteils nichts anderes als solche fossilen Schwammriffe. Der Beutenlay erhebt sich am südlichen Rand der sogenannten »Münsinger Schüssel«. An den Rändern des Schüsselbodens wuchsen im Jurameer westlich Kieselschwammriffe empor. Diese Riffe, zu denen auch der Beutenlay zählt, bilden

den Rand der Münsinger Schüssel. Der sich heute 100 m über die Stadt Münsingen emporhebende Beutenlay ist also ein großes Schwammriff. Er besteht aus Massenkalken des Weißen Jura, die auf der Süd- und Westseite auch zutage treten. Die Dreifelderwirtschaft ist eine vorzeitliche Bewirtschaftungsform in der Landwirtschaft. Seit Karl dem Großen (etwa 800 n. Chr.) wurde die Feldgemarkung eines Dorfes in drei Ösche aufgeteilt: Auf einem Ösch erfolgte der Anbau von Winterfrucht, auf dem nächsten von Sommerfrucht, während der Dritte brach liegen blieb. In den nächsten Jahren wechselte der Anbau auf den Öschen: Wo Wintergetreide - in der Regel im Herbst gesäter Dinkel - angebaut war, folgte nun Sommerfrucht, also Gerste oder Hafer als Frühjahrssaat und das Brachland wurde mit Wintergetreide bestellt. Bei den Äckern der Brache sollten die Böden ruhen. Da dort Wildkräuter wuchsen, wurden diese abgemäht und verfüttert oder es erfolgte der Umbruch, die so genannte Schwarzbrache. Im Laufe der Jahrhunderte veränderte sich die Dreifelderwirtschaft. Die Brachäcker wurden genutzt und mit Hackfrüchten wie Kartoffeln oder Kohlraben bepflanzt oder mit Futterpflanzen wie Rotklee eingesät. Es herrschte Flurzwang. Bis ins 20. Jahrhundert musste jeder Acker in einem Ösch mit der gleichen Frucht angepflanzt werden. Die klassische Dreifelderwirtschaft des Beutenlays wird durch zusätzlichen Anbau von Einkorn und von Emmer erweitert. Sie gehörten zu den wichtigsten Kulturpflanzen in der Jungsteinzeit. Daneben haben der blaue Lein und die ehemalige Futterpflanze, die Saat-Esparsette eine Heimstatt gefunden. Wildpflanzen in

Urlaub im Schäferwagen, Jurte und Zirkuswagen, viel Zeit um „einfach einmal abzuhängen".

- Mitten im Herzen des Biosphärengebiets der Schwäbischen Alb
- Umgeben von Wachholderweiden eines Naturreservats und den Obstbaumwiesen des eigenen Bauernhofes
- Außergewöhnlichen Freizeit- und Seminarangebot
- Camping- und Zeltplatz
- Fahrradtouren und Wanderungen
- Ausritte und Ausflüge in die Umgebung
- Ideal für Familienfeste und Feiern

Hofgut Hopfenburg • Hopfenburg 12
72525 Münsingen • Telefon 07381 931193-11

Einfach mal abhängen!

der Dreifelderwirtschaft, »Unkräuter«, wie sei seit Jahrtausenden als Kulturpflanzenbegleiter vorkamen, sind heute bundesweit vom Aussterben bedroht. Durch Einsatz von Pflanzenschutzmitteln und Saatgutreinigung seit 1950 sind sie von den Feldern weitgehend verschwunden. Das Feldflora-Reservat auf dem Beutenlay soll frühere Vielfalt der Ackerbegleitpflanzen anschaulich machen, eine Folge der Bewirtschaftung ohne Pflanzenschutz- und Unkrautvernichtungsmittel.

Hofgut Hopfenburg - Die 10 ha große Ferienanlage bietet Urlaub mit Panoramablick auf die sanfte Kuppenlandschaft der Schwäbischen Alb. Das Gelände ist eingefasst von einem 30 m breiten Streuobstwiesengürtel. Die terrassenförmig angeordneten Grundstücke bieten Hanglage und einen weiten Blick, drei Weiher, alte Hofgebäude und ein Hofplatz und der Kräutergarten bieten viel Platz für Erholung. Nur der Campingplatz, also ca. ¼ des Geländes, ist mit dem PKW befahrbar. Neben dem Campen können auch Unterkünfte wie Wohnwagen oder gemütliche Appartements gemietet werden.

Weitere Informationen - zum Hofgut Hopfenburg, beispielsweise zu Veranstaltungen, Öffnungszeiten und Preisen, findet man im Internet unter www.hofgut-hopfenburg.de

---

TOUR 44

Gundelfingen-Wittstaig - Steighof - Hundersingen - Bichishausen - Hohengundelfingen - Wittstaig

Charakteristik - Das große Lautertal ist immer ein besonderes Erlebnis. Der romantische Flusslauf, Wacholderheiden und stolze Burgen - Zeugen einer längst vergangenen Zeit - mit grandiosen Ausblicken lassen die Anstrengungen der Aufstiege schnell vergessen. Auch wenn große Teile der Wanderung im Tal verlaufen, empfiehlt es sich, für die Aufstiege Wanderschuhe zu tragen.

Anfahrt - A 8 Karlsruhe - Stuttgart, Ausfahrt Reutlingen/Tübingen, B 27 und später B 312 nach Metzingen, B 28 nach Bad Urach, B 465 Münsingen, K 6769 bis Gundelfingen-Wittstaig. - Aus Richtung München/Ulm Abfahrt Merklingen, L 230 bis Münsingen, K 6769 bis Gundelfingen-Wittstaig. - Busverbindungen vom Bahnhof in Münsingen.

Parken - Gäste-P beim Land- und Ferienhotel Wittstaig.

12 km

3½ Stdn.

230 m

Der Rundweg - Vom Land- und Ferienhotel Wittstaig geht man rechts in den Häldelesweg mit [Rotem Strich] und [HW 5]. Am Ortsende scharf links und aufwärts in den Wald. Bei der Einmündung in die Fahrstraße links mit der [Gelben Raute] und dem Wegweiser [AP Bürzel 1,5 km]. An der Scheune rechts im Wald dem oberen Forstweg folgen bis zum Aussichtspunkt Bürzel auf 708 m. Hier bietet sich eine herrliche Aussicht auf Gundelfingen mit den zwei Burgruinen Niedergundelfingen und Hohengundelfingen. Dem Weg weiter folgen. Am Wander-P bei der Klammenkreuz-Hütte mit Grillstelle und Spielplatz führt das Teersträßchen am Kruzifix vorbei und durch die Steighöfe. Nach dem letzten Gebäude geradeaus in den Wald gehen und im Wald an der Gabelung nach links abbiegen. Nach dem Waldende am nächsten Wegedreieck links. Nun auf dem Teersträßchen weiter, vorbei an den Feldern und Wiesen der Steighöfe. An der nächsten Kreuzung rechts mit dem Wegweiser [Schuppen] und an der darauffolgenden ebenfalls rechts, hier mit [HW 5]. Vorbei am Wander-P Büchele verläuft der Weg durch den Wald abwärts nach Hundersingen. Den Hochburgweg geradeaus gehen, am Wolfsbühl rechts ab mit dem [Radweg]. Der Wanderweg mit [HW 5] und dem [Burgenweg] verläuft entlang der Flusswiesen bis Bichishausen. Das Lautertal wird eindrucksvoll umrahmt von Wacholderheiden, Waldhängen, bizarren Felsenformationen und zahlreichen Burgruinen. In Bichishausen trifft der Weg auf die Fürstenbergstraße, dieser nach rechts folgen, bis zur St. Gallus Kirche. Hier geht man rechts in die Straße Im Gässle (K 6769) und auf dem Hohengundelfinger Weg aufwärts aus dem Ort hinaus. Bald zweigt der Wanderweg auf dem Fahrsträßchen rechts mit dem Wegweiser [Hohengundelfingen] in den Wald ab. Jetzt auf einem schmalen Waldpfad in Serpentinen steil bergauf bis zur Ruine gehen. Vom Bergfried hat man eine phantastische Aussicht über weite Teile des Lautertals und auf die Ruine Niedergundelfingen. Nach Besichtigung der Burg wandert man zurück bis zum Wanderpfad unterhalb der Burg. Der Wegweiser [Wittstaig] führt links an eindrucksvollen Felsen vorbei in Serpentinen steil abwärts und direkt bis zum

Land- und Ferienhotel Wittstaig – Im traditionsreichen Haus, welches sich in der 4. Generation in Familienbesitz befindet, erwarten den Gast im komfortablen Hotel und im Appartementhaus geräumige, helle Zimmer und Appartements, die alle modern und behaglich eingerichtet sind. Im Wellness-Bereich wird für Wohlbehagen und in der Küche für zufriedene Feinschmecker gesorgt: Die regional-kreative Küche überrascht mit neuen schwäbischen, frischen und regionalen Gerichten, die - abgesehen von den Pommes - alle, von den Kroketten aus eigenen Kartoffeln

Idyllisch im Großen Lautertal
- Zimmer & Appartements
- Hallenbad, Sauna & Naturbadeteich
- Gemütliche Gaststuben
- Terrasse mit Talblick
- Leckeres aus der Umgebung
- Schwäbische Gastlichkeit

Land- und Ferienhotel Wittstaig
Familie König · Wittstaig 10
72525 Münsingen-Gundelfingen
Telefon: 0 73 83 / 94 96 0

Dienstag Ruhetag

www.hotel-wittstaig.de

über Eis-Parfaits, Kuchen, Marmeladen und Brot bis hin zu den Spätzle selbst hergestellt werden. Es werden regionale Produkte, Stotz-Lamm, Alblinsen-Schwein, fangfrische Forellen, edle Brände und Weine und Produkte rund ums Haus verarbeitet. Diese Qualität kann man schmecken. - ÖZ: Mittwoch bis Samstag 11.30-22.30 Uhr, Sonntag 11.30-20 Uhr, Montag 11.30-14 Uhr und 17.30-21.30 Uhr. Dienstag ist Ruhetag.

Bichishausen/Münsingen - Ruine Hohengundelfingen - Heiligental - Wittstaig - Gundelfingen - Bichishausen

TOUR 45

Charakteristik - Anspruchsvolle kleine Rundwanderung mit strammem Aufstieg auf die Albhochfläche und sehr steilem Anstieg ins Lautertal. Gutes Schuhwerk ist unbedingt erforderlich. Absoluter Höhepunkt der Tour ist die Aussicht von der Ruine Hohengundelfingen.
Anfahrt - wie S. 180, in Münsingen fährt man weiter über Buttenhausen und durchs Lautertal.
Parken - Großer Gäste-P beim Gasthaus Hirsch.

7½ km

2 Stdn.

➡ **Der Rundweg** - Neben dem Gasthaus Hirsch führt die Stettener Halde mit der [Gelben Raute] steil aufwärts bis zum Wander-P. Auf der Teerstraße geht man geradeaus weiter. Man wandert im Wald aufwärts, bis man zur Straße nach Dürrenstetten gelangt. Dort hält man sich links. **(!)** Beim Kruzifix am Waldrand biegt man mit dem [Gelben Dreieck] scharf rechts ab. Nach dem Wander-P folgt man dem Weg geradeaus bis zur Burgruine Hohengundelfingen. Diese einst mächtige Burg wurde im 11. Jh. aus riesigen Steinquadern erbaut und gilt als eines der bedeutendsten und besterhaltenen Baudenkmäler aus dieser Zeit. Man hat einen traumhaften Blick über das Lautertal, auf Niedergundelfingen und Wittstaig. Vor der Ruine geht man

mit der [Gelben Gabel] und dem Wegweiser [Heiligental] auf einem schmalen Hangweg aufwärts und mit herrlicher Aussicht weiter auf dem Randweg oberhalb des Lautertals. Nach ca. 1 km wählt man den Querweg rechts weiter mit dem Wegweiser [Heiligental]. Nun folgt ein Abstieg durch den Wald. (!) Nach einem Rechtsbogen geht es auf einem schmalen Waldpfad steil abwärts. Über die Wachholderheide führt der Weg zum Wander-P Heiligental. Mit der [Gelben Gabel] geht man rechts 500 m nach Wittstaig. Dort überquert man die Straße, passiert die Brücke und wandert auf dem Häldlesweg mit [HW 5] und dem [Roten Strich] am Ortsrand entlang. Nach dem Ort umrundet man auf dem Talweg mit der [Gelben Gabel] die Ruine Niedergundelfingen. Die Matthias-Erzberger-Straße führt nach Gundelfingen hinein. (!) Nach dem Haus Nr. 18 beim Strommast links ab und die Lauter überqueren. Rechts am Fluss entlang durch den idyllischen kleinen Ort. Bei der nächsten Querstraße links gehen und auf dem Talweg bis Bichishausen weiter. Im Ort vor der Kirche nach rechts und zur verdienten Einkehr im **Gasthaus Hirsch** - Das ansprechende, ländliche Gasthaus erwartet seine Gäste mit gemütlichen Geträumen und einem schönen Biergarten. In familiärer, ungezwungener Atmosphäre werden regionale sowie saisonale, abwechslungsreiche Speisen mit schwäbischen Akzenten serviert. Schmackhaft sind die Steaks und Schnitzel, auch Forellen- oder Wildliebhaber sowie Vegetarier kommen auf ihre Kosten. Es werden hauptsächlich regionale Produkte verwendet. Mittlere Preise. - ÖZ: Donnerstag bis Dienstag: warme Küche von 11.30-14 Uhr und 17.30-20.30 Uhr, Mittwoch ist Ruhetag.

Gasthaus Hirsch
Speise-Restaurant

Gemütliche und gepflegte Gastlichkeit im Lautertal.

Hier ist der Gast gut aufgehoben!

Familie Tress · Stettener Halde 3 · 72525 Münsingen-Bichishausen
Telefon 0 73 83 / 14 91 · Mittwoch Ruhetag

TOUR 46

Ehestetten - Ehestetter Tal - Burg Derneck - Aussichtspunkt Bürzel - Steighöfe - Ehestetten

     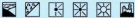

14 km

4 Stdn.

Charakteristik - Die Wanderung durch das Ehestetter Tal führt durch eine geschützte Kernzone des Biosphärengebietes Schwäbische Alb. - Hier sollte man auf die ausgewiesenen Wege achten, auf denen das betreten der Kernzone gestattet ist. - Besonders eindrucksvoll ist der Besuch der imposanten Burgruine Derneck mit ihrer beachtlichen Schildmauer und dem herrlichen Rundblick. Ein weiterer lohnender Aussichtspunkt ist der Bürzel. An den Biohöfen vorbei sorgt der Weg zurück nach Ehestetten immer wieder für neue Landschaftseindrücke.

Anfahrt - B 312 Reutlingen - Zwiefalten bis Ausfahrt Bernloch. Hier fährt man auf der L 248 nach Odenwaldstetten und Eglingen. Von dort führt die L 249 nach Ehestetten. Das Biohotel-Restaurant Rose befindet sich an der Straße Richtung Aichelau.

Parken - Für Gäste des Hauses stehen am Biohotel-Restaurant Rose P zur Verfügung. Weitere P befinden sich am Straßenrand.

Bio-Hotel-Restaurant Rose - Das erste Bio-Hotel Baden-Württembergs setzt die Vision, seinen Gästen eine intakte Landschaft in schöner Umgebung mit sauberem Wasser und guter Luft zu bieten, konsequent, nachhaltig und bemerkenswert um. Im Gästehaus erwartet die Besucher eine unvergessliche und herzliche Zeit in heimeligen Räumen. Das Restaurant bietet bereits seit 1950 Bio- und Demeter-Produkte an. Die kreative Fleischküche und innovative vegetarische und vegane Gerichte bieten unglaubliche Hochgenüsse bei einhundertprozentig biologischer Küche zu moderaten Preisen. Die verwendeten Produkte sind ohne Gentechnik oder chemische Zusätze hergestellt, handverlesen, schonend und vitalstoffreich zubereitet und mit viel Kreativität und Liebe zum Detail

verarbeitet. Daraus resultieren wahre Köstlichkeiten. - ÖZ: Wochentags gibt es 11.30-14 Uhr und 17.30-21 Uhr warme Küche, samstags 11.30-21 Uhr durchgehend, sonntags 11.30-20 Uhr durchgehend. Von April bis Oktober ist Dienstag Ruhetag, zwischen November und März ist montags und dienstags geschlossen.

Der Rundweg - Man geht vom P am Biohotel-Restaurant Rose zur Hauptstraße und wandert links in Richtung Reutlingen. Nach dem Backhaus und der Kirche überquert man die Straße und biegt mit der Markierung [Gelbe Raute] und dem Wegweiser zur [Burg Derneck] in die Schloss-Straße ein. Hinter dem ehemaligen Schloss und der kleinen Kläranlage hält man sich immer geradeaus und folgt stets der [Gelben Raute] und dem Wegweiser [Burg Derneck]. Bei der Bank am Ehestetter Tal biegt man rechts auf den Schotterweg ab. Man bleibt auf dem Weg, der geradeaus durch die Kernzone Tiefental führt. Beim P Tiefental geht man links hoch zum Wanderheim Burg Derneck. Am oberen Ende des Spielplatzes führt rechts ein kleiner Pfad aufwärts durch den Wald bis zur

Burg Derneck - Die Spornburg liegt auf 655 m ü. NN. Sie wurde um 1350 unter Degenhard von Gundelfingen erbaut. Nach einigen verschiedenen Besitzern und ging sie 1627 an das Haus Fürstenberg über. Aus dieser Zeit stammen die Gebäude, die vom Schwäbischen Albverein als Wanderheim umgebaut wurden. Die Burg besitzt eine gut erhaltene Schildmauer und einen Rundturm, von dem man einen traumhaften Blick in alle Himmelsrichtungen hat.

Fortsetzung des Rundwegs - Auf der breiten Schotterstraße geht man abwärts zum Spielplatz, den man rechts passiert und weiter zum P bei den Blockhütten. Dort hält man sich geradeaus und folgt der [Roten Raute], [HW 5] sowie dem Wegweiser [Wittstaig]. Im Wald an der Kreuzung auf dem Hauptweg halb schräg und mit dem [Burgenweg] aufwärts wandern. Von dem folgenden Wiesenweg aus hat man eine schöne Aussicht ins Lautertal. An der Kreuzung geht man die Teerstraße links aufwärts mit der [Gelben Raute] und dem Wegweiser [Bürzel], bis man an einen Stall kommt. Dort scharf lins abbiegen mit [Bürzel]. Der Weg führt in den Wald. (!) Man hält sich links mit der [Gelben Raute] und gelangt zu einem kleinen Randpfad, von dem man ins Tal sehen kann. Vom Aussichtspunkt Bürzel, 708 m ü. NN, öffnet sich der Blick über Gundelfinger mit seinen Burgen Niedergundelfingen und Hohengundelfingen. Mit der [Gelben Raute] und [Steighöfe] geht es weiter auf der Teerstraße links an der Klammerhütte und rechts am Kruzifix vorbei zu den Steighöfen. Nach dem letzten Haus biegt man links ab und folgt dem Verlauf dieser kleinen Straße immer geradeaus bis man wieder nach Ehestetten kommt. Nach dem Ortsschild hält man sich immer links und gelangt so zur Hauptstraße. Zunächst geht hier nun man rechts und an der nächsten Kreuzung links und erreicht so zur wohlverdienten Einkehr den Ausgangspunkt der Tour, das Biohotel-Restaurant Rose.

TOUR 47

Wimsener Höhle - Gossenzugen - Zwiefalten - Prälatenweg - Hayingen - Glastal - Schloss Ehrenfels - Wimsen

16 km

4½ Stdn.

150 m

Charakteristik - Ein phantastischer Rundweg, der vom Naturdenkmal Friedrichshöhle bei der Wimsener Höhle an der Aach entlang nach Zwiefalten zum berühmten Münster führt. Auf dem Prälatenweg ergeben sich immer wieder schöne Ausblicke ins Tal. Besonders lohnenswert ist eines der letzten Stücke des Weges, auf welchem man das wildromantische Glastal durchquert.
Anfahrt - Die B 312 führt nach Zwiefalten, anschließend fährt man auf der L 245 an Gossenzugen vorbei und erreicht so den Wander-Ⓟ von Wimsen. - Mit der Buslinie 343 zum Schloss Ehrenfels, von dort ist es noch ein kurzer Fußweg zum Gasthof Friedrichshöhle.
Parken - Wander-Ⓟ Wimsen.

Wimsener Höhle und Gasthof Friedrichshöhle - Das auch als »Friedrichshöhle« bekannte Naturdenkmal Wimsener Höhle ist Deutschlands einzige befahrbare Wasserhöhle. Sie entstand in den oberen Massen-

kalken des Oberjura durch den Höhlenbach und befindet sich in einem Quellarm der Zwiefalter Ach. Die Höhle ist 725 m lang und kann auf einer Länge von 70 m in Begleitung von fachkundigen Höhlenführern erkundet werden. - Der historische Gasthof Friedrichshöhle direkt neben der Zwiefalter Ach bietet wunderbar kreative Jahreszeitenküche und köstliche, feine Menüs. Besonders beliebt sind die hier veranstalteten Krimi-Dinner. - ÖZ: Reservierungen der Wimsener Höhle von Montag bis Freitag 9-15 Uhr, an Sonn- und Feiertagen 9-12 Uhr. Der Gasthof ist zwischen Ende März und Anfang November täglich ab 10 Uhr, die Küche Sonntag bis Donnerstag 11.30-19.30 Uhr und Freitag und Samstag 11.30 bis 20.30 Uhr geöffnet. An Sonn- und Feiertagen können Reservierungen nur auf 12 Uhr entgegengenommen werden.

Der Rundweg - Vom P führt ein Weg zum historischen Gasthof Friedrichshöhle. Sehenswert sind der Wasserfall beim P und die Wimsener Höhle, die mit einem Boot 70 m weit befahren werden kann. Man überquert auf der kleinen Brücke die Aach und wandert abwärts immer mit dem [Roten Dreieck] und [HW 2] auf dem Fußpfad an der Fischzucht vorbei, durch Gossenzugen bis nach Zwiefalten. Dort geht man auf der Gerberstraße bis zur Tankstelle, überquert die Straße geradeaus, folgt dem kleinen Fußweg über die Brücke zum P und von dort zum Zwiefalter Münster.

Zwiefalten - Der alte Kloster- und Wallfahrtsort verdankt seine Bedeutung u. a. dem ehemaligen Benediktiner-Kloster. Das Zwiefalter Münster Unserer lieben Frau ist eines der bedeutendsten Bauwerke des Spätbarocks deutscher Prägung. Es wurde 1739-65 vom Münchener Baumeister Johann Michal Fischer erbaut.

Fortsetzung des Rundwegs - Auf der linken Seite des Münsters führt der Fahrradweg [R 10] in Richtung Zwiefaltendorf durch den Park, den man durch das Tor mit der Aufschrift »Gotisches Maßwerk« wieder verlässt. Rechts nimmt man den Fußweg zur Hauptstraße und läuft dann nach links. An der nächsten Kreuzung biegt man links ab und läuft immer geradeaus aufwärts, bis man zum Vorfahrt-achten-Schild gelangt. (!) Dort überquert man die Straße und geht mit der [Blauen Raute] und dem [Prälatenweg] auf einem kleinen Trampelweg über die Wiese auf den Berg. Nach dem Überqueren der Straße kommt man an einem Spielplatz vorbei. Hier bietet sich ein herrlicher Ausblick ins Tal. Den links gelegenen Brühlhof passiert man und hält sich an der nächsten Gabelung links. (!) Hier sollte man nicht zur Erddeponie abbiegen, sondern der kleinen Fahrstraße folgen. (!) An der Kurve wählt man nun den Schotterweg mit der [Blauen Raute] und dem Wegweiser nach [Oberwilzingen], der unter der Hochspannungsleitung durchführt. Ein traumhafter Ausblick entlohnt hier für den Aufstieg. Im Wald bleibt man auf dem [Prälatenweg] bis zur Kreuzung mit der [Blauen Gabel] und den Wegweisern nach [Sonderbuch] und [Hayingen]. Dort links abzweigen. (!) Nach 50 m rechts der [Blauen Gabel] folgen. Mit schönem Ausblick wandert man am Waldrand entlang, gelangt zu einem Waldstück und biegt kurz danach an der Teerstraßenkreuzung links ab. An der Kreuzung beim Kruzifix wählt man den rechten Weg und wandert mit der [Roten Raute] bis Hayingen. Rechts öffnet sich der Blick ins Lautertal. An der Zwiefalterstraße geht man rechts bis zur Ampelkreuzung. - An dieser Stelle ist

eine Abkürzung durch das Schweiftal möglich. - Der Rundweg über das Glastal führt an der Ampelkreuzung mit der [Roten Gabel] geradeaus weiter. Zunächst die Ehestetter-, dann die Straße Auf der Bleiche aufwärts gehen. Nach 30 m rechts in den Wendelinusweg einbiegen. Am Ende des Weges hält man sich links und wandert mit dem [Roten Dreieck] abwärts ins Glastal. - Unterwegs bietet sich auf dem beschriebenen Weg nochmals eine Möglichkeit, die Tour durch das Schweiftal abzukürzen. - Am P Hayinger Brücke befinden sich Sitzbänke, die zum Ausruhen einladen. Es folgt nun der schönste Teil der Wanderung, der durch das idyllische Glastal führt. Man kommt an der Bärenhöhle und an der Glashöhle sowie an mächtigen Felsen und am glasklaren Hasenbach vorbei. Auf dem [Ehrenfelser Weg] geht man weiter in Richtung Schloss Ehrenfels, das rechts oben entdeckt werden kann. Man biegt nun in den Schotterweg links ein und gelangt mit dem [Roten Dreieck] wieder zum P und an der Wimsener Höhle vorbei zur wohlverdienten Einkehr in den Gasthof Friedrichshöhle.

TOUR 48

Indelhausen - Gerberhöhle - Ruine Wartstein - Lautertal - Anhausen - Indelhausen

Charakteristik - Eine anspruchsvolle Rundwanderung mit vielen landschaftlichen Höhepunkten. Mächtige Felsmassive, Höhlen, Burgen, herrliche Aussichtspunkte und das Lautertal begeistern den Wanderer. Auf dem Klettersteig bei den Gerberhöhlen ist Trittsicherheit erforderlich. Es sollte unbedingt auf festes Schuhwerk geachtet werden!
Anfahrt - Aus Rtg. Reutlingen über die B 312 bis Zwiefalten, dann auf der K 6746 bis Hayingen und weiter entlang der K 6769 bis nach Indelhausen. - Aus Rtg. Ulm auf der B 311 bis Obermarchtal, über die L 249 nach Hayingen und weiter entlang der K 6769 nach Indelhausen.
Parken - Gäste-P am Hotel-Gasthof zum Hirsch. Weitere P-möglichkeiten auf dem Wander-P an der Lauter.

11 km

3 Stdn.

120 m

))(Hotel-Gasthof zum Hirsch - Edel eingerichtete Zimmer und Ferienwohnungen und ein Hang zur Bodenständigkeit - das ist die wunderbare Mischung, die den Gast im Hirsch empfängt. Der Erholungswert ist sehr hoch, der Service und das Angebot - auch Wellness und Pauschalen seien hier genannt - lassen kaum Wünsche offen. In der Gaststätte ist es seit alters her Brauch, die Gäste auf das Köstlichste zu bewirten. Die gute schwäbische Küche des Hauses ist jahreszeitlich abgestimmt und regional bestimmt. Das Indelhauser Alblamm und heimisches Wild sind bei den Gästen sehr beliebt. Die hauseigene Schlachtung, zapffrischen Biere und erlesene Weine runden das Angebot ab. - ÖZ: Dienstag bis Sonntag 8-22 Uhr. Montag ist Ruhetag.

➡ Der Rundweg - Vom Hotel-Gasthof zum Hirsch geht man den Ringwallweg mit der [Gelben Gabel] aufwärts bis auf die Anhöhe am Bildstock links. Hier kann man einen ersten schönen Ausblick auf Indelhausen und die Burg Derneck genießen. Durch den Wald weiter bis zum Flurstück Burghalde, hier rechts. Am höchsten Punkt des Ringwalls, einer keltischen Befestigung von Alt-Hayingen, beginnt der Abstieg zu den Gerberhöhlen. Felsstufen führen gut gesichert steil abwärts. Zum Eingang der Höhlen ist nochmals ein kurzer Anstieg nötig. Während der Sommermonate ist dieser geöffnet. Wer die Höhle erkunden möchte, sollte die Taschenlampe nicht vergessen. Danach weiter steil abwärts in das kleine Fichteltal. Unten angekommen rechts auf dem Teersträßchen [ohne Markierung] aus dem Tal hinaus. An der Einmündung in Querweg mit den Wegweisern [Hayingen], [Hofgut Maisenburg] und der (6) aufwärts gehen. Dem Teersträßchen folgen bis zur Linksabzweigung zum Hofgut Maisenburg, hier geradeaus [ohne Markierung]. Der Weg aufwärts bietet einen schönen Blick zum Hofgut und die Alb. Auf der Höhe Buchstock vorbei an den Buchen (ND) und Feldkreuzen geradeaus bis zum Feriendorf Lauterdörfle im Luftkurort Hayingen. Am Ende des Feriendorfes [ohne Markierung] den Abzweigung halb links nehmen, an der Kreuzung nach 20 m auf dem Feldweg geradeaus bis zum Feldkreuz. Nach weiteren 20 m geht es nun mit der [Roten Raute] links abwärts. An der Gabel dem kleinen Feldweg folgen bis zur großen Feldhecke. Vor der Hecke rechts, direkt am Verbotsschild vorbei. Ein kurzes Stück durch den Wald, dann wandert man immer am Waldrand entlang durch ein wunderschönes kleines Tal. **(!)** In der

Im Herzen des »Großen Lautertals«
Wandern, Genuss & die Natur entdecken

*** Hotel Gasthof zum Hirsch

Flair-Hotel Gasthof Hirsch
Wannenweg 2
72534 Hayingen-Indelhausen
Tel.: 0 73 86 / 97 78-0
info@hirsch-indelhausen.de

www.hirsch-indelhausen.de

Mitte der Lichtung befindet sich links ein Hochsitz, hier wählt man den kleinen Pfad in den Wald hinein. An der Einmündung weiter mit der [Roten Gabel] auf den Forstweg geradeaus gehen. Der Markierung folgen, dabei einmal den großen Forstweg überqueren und weiter auf dem kleinen Waldpfad bergab, bei der übernächsten Möglichkeit hält man sich links. Am Ende des Waldes erblickt man zuerst die massive Felswand des Gemsfels und rechts die Burgruine. Vorbei an der Schutzhütte mit Rastplatz über die Lauter. Hier lohnt sich der Abstecher zur Burg Wartstein. Hier bieten sich zwei Möglichkeiten an: Links ist der Aufstieg mit der [Roten Gabel] innerhalb von 700 m zu bewältigen, der Weg ist allerdings steinig und steil. - Die Variante nach rechts ist mit 1,3 km länger, aber weniger stark ansteigend und somit auch weniger beschwerlich. - Oben angekommen führt eine Wendeltreppe auf die Aussichtsplattform. Hier kann man den wunderbaren Blick auf das Lautertal und die Albhochfläche genießen.

✪ **Burg Wartstein** - Die trutzige Ruine der ehemaligen Burg thront auf 660 m ü. NN, 150 m über dem Tal der Großen Lauter auf einem Felshang. Die Burg wurde vermutlich im Jahre 1208 vom Grafen von Wartstein auf dem fast senkrechten Felsen erbaut. 1392 verkaufte sie Heinrich von Wartstein an die Herzöge von Bayern. Wenig später wurde sie ausgebaut und 1495 wieder zerstört. Gerüchten zufolge diente sie Raubrittern als Ausgangsort für ihre Beutezüge. 1508 kam sie in den Besitz von Granheim und 1848 ging sie an die Gemeinde Erbstetten über. 1924 sowie 1968-70 fanden diverse Instandsetzungsarbeitungen statt. Von der einst zu den kühnsten Schildmauerburgen des Lautertals gehörenden Anlage ist heute nur noch der Rest der mächtigen, 12 m hohen, turmähnlichen Schildmauer erhalten, über die man zur Aussichtsplatte gelangt.

➥ **Fortsetzung des Rundweges** - Auf einem der beiden Wege läuft man nun zurück ins Tal. Weiter geht es mit [HW 5] und dem [Burgenweg] zunächst entlang der Lauter und der Feuchtwiesen, später beeindrucken das Rauschen des Wasserfalls Hoher Gießel (ND) und immer wieder die mächtigen Felsen Heuscheuerle, Schwarzlochfelsen und die Ochsenlöcher. Ist die Ölmühle erreicht, geht man links über die Brücke mit [HW 5] und dem Wegweiser [Indelhausen] vorbei am Wander-[P] bis zur Kläranlage. Rechts des Gebäudes führt ein kleiner Pfad kurz aufwärts und dann auf der Anhöhe weiter. Hier ergibt sich ein schöner Blick auf die Ruine Schülzburg. In Anhausen beim Gänsehof wandert man schließlich nach links, wo bald Indelhausen und dort das Hotel-Gasthof zum Hirsch erreicht ist.

TOUR 49 — Ehingen - Historischer Stadtrundgang

1 ½ Stdn.

Anfahrt - Ehingen/Donau liegt verkehrsgünstig an drei Bundesstraßen, der B 311 Ulm-Donaueschingen, der B 465 Stuttgart-Friedrichshafen sowie der B 492 zur A 8. Die Autobahnanschlüsse A 8 München-Stuttgart und A 7 Kempten-Würzburg sind zwischen 14 und 25 km entfernt. - Ein Bahnhof befindet sich direkt im Zentrum der Stadt an der Linie Ulm-Freiburg.

Parken - Ehingen besitzt ein gut ausgeschildertes Parkleitsystem mit einfach zu findenden P. Günstig gelegen sind die P am Lindenplatz, Bucks Höfle oder Tränkberg.

✪ **Ehingen** - Die große Kreisstadt an den Flüssen Donau und Schmiech liegt am Südrand der Mittleren Flächenalb. Ein Teil der Ehinger Gemarkung auf der Albhochfläche gehört zum Biosphärengebiet Schwäbische Alb (s. S. 14 ff.). Erste Erwähnung fand der Ort als »Ehinga« bereits 961. Die erste Ansiedlung lag in der Schmiechniederung im Bereich der heutigen Unteren Stadt. Die eigentliche Stadtgründung mit Besiedelung der Oberen Stadt erfolgte durch die Grafen von Berg-Schelklingen neben ihrer Burg über der Schmiech. Im Jahre 1346 fiel Ehingen an Österreich. Da die finanzschwachen Habsburger die Stadt jedoch an verschiede Adelige verpfändeten und der Wohlstand der Bürger anwuchs, war es der Stadt möglich, wichtige Rechte zu erwerben, die an jene der Reichsstädte heranreichten. Im Jahre 1805 (Pressburger Frieden) kam Ehingen an das neu geschaffene Königreich Württemberg. Seit 1974 ist Ehingen mit seinen 17 Stadtteilen Große Kreisstadt. Die vielseitige Stadt ist ein idealer Ausgangspunkt, um die erlebnisreiche Umgebung mit ihrer unvergleichlichen Natur, den tiefen Tälern, den verwunschenen Burgen und malerischen Schlössern zu erkunden. Ebenso lohnt sich eine Entdeckungsreise durch die prämierte Bierkulturstadt mit ihren Barockbauten, Galerien, Museen und Veranstaltungen.

Das Ehinger Ständehaus am Marktplatz

➡ **Historischer Stadtrundgang** - Um die Stadt samt all ihrer Sehenswürdigkeiten kennenzulernen, bietet sich ein Stadtrundgang entlang der historischen Bauwerke an. Die Oberstadt galt jeher als bevorzugter Standort. So liegt hier der 1) Marktplatz mit wichtigen Amtsgebäuden wie dem 2) Rathaus. Es wurde 1713 an der Südseite des Marktplatzes errichtet, nachdem das Alte Rathaus 1688 bei einem Überfall der Franzosen zerstört wurde. Viele Adelsfamilien aus der Umgebung erwarben eigene Stadthäuser. So gehörte das 3) »Schlösschen« den Herren von Ellerbach. Von 1767 bis 1828 wohnte dann der Mundartdichter Carl Borromäus Weitzmann in dem Gebäude. Seit 1987 ersetzt der sogenannte 4) Theodulbrunnen mit der Teufelslegende, der mit seinen Motiven auf unterschiedliche Aspekte der bewegten Geschichte Ehingens verweist, den alten Marktbrunnen. Geschaffen wurde er vom Göppinger Bildhauer Kurt Grabert. Ebenfalls am Marktplatz steht das heutige 5) Amtsgericht, das der Posthalter und Apotheker Mennas Menne ab 1750 errichten ließ, nachdem seine Apotheke an dieser Stelle bei dem Stadtbrand 1749 zerstört worden war. Von dort gelangt man in die Schwanengasse, in der sich das 6) »Hohe Haus« mit der ehemaligen Kapelle St. Elisabeth befindet. Dieses um 1400 von den Herren von Stain zu Rechtenstein als Stadtbesitz erbaute Gebäude zählt zu den eindrucksvollsten der Stadt. 1492 wurde es an die Reichsabtei (Ober-)Marchtal verkauft, die dort ein Kloster einrichtete. Am Ende der Schwanengasse führt der Weg weiter nach rechts in die Gymnasiumsstraße und dann wieder rechts in die Lindenstraße. Vor der Mittelalterlichen Stadtmauer steht die 1879 eingeweihte 7) Evangelische Stadtkirche, die nach Plänen des Stuttgarter Baurats Felix von Berner im frühgotischen Stil erbaut wurde. Der Lindenstraße weiter folgend gelangt man zu einem Kreisverkehr. Dort geht es in die Hauptstraße, die Fußgängerzone. Direkt am Anfang der Straße bietet sich das prämierte Restaurant des Hotel Adlers zur Einkehr an.

🍽 **Hotel Adler** - Bereits in vierter Generation bietet die Familie Mauz & Steudle in ihrem zentral gelegenen Hotel einen freundlichen und aufmerksamen Service für anspruchsvolle Gäste aus Nah und Fern. Im mehrfach ausgezeichneten, stilvollen Restaurant verwöhnt die Küche mit ausgesuchten saisonalen und regionalen Spezialitäten, die von den sympathischen Küchenchefs einfallsreich zubereitet werden. Die behaglichen, hochwertig ausgestatteten Zimmer (22 Doppel- und 16 Einzelzimmer) sind ein Ort der Ruhe und Erholung mitten in der Innenstadt von Ehingen. Am Haus stehen P und eine P für die Gäste kostenlos zur Verfügung. - ÖZ: Das Restaurant ist dienstags bis samstags von 11.30-14 Uhr und 17-22 Uhr geöffnet, sonn- und feiertags von 11.30-14 Uhr, montags ist Ruhetag. Für das gut besuchte Restaurant empfiehlt sich eine Reservierung.

➡ **Fortsetzung Stadtrundgang** - Folgt man der Hauptstraße weiter, gelangt man zum 1692 erbauten 8) Ritterhaus. Die heutige Außenstelle des Landratsamtes überragt mit seinen mächtigen Barockgiebeln die benachbarten Bürgerhäuser. Über den Burghof gelangt man in die Kollegiengasse. Hier bildet das frühere 9) Benediktinerkolleg mit Herz-Jesu-Kirche den nördlichen Abschluss der Oberen Stadt. Die heutige Grundschule wurde zwischen 1698 und 1709 im Auftrag der Abtei Zwiefalten von dem Vorarlberger Baumeister Franz Beer errichtet. Im Jahre 1719 erfolgte der Bau der Kollegiumskirche zum Herzen Jesu. Nach der Kirche geht man rechts und kurz darauf wieder links in den Tränkberg. Hier steht an der Stadtmauer zum Groggental der 10) Speth'sche Hof, der vermutlich 1624 errichtet wurde und ab 1686 als Collegium und Gymnasium diente. Der Fachwerkbau mit seinen kunstvollen Stuckdecken kam 1718 in den Besitz der Familie von Speth zu Untermarchtal und beherbergt heute die städtische Galerie Ehingen. Über den Tränkberg, dann links in die Bahnhofsstraße und gleich wieder rechts in die Kirchgasse gelangt man zur 11) Stadtpfarrkirche St. Blasius. Sie weist noch Bauelemente aus dem 14. Jh. auf, allerdings wurde sie in der Barockzeit mehrfach umgebaut und erweitert, so dass dieser Stil das Erscheinungsbild bestimmt. Der Turm mit seinem Unterteil aus dem Mittelalter erhielt sein heutiges Aussehen 1958. Vom Kirchhof aus geht es

---

Das Hotel-Restaurant Adler ist ein zentraler Ausgangspunkt für abwechslungsreiche Rad- und Wandertouren sowie Ausflüge jeglicher Art. Erleben Sie das Biosphärengebiet Schwäbische Alb, den Besinnungsweg sowie den Bierwanderweg. Sollten Sie sportlich unterwegs sein, bietet sich unser Bierkultur-Bike für eine feucht-fröhliche Ausfahrt an. Oder wollen Sie Ihrem Spaßfaktor keine Grenzen setzen? ...dann entscheiden Sie sich für unsere Speed-Bikes. Anschließend lädt Sie unser über die Region hinaus bekanntes Restaurant ein, den Tag kulinarisch ausklingen zu lassen. Haben wir Ihr Interesse geweckt? Dann zögern Sie nicht uns zu kontaktieren.

Ihr Hotel Adler Team

Hotel-Restaurant Adler
Hauptstraße 116
89584 Ehingen

Tel. 07391/7066-0
Fax 07391/7066-500

www.adlerehingen.de
info@adlerehingen.de

östlich die Treppen hinunter, vorbei am Brunnen mit einer Reliefplatte des Heiligen Michaels, dann rechts in die Hauptstraße, die kurz darauf in die Kasernengasse übergeht. Rechts gegenüber eines malerischen Fachwerkhauses in der Kasernengasse 1 steht die 12) Spitalkapelle mit dem angrenzenden städtischen Museum Heilig-Geist-Spital, die bereits zur Unteren Stadt gehört. Das Spital wurde um 1340 von Ehinger Bürgern gegründet und war bald recht vermögend. So konnten sich diejenigen Bürger, die nicht aus eigener Kraft für ihr Auskommen sorgen konnten, hier Hilfe suchen. Nicht weit entfernt am Viehmarkt finden sich Reste der umfangreichen Befestigungsanlagen. Hier wurde ein kleiner Abschnitt des 13) Wehrganges rekonstruiert. Der 14) Pfisterturm sicherte zusätzlich die gefährdete Nordseite der Stadt. Vom Viehmarkt folgt man einem kleinen Fußweg (Auf der Wühre) entlang der malerischen Schmiech bis zu dessen Ende. Nach einem kurzen Stück entlang der Hauptstraße geht es den Frauenberg hinauf bis zur Rückseite der 15) Liebfrauenkirche. Die Anfänge der franziskanischen Barockkirche reichen zurück bis ins 13. Jh., ihr heutiges Aussehen geht jedoch auf Umbauten nach 1725 zurück. Aufgrund des aufbewahrten Gnadenbildes entwickelte sich im 17. Jh. eine rege Wallfahrt zur Kirche. Südlich wurde in den Jahren 1650 bis 1653 das 16) Franziskanerkloster angebaut, das heute das städtische Kulturzentrum mit Kulturamt, VHS, Musikschule und Stadtarchiv beherbergt. Ein Stück entlang der Spitalstraße, dann links in die Scheibengasse bis zur Weberstraße, dort links bis zum Haus Nr. 12 führt der Historische Stadtrundgang nun zwischen den Häusern 12 und 12 a eine kleine romantische Treppe hinauf bis zur Schulgasse. Hier wird der so genannte Gänseberg von Westen her vom hoch aufragenden Giebel der 17) Schaffnei der Zisterzienserabtei Salem (um 1586) beherrscht. Von hier verwaltete die Abtei die zahlreichen Güter in der Umgebung. Gegenüber steht das ehemalige 18) Haus des Syndikus des Ritterkantons Donau, dessen Portal das Wappen des Ritterkantons ziert. Ehemals Freihof und Adelssitz, wurde das Gebäude 1689 von den Rittern erworben und um 1775 umgebaut. In der Schulgasse findet sich die so genannte 19) Oberschaffnei, die in den Jahren 1687 als Klosterhof des Benediktinerinnenklosters Ursprung bei Schelklingen errichtet wurde. Von hier führt die Schulgasse zurück zum Ausgangspunkt des Rundganges. - Alternativ lohnt sich während der Zeit zwischen Ostermontag und Oktober jeden ersten Sonntag im Monat ein Abstecher zum 20) Wolfertturm im Wolfertpark, der einen tollen Ausblick über die Stadt, die malerische Umgebung und bei gutem Wetter bis zu den Alpen bietet. Dorthin gelangt man von der Schulgasse ausgehend bis zur nächsten Kreuzung, dort rechts in die Straße Bucksgäßle. Nach der Überquerung der Lindenstraße folgt man einem kleinen Weg nach oben entlang der Schillerstraße bis zum Wolfertweg, der direkt zum Wolfertpark mit dem Wolfertturm führt. Über die Müllerstraße, dann links in die Lindenstraße und kurz darauf wieder rechts in die Marktstraße gelangt man zurück zum Ausgangspunkt am Marktplatz.

➡ **Wanderwege in der näheren Umgebung** - Für Wanderer bieten sich in und um Ehingen ideale Bedingungen. Die abwechslungsreiche und beeindruckende Landschaft der Schwäbischen Alb mit ihren gut markierten und durchdacht angelegten Wandertouren entlang der Naturschätze der Region lässt jedes Wandererherz höher schlagen. Ein wahrer Geheimtipp für Wanderer ist der Besinnungsweg durch die Ehinger Alb. Die »Wege der Besinnung und Einkehr auf der Ehinger Alb« sind ein Gemeinschaftsprojekt der Ortschaften Altsteußlingen, Dächingen, Erbstetten, Frankenhofen, Granheim, Mundingen und der Stadt Ehingen/Donau in Zusammenarbeit mit dem Förderverein »Besinnungsweg Ehinger Alb im Biosphärengebiet e. V.«. Der »Qualitätsweg Wanderbares Deutschland« führt auf 53 km durch die wunderschöne Gegend um Ehingen und lädt die Wanderer zur Besinnung ein. Auch der Oberschwäbische Pilgerpfad entlang vieler bekannter aber auch vergessener Gnadenorte, Wallfahrtskirchen und Klöster führt an Ehingen vorbei. Auf den drei »Natouren« (14, 8 und 11 km) in und um die Stadt gilt es, Naturschätze zu erwandern. Außerdem präsentiert die Bierkulturstadt drei verschiedene Bierkulturwanderwege von 5, 10 und 15 km Länge. Weitere Wandervorschläge finden sich auf der Internetseite der Stadt Ehingen (www.ehingen.de).

TOUR 50

Dächingen - Käthrakuche - Dächingen

13 km

3½ Stdn.

Charakteristik - Die schöne Tour führt über die Hochfläche der nach Südosten abfallenden Alb und durch romantische Täler.
Anfahrt - Siehe Seite 196. Von Ehingen und Münsingen auf der B 465 und K 7336.
Parken - Gäste-P beim Gasthof Köhlers Krone. Weitere P-möglichkeit am Dorfplatz.

➡ **Der Rundweg** - Vom Landgasthof Köhlers Krone wandert man auf der Bruder-Johannes-Straße zum Informationszentrum Ehinger Alb, dort links in die Ziegelstraße und auf dieser bis zum Ortsausgang. 50 m nach dem Ortsschild rechts und nach weiteren 50 m nach links abbiegen. Kurz darauf geht man rechts auf einen Schotterweg, zuerst am Waldrand entlang und daraufhin im Bogen links bis zur Kapelle Maria am Weg von 2001 und weiter. Nach 200 m folgt links der Steinriegel »Fußabdruck«, dort weiter in Richtung Münsingen laufen. Nach ca. 150 m, beim Naturdenkmal Ulme überquert man die B 465, wandert auf einem Schotterweg im Bogen rechts und biegt nach 200 m bei der Kreuzung mit dem Feldkreuz links und nach 30 m rechts ab. Bei der Feldwegkreuzung nach 100 m verläuft der Weg rechts neben dem renaturierten Riedgraben, der nur zeitweise Wasser führt. Nach der Querung der K 7341 folgt man den Markierungen [Wege der Besinnung und Einkehr auf der Ehinger Alb], [HW 7] und [Roter Strich] in Richtung Käthrakuche. Entlang des Riedgrabens im Brieltal gelangt man zum Maierbrünnele von 1880. Weiter abwärts erreicht man

nach 750 m Käthrakuche, übertragen etwa: »Kätheren Küche«, eine ehemaligen Wohnhöhle. Nach der Durchquerung des Tales wandert man weiter, jetzt nur noch der Markierung [Wege der Besinnung und Einkehr auf der Ehinger Alb] folgend, links auf einem Grasweg am Waldrand sachte aufwärts in einem Trockental. Nachdem man die K 7341 überquert hat, geht es auf einem Grasweg leicht aufwärts. Nach 250 m läuft man auf dem Schotterweg nach rechts und 200 m danach links in den Wald hinein. An der ersten Kreuzung halbrechts im Tal weiter, bei der nächsten Kreuzung geradeaus am Waldrand für etwa 400 m weiter, im Bogen rechts. Es folgen zwei Linksbögen. Auf dem Schotterweg führt der Weg nun [ohne Markierung] links abwärts, zunächst am Waldrand, dann über freies Feld. Bei den Drei Kreuzen die B 465 überqueren. Mit der [Blauen Raute] gelangt man am linken Streuobstwiesenpfad vorbei nach Dächingen und dort auf der Dreikreuzstraße zurück zur wohlverdienten Einkehr in den Landgasthof Köhlers Krone.

Landgasthof Köhlers Krone - Der traditionsreiche, bereits in der vierten Generation geführte Gasthof zählt zu den Biosphärengastgebern. Gemütliche Gästezimmer und Apartments vermitteln Behaglichkeit und die zeitgemäße regionale Küche verwöhnt die Gäste mit leckeren Gerichten. Hier kann man auch die ganze Vielfalt der Alb-Linse genießen. Der Duft von hausgemachtem Brot und Kuchen strömt durch das Backhaus, das zusammen mit dem Biosphärenladen zum Stöbern und Verweilen einlädt. - ÖZ Backhaus: Mittwochs und sonntags 10-19 Uhr - Restaurant: Freitag bis Mittwoch 9-22 Uhr, warme Küche von 11.30-14 Uhr und 17.30-21 Uhr.

TOUR 51

Kirchen - Schloss Mochental - Untermarchtal - Lauterach - Saubergh - Kirchen

17 km

4½ Stdn.

Charakteristik - Moderne Kunst im barocken Schloss und die Natur gehen auf dieser Tour eine gelungene Symbiose ein. Entlang des wunderbaren Rundweges warten viele Höhepunkte: weite Felder, kurze Waldabschnitte, die beschauliche Atmosphäre des Donau-Lautertales und eine großartige Fernsicht auf die Alpen.

Anfahrt - Siehe Seite 196. Von Ehingen über die K 7417 und die K 7344. - A 8 in Richtung München bis Ausfahrt 61, Merklingen. Weiter in Richtung Ehingen/Blaubeuren/Laichingen. Über L 1230, B 28 und B 492 nach Ehingen. Von dort über die K 7414 und K 7344 nach Kirchen. - RE- und RB-Verbindungen vom ICE-Bahnhof Ulm bis Munderkingen oder Ehingen, dort jeweils weiter mit dem Bus bzw. Rufbus (ab Ehingen RFB 316: Anmeldung bis 1 Std. vor Abfahrt bzw. am Vortag bis 18 Uhr unter Tel.: 07391/70010 oder Spätbus 311a, Bedarfshalt: Anmeldung bis 1 Std. vor Zustieg unter 07391/707055).

Parken - Großer Gäste-P beim Gasthof-Hotel zum Hirsch in Kirchen.

Gasthof-Hotel zum Hirsch - Das traditionsreiche Haus wurde bereits im 13. Jahrhundert urkundlich erwähnt und befindet sich inzwischen seit mehr als 70 Jahren in Familienbesitz. Im Fachwerkstil erbaut, strahlen die Galerien einen rustikalen Charme aus. Die Gästezimmer vermitteln ein heimeliges und behagliches Gefühl. Im Neubau kann man sich im herrlichen Wellness-Bereich verwöhnen lassen oder in einem der neuen und modern ausgestatteten Zimmer relaxen. Die Küche bietet feinste regionale Gerichte aus heimischen Produkten und kulinarische Köstlichkeiten aus aller Welt. Abgerundet wird alles mit erlesenen Weinen und frischen Bieren direkt aus dem »Ländle«. Shuttle-Abholservice. - ÖZ: Durchgehend geöffnet.

Gasthof · Hotel
Zum Hirsch

Familie Fiesel
Osterstraße 3
89584 Kirchen

Tel.: 0 73 93 / 95 01-0
Fax: 0 73 93 / 41 01

www.hotel-hirsch-ehingen.de

Heimelig & gemütlich · Gastlichkeit auf Tradition

➡ **Kirchen - Schloss Mochental** - ca. ½ Std. - Vom Gasthof-Hotel zum Hirsch geht man die Osterstraße entlang, überquert die Brunnenstraße geradeaus und geht weiter den Beckenberg mit der [Blauen Raute] geradeaus und auf dem Mochentaler Weg aus dem Ort hinaus. Nach etwa 100 m mündet der Weg gerade in einen breiten Forstweg. Oberhalb des mächtigen Steinbruches geht man (!) nicht geradeaus über die Schranke, sondern halb rechts am Waldrand entlang leicht aufwärts. In einem langgezogenen Linksbogen durchwandert man ein kleines Waldstück, bis der Weg wieder am Waldrand oberhalb des Steinbruches in einen Schotterweg mündet. Gut beschildert ist ab hier der Weg zum

✪ **Schloss Mochental** - Das heutige Schloss wurde 1730-33 unter dem Zwiefalter Abt Augustin erbaut. Seit 1985 beherbergt es die Galerie Ewald Karl Schrade, eine der größten und schönsten Privatgalerien Deutschlands, in der auf 2500 m² regelmäßig wechselnde Ausstellungen und Parallelausstellungen von der Klassischen Moderne bis zur Gegenwart gezeigt werden. Die Verbindung von barocker Inneneinrichtung und moderner Kunst macht den Besuch der Galerie zu einem eindrucksvollen Erlebnis.

➡ **Schloss Mochental - Untermarchtal - Lauterach - Saubergh - Kirchen** - ca. 4 Stdn. - Da der Weg mit der [Blauen Raute] links entlang der Schlossmauer und abwärts durch Elektrozäune versperrt ist, empfiehlt es sich, stattdessen mit aller gebotenen Vorsicht entlang der Fahrstraße abwärts zur K 7414 zu wandern. An der Straße geht man auf den Radweg nach links, überquert nach ca. 150 m die Straße und geht auf der anderen Seite [ohne Markierung] rechts am Waldrand entlang. Nach weiteren 200 m wandert man dann auf einem breiten, geschotterten Weg links am Waldrand bis zum Ende des Tales nach ca. 1 ¾ km, wo man scharf rechts auf einem Wiesenweg am gegenüberliegenden Waldrand weitergeht. Später kommt wieder die Markierung [Blaue Raute] hinzu. Nach nicht ganz 1 km wandert man an der Feldkreuzung geradeaus und auf dem asphaltierten Weg links aufwärts an einem Feldkreuz von 1996 vorbei zum renovierten Kalkofen, einem technischen Kulturdenkmal, das an Sonn- und Feiertagen 11-17 Uhr besucht werden kann. Näheres erfährt man hierzu unter 07393/917383. Auf der L 231 geht man unter der B 311 nach Untermarchtal. In der Ehinger Straße biegt man nach rechts ab, geht daraufhin die Bergstraße geradeaus, biegt nach dem kommenden Linksbogen scharf nach rechts ab und wandert weiter, nun mit dem [Blauen Dreieck], aus dem Ort hinaus. Vor der Bahnlinie geht man rechts unter der imposanten Brücke der B 311 hindurch und folgt dann auf einem Feldweg den Gleisen. Nach ca. 1 km überquert man die Gleise nach links und wandert weiter auf dem Radweg durch das von eindrucksvollen Felsen begrenzte Donautal. Weiter geht es am Klammerfels vorbei und auf Höhe des Streckenkilometers 50 rechts unter der Bahnlinie hindurch. Links am Felsen vorbei gelangt man in das wildromantische Lautertal. Von hier folgt man dem im Jahre 2012 angelegten [Wasser-Erlebnispfad Großes Lautertal]. Nach einem kleinen Steinhäuschen gelangt man zu einer Gabel, an der man sich mit [HW 5], dem [Roten Strich], dem [Blauen Dreieck] sowie den Wegweisern ins [Wolfstal] und zur [Laufenmühle] geradeaus hält. Man passiert die Bettelhöhle und imposante Felsgrotten. Sehenswert ist die links oberhalb des Wanderweges kanalisierte Lauter, die teils durch lange Tunnels geleitet wird. Im malerischen Lauterach angekommen, geht man [ohne Markierung] die Querstraße kurz rechts, die Ortsdurchgangsstraße rechts und nach der Lauterbrücke den Kapellenweg links. An der Wegegabel nach 50 m halb rechts aufwärts. Nun geht man einen Linksbogen, die Schwärze, und nach dem Linksbogen rechts steil aufwärts. Oben führt der Weg vorbei an einer kleinen Kapelle aus dem Ort hinaus. Es folgt eine spitze Gabel, hier halb rechts weiter. (!) Etwa 100 m dahinter, ca. 30 m vor dem Verbotsschild, wandert man mit der [Blauen Raute] auf einem schmalen Pfad rechts steil aufwärts durch den Wald. Nach einem kurzen Anstieg geht es geradeaus am Waldrand entlang und erreicht mit einer atemberaubenden Aussicht - bei guter Sicht sieht man hier ein prächtiges Alpenpanorama - vorbei am Spiel- und Grillplatz Saubergh weiter aufwärts das Schloss Mochental. Dort biegt man links ab und gelangt durch den Wald auf dem bekannten Weg zur wohlverdienten Einkehr im Gasthof-Hotel zum Hirsch.

TOUR 52

Blaubeuren - Historischer Stadtrundgang

1 ½ Stdn.

Anfahrt - Über die A 8 von Stuttgart oder München bis Ausfahrt Merklingen, dann weiter auf der L 1230 und B 28 in Richtung Blaubeuren. - Aus Ulm bzw. Reutlingen über die B 28 bis Blaubeuren. - Zug Linie R 3 von Ulm nach Sigmaringen oder Schienen-Bus »Ulmer Spatz« Linie R 31 (Mai-Oktober an Sonn- und Feiertagen). - Mit dem Bus: Linie 365 Laichingen-Blaubeuren (Montag-Freitag) oder Rad-Wanderbus Linie 369 Blaubeuren-Westerheim (Mai-Oktober an Sonn- und Feiertagen).
Parken - Rund um die Altstadt gibt es viele P und 🅿, die alle kostenlos, jedoch teils mit zeitlicher Beschränkung sind. Günstig gelegen: 🅿 Marktstraße, P Mauergasse oder der P am Busbahnhof.

✪ **Blaubeuren** - Am Fuße der Schwäbischen Alb, ganz im Osten vor Baden-Württemberg, liegt die Blautopfstadt Blaubeuren, malerisch eingebettet im Talkessel der Urdonau. Die wohl schönste Karstquelle Deutsch-

lands, der Blautopf, bringt hier das Wasser von der Alb, das sich innerhalb des Kalkgebirges in großen Höhlensystemen sammelt, an die Oberfläche. Viele Legenden und Geschichten ranken sich um die in auffällig schönem Blau schimmernde Quelle und auch der Lyriker Eduard Mörike ließ sich bei der Historie von der Schönen Lau in seinem Werk »Stuttgarter Hutzelmännle« vom sagenumwobenen Blautopf inspirieren. Die ersten Siedlungen Blaubeurens reichen bis in die früheste Menschheitsgeschichte zurück. Bedeutende Funde in den umliegenden Höhlen stammen aus der Altsteinzeit, sowohl Funde von den Neandertalern als auch von den Cro-Magnon-Menschen sind nachgewiesen und werden in Blaubeuren im Urzeitmuseum ausgestellt. Im 6./7. Jahrhundert siedelten die Alemannen in Beuren an der Blau. Im Jahre 1085 gründeten die Grafen von Tübingen am Blautopf das Benediktinerkloster Blaubeuren, das ausschlaggebend für die Gründung der heutigen Stadt war. Im Jahre 1267 wurde die zu diesem Zeitpunkt bereits befestigte Stadt erstmals urkundlich erwähnt. Vor 1447 wechselte die Stadtherrschaft häufig, bis die Grafen von Württemberg Blaubeuren von den Helfersteinern kauften. Bis zur Zeit der Industrialisierung bestand die kleine Stadt in ihrer mittelalterlichen Gestalt. Um das Jahr 1830 herum begann sich Blaubeuren auch über die Stadtmauern hinaus auszudehnen. Die Blautopfstadt umfasst mittlerweile sieben Stadtteile besitzt eine der besterhaltenen mittelalterlichen Altstädte des Landes.

➡ Historischer Stadtrundgang

Neben verschiedenen Stadt- und Themenführungen lässt sich die malerische Altstadt mit ihren eindrucksvollen Fachwerkhäusern auf dem »Altstadtstelenrundgang« eigenständig erkunden. Die 15 Stelen weisen auf 1½ km den Weg durch die pittoreske Altstadt und informieren über die Sehenswürdigkeiten. Dabei ist es egal, an welcher Stelle gestartet wird. Als hervorragender Ausgangspunkt bietet sich allerdings das Hotel Ochsen mitten in der Altstadt an.

Hotel Ochsen

Das Komfort-Hotel Ochsen besteht bereits seit 500 Jahren in Blaubeuren. Seit drei Generationen wird der Restaurant- und Hotelbetrieb »Ochsen« von der Familie Unsöld geführt. Im gemütlichen und stimmungsvollen Restaurant werden die Gäste mit einem Angebot an klassischen, schwäbischen Gerichten mit regionalen und bewusst ökologischen Zutaten verwöhnt. Das Hotel bietet sowohl komfortabel ausgestattete Einzel-, Doppel- und Mehrbettzimmer als auch Ferienwohnungen für die Übernachtungsgäste an. Das Haus verfügt über einen kleinen kostenfreien P mit begrenzten Parkmöglichkeiten, alternativ stehen 10 kostenpflichtige (10 Euro) Garagenplätze zur Verfügung. - ÖZ: Das Restaurant ist von 11.30-14 Uhr und von 18-22 Uhr geöffnet, sonntags ist Ruhetag.

➡ Fortsetzung Stadtrundgang - Vom Hotel gelangt man nach wenigen Schritten rechts durch die Marktstraße zum 1) Rathaus am idyllischen Marktplatz. Nun geht es rechts durch die Webergasse am herrschaftlichen 2) Großen Haus, einem Kulturdenkmal, das heute die Stadtbibliothek beherbergt, und dem 3) Kleinen Großen Haus an der Ecke Bayergasse, Weberstraße vorbei. Das Kleine Große Haus wurde bereits 1483 erbaut und dient heute nach liebevoller Restaurierung als Bürger- und Kulturhaus. Hier führt der Weg von der Weberstraße links in die Adlergasse und an deren Ende zunächst zu einem kleinen Abstecher rechts in die Karlstraße bis zum 4) Urgeschichtlichen Museum. Hier werden einzigartige Funde aus den Höhlen um Blaubeuren wie bspw. die ältesten Kunstwerke oder Musikinstrumente ausgestellt und das Leben und die Kultur unserer Vorfahren aus der Altsteinzeit lebendig dargestellt. Nun führt der Weg vorbei an der wunderschönen 5) Ev. Stadtkirche über den idyllischen Kirschenplatz in die Aachgasse. Hier steht das 6) Babette-Gundlach-Haus der AWO. Das hiesige alte Gerberviertel mit seinen vielen Wasserläufen wird im Volksmund auch 7) Klein Venedig genannt. Direkt an der Aach steht der 8) Hohe Wil, das schönste Fachwerkhaus der Stadt. Es wurde im 15. Jh. erbaut und bekam 1625 beim Umbau zum Gerberhaus seine endgültige Gestalt. »Wil« bedeutet hohes Dach und die Dachneigung ist in der Tat so steil, dass kein Schnee darauf liegen bleibt. Vorbei an der 9) Touristinfo führt der Rundweg links durch die Straße »Auf dem Graben« bis zur Mauergasse, in der sich noch Reste der alten 10) Stadtmauer befinden. Von dieser zweigt rechts das kleine 11) Klostergässle ab. Dort entlang gelangt man direkt zum ehem. 12) Benediktinerkloster. Die Klosteranlage von 1085 ist vollständig erhalten. Im Chorraum der Klosterkirche steht mit dem doppelflügeligen, gotischen Hochaltar eins der bedeutendsten Kulturdenkmale des Mittelalters. Auch der Kreuzgang, die Brunnenkapelle, der Kapitelsaal sowie das Kräutergärtchen im Innenhof sind äußerst sehenswert. Zum Kloster gehört außerdem das Badhaus der Mönche. Zusammen mit dem Heimatmuseum bietet das einzige erhaltene mittelalterliche Mönchsbad Deutschlands Einblicke in die Geschichte von Kloster- und Stadtleben. Von der Straße »Klosterhof« führt rechts ein Abstecher über die Blautopfstraße zum sagenumwobenen 13) Blautopf. Der trichterförmige

Das traditionelle Komfort-Hotel im Herzen Blaubeurens

Hinter der historischen Fassade aus dem 17. Jh. bieten 50 Zimmer mit über 120 Betten allen Komfort der heutigen Zeit. Im Restaurant genießen Sie regionale wie internationale Spezialitäten. Außerdem bieten wir:

- zentrale, aber ruhige Lage
- günstige Autobahnanbindung A8/A7 (10 min.)
- kostenfreies W-LAN
- Personenaufzug

- Tagungsräume
- Bankett-Saal
- Gartenlokal
- Hotelbar

★★★

Marktstr. 4 · 89143 Blaubeuren · Tel. (07344) 9 69 89-0 · Fax (07344) 96989-69
www.ochsen-blaubeuren.de · rezeption@ochsen-blaubeuren.de

Quelltopf ist etwa 21 m tief und strahlt insbesondere nach langen Regenpausen in einem intensiven Blau. Zwischen 310 und zu Spitzenzeiten sogar 32000, im Mittel 2300 Liter pro Sekunde schüttet diese Quelle aus. Am Blautopf steht das Gewerbemuseum mit einer durch Wasserkraft betriebenen historischen Hammerschmiede. Über die Blautopfstraße geht es zurück zum Rundweg, der links in die 14) Klosterstraße mit dem 15) Matthäus-Alber-Haus abzweigt. Die Straße führt zurück zum Marktplatz.

➡ **Wanderwege in der näheren Umgebung** - Die wunderschöne Umgebung um Blaubeuren lädt zu ausgedehnten Wandertouren ein. Der Talkessel rund um den Blautopf bietet sich für gemächliche Wanderungen an, während die steilen Anstiege von der Tallage hinauf zur Schwäbischen Alb besonders die »Bergler« unter den Wanderern reizen. Die Tourismusinformation in Blaubeuren hält für Interessierte einen Prospekt mit verschiedenen Routenvorschlägen und auch eine Wanderkarte bereit (Aachgasse 7, 89143 Blaubeuren, Eingang »Auf dem Graben« - Telefon: 07344/921025 - E-Mail: tourismuszentrale-blaubeuren@arcor.de). Weitere Informationen bietet auch die Stadtverwaltung Blaubeuren im Rathaus an (Karlstraße 2, 89143 Blaubeuren - Telefon: 07344/9669-0 - Internet: www.blaubeuren.de).

➡ **Tour 1: Panorama-Rundwanderweg** - ca. 9 km - ca. 2½ Stdn. - ca. 150 Höhenmeter. Route: Blautopf - Blaufels - Landsitzle - Segelflugplatz - Sonderbuch - Rusenschloss - Große Grotte - Bahnhof-Panoramaweg - Altstadt.

➡ **Tour 2: Über den Höhlen des Blautopfs** - ca. 15 km - ca. 4 Stdn. - ca. 200 Höhenmeter. Route: Blautopf - Panoramaweg - Weiler - Tiefental - Seißen - Steigziegelhütte - Hessenhöfe - Obere Steige - Blaubeuren.

➡ **Tour 3: Neandertalers Pfade** - ca. 13 km - ca. 3½ Stdn. - ca. 180 Höhenmeter. Route: Dies ist ein Weg entlang der Orte bedeutender Funde der Urgeschichte. - Blaubeuren - Felsenlabyrinth - Brillenhöhle - Günzelburg - Weiler - Geißenklösterle - Höhlenweg zum Ruckenstich - Blautal über Rusensteg - Große Grotte - Blaubeuren.

➡ **Tour 4: Blaubeurener Alb und Urdonautal** - ca. 18 km - ca. 4½ Stdn. - ca. 170 Höhenmeter. Route: Oberer Tugendpfad - Rusenschloss - Sonderbusch - Asch - Tobeltal - Bühlenhausen - Attenlau - Hessenhöfe - Blaufels - Blaubeuren.

➡ **Tour 5: Geologie, Geschichte, Kunst und Literatur** - ca. 5 km - ca. 1½ Stdn. Route: Kneippanlage - Unterer Tugendpfad über die Blau - durchs Ried - Klötzle Blei - über den Rucken - Kloster Blaubeuren - Badhaus der Mönche/Heimatmuseum - Blautopf.

➡ **Tour 6: Durchs Felsenlabyrinth** - ca. 12 km - ca. 3 Stdn. - ca. 200 Höhenmeter. Route: Blaubeuren - Richtung Weiler - Brillenhöhle - Küssende Sau - Felsenlabyrinth - Günzelburg - Seißen - Oberer Barmen - Panoramaweg - Blaubeuren.

➡ **Tour 7: Zum Schillerstein** - ca. 7 km - ca. 2 Stdn. - ca. 170 Höhenmeter. Route: Über den Rucken - Klötzle Blei - über B 28 - Schillerstein - Hörnle - Hörnlesteige - Bahnhof - Panoramaweg - Blaubeuren, Altstadt.

TOUR 53

Blaubeuren-Asch - Ruine Rusenschloss - Blaubeuren - Blautopf - Sonderbuch - Asch

14 km

4 Stdn.

220 m

Charakteristik - Die abwechslungsreiche Rundwanderung führt von der Hochfläche über freies Gelände und Wald, vorbei an der Burgruine Rusenschloss, welche eine herrliche Aussicht bietet, nach Blaubeuren mit dem Blautopf als Höhepunkt. Nach einem längeren Aufstieg wird die Hochfläche wieder erreicht und man wandert danach meist über freies Gelände zurück zum Ausgangspunkt.

Anfahrt - A 8 Stuttgart - München, Ausfahrt Merklingen, dann auf der Umgehungsstraße L 1230 in Richtung Blaubeuren an Merklingen vorbei, ca. 4 km nach der Ausfahrt bei Machtolsheim links ab und über Berghülen auf der L 1236 nach Asch. - B 28 Bad Urach. - Von Ulm bis Blaubeuren und auf der K 7406 über Sonderbuch nach Asch. - Mit der Regionalbahn von Titisee-Neustadt über Sigmaringen. - Von Ulm nach Blaubeuren (wie S. 204), dann mit dem Bus Linie 366 in Richtung Gerhausen. - Ab Ulm ZOB bspw. mit der Buslinie 30 in Richtung Laichingen oder mit der Buslinie 36 in Richtung Asch/Blaubeuren. Bei allen Bussen jeweils bis Asch, Haltestelle Lamm.

Parken - Gäste-P beim Gasthaus zum Lamm oder öffentlicher P bei der Gemeindehalle, Wegweiser diesbezüglich am Gasthaus.

✪ **Asch** - Der auf 668 m Höhe gelegene Ort mit rund 1200 Einwohnern ist eine der ältesten Siedlungen auf der Schwäbischen Alb und wurde 1069 erstmals urkundlich erwähnt. Die Eingemeindung nach Blaubeuren erfolgte 1974. Sehenswert sind die Dorfhüle, früher Wasserspeicher und heute Löschwasserbehälter sowie die um 1474 erbaute, denkmalgeschützte Evangelische Pfarrkirche. Die Kirche wurde 1962 renoviert, der 41 m hohe Turm im Jahr 1996. Sie besitzt ein Fresko der Maria im Ährenfeld von 1510.

✪ **Blaubeuren** - Die im Blau- und Aachtal gelegene Stadt mit sieben Stadtteilen hat ca. 13000 Einwohner, davon 5600 Einwohner in der Kernstadt. Die Besiedlung im Blau- und Aachtal reicht bis in die Altsteinzeit zurück, wie Funde in den vielen Höhlen um die Stadt belegen. Im Jahr 1085 wurde ein Benediktinerkloster in unmittelbarer Nähe des Blautopfes gegründet. Um das Kloster entstand die Stadt, die 1267 erstmals genannt wurde. Bis zum Jahr 1830 behielt die Stadt neben dem Kloster ihre mittelalterliche Gestalt (damals hatte sie nur 1830 Einwohner). 1866 wurde Blaubeuren an die Eisenbahnlinie angeschlossen. Die heutige Größe entstand durch Eingemeindungen 1935, 1974 und 1975. Besonders sehenswert sind neben dem malerischen Stadtbild mit vielen Fachwerkhäusern der Klosterbezirk (hier stehen u. a. die Klosterkirche mit Chor und Hochaltar von 1493) und der Blautopf. Lohnend ist auch der Rundweg durch die Stadt (siehe Seite 204 ff.).

Blaubeuren - Blautopf mit Kloster

✪ **Blautopf** - Der Blautopf ist die markanteste Sehenswürdigkeit in Blaubeuren und gehört zu den schönsten Karstquellen Deutschlands. Im Blautopf kommt das Regenwasser, das sich im weit verzweigten Höhlensystem unter der Schwäbischen Alb gesammelt hat, wieder an die Oberfläche. Die Quelle liegt in 21 m Tiefe. Die Schüttung ist stark von den Niederschlägen abhängig und liegt zwischen 310 und 32000, im Schnitt 2300 l/s. Den Namen erhielt der Blautopf aufgrund der je nach Lichteinfall mehr oder weniger intensiv blauen Farbe seines Wassers. Am Blautopf steht eine Hammerschmiede mit Museum, die mit Wasser aus der Quelle angetrieben wird.

🍽 **Gasthaus zum Lamm** - Das traditionsreiche Haus kann auf weit über 150 Jahre schwäbische Gastlichkeit zurückblicken. Die Ferienwohnungen und das Gästehaus sind großzügig geschnitten und modern und gemütlich eingerichtet. Geboten wird eine moderne, nachhaltige Gastronomie in bereits fünfter Generation. Die prämierte Küche verwöhnt die Gäste mit köstlichen, täglich wechselnden Mittagsmenüs sowie einer umfangreichen Speisekarte und zusätzlich saisonal wechselnden Gerichten, für die vorwiegend regionale Zutaten verarbeitet werden. Die ausgewählte Weinkarte brachte dem Haus einen Platz im Haus der Baden-Württemberger Weine ein. - ÖZ: Mi.-Sa. 11.30-13.30 Uhr und ab 17 Uhr, So. 10-23 Uhr. Warme Küche gibt es während der Öffnungszeiten abends bis 21 Uhr, So. bis 14 Uhr und dann ebenfalls am Abend bis 21 Uhr. Montag und Dienstag sind Ruhetage.

➡ **Der Rundweg** - Vom Gasthaus zum Lamm geht man wenige Meter vor bis zur Kreuzung. Hier wandert man geradeaus auf der Dorfstraße, der K 7406 in Richtung Sonderbuch, leicht aufwärts bis zu einer markanten Linde (ND) neben einem Schuppen auf der linken Straßenseite. Vor der Linde biegt man halb links ab auf den Asperweg. Man geht weiter, bis der Weg in ein Asphaltsträßchen, einen land- und forstwirtschaftlichen Weg, mündet. Hier wandert man rechts. Man kommt an einem Aussiedlerhof vorbei und hat eine weite Voraussicht auf den Weg und die Umgebung. Halb rechts liegt der Blaubeurer Teilort Sonderbuch und man sieht eine Hochspannungsleitung. Der Weg verläuft geradeaus zwischen Feldern in leichtem Auf und Ab. Bald wird die K 7385 erreicht. Man geht an dieser 50 m nach rechts unter der Hochspannungsleitung hindurch und danach auf einem Asphaltweg nach links abwärts zur Waldecke, wo man das Asphaltsträßchen mit der [Roten Gabel] auf einem Schotterweg nach rechts verlässt. Der Weg

---

Gepflegte Gastlichkeit auf der Schwäbischen Alb

- Familientradition seit 1860 -

· Gastronomie · Gästezimmer
· Ferienwohnungen · Feierlichkeiten
· Partyservice · Veranstaltungen

Erholen Sie sich in unserem Haus und fühlen Sie sich wohl. Genießen Sie unsere Produkte aus der Region sowie Wild aus heimischen Wäldern.

Gasthaus Lamm & Lammwirt Stadel

Familie Mattheis
Dorfstraße 56
89143 Blaubeuren/Asch

Telefon 0 73 44 / 64 19
Fax 0 73 44 / 21916

www.fewo-lamm.de
info@fewo-lamm.de

führt zunächst am Waldrand weiter abwärts und dann in den Wald hinein. An der nächsten Gabel geht man rechts. Der Waldweg wird fast eben, später wandert man wieder steiler aufwärts. An den Abzweigen achtet man immer auf [Rote Gabel]. Oben mündet der Weg in einen Querweg, an dem man links einbiegt. 100 m dahinter läuft man einen Rechtsbogen, links am Sportplatz und am Vereinsheim vorbei. Bei diesem geht man links abwärts auf einem Waldweg, der in einen Forstweg mündet. Hier wandert man nun links und nach 50 m an einer Gabel rechts mit dem Wegweiser [Zur Burgruine Rusenschloss] und der [Roten Raute]. Nach 700 m erreicht man leicht aufwärts das Eingangstor der Burgruine Rusenschloss auf 631 m. Weiter vorne geht man über Steinstufen aufwärts zum Aussichtspunkt innerhalb der beeindruckenden Ruine. Von dort hat man einen herrlichen Blick auf das Blautal, Blaubeuren und die umliegenden Felsen. Über die Steinstufen geht man wieder abwärts und hält sich anschließend rechts mit [Roter Raute] und [Bahnhof 1,5 km]. In Serpentinen wandert man teilweise steil und über steiniges Gelände - (!) Vorsicht bei feuchter Witterung - abwärts. Weiter unten wird es noch steiler, da der Weg geradeaus den Hang hinab führt. Man kreuzt einen breiten Querweg. Am Waldausgang geht man 150 m nach rechts und dann auf breitem Schotterweg mit der [Roten Gabel] nach links. Man wandert über die Blau und vor dem Bahngleis markierungsgemäß rechts, später aufwärts zum Bahnhof. Dort geht man durch die Karlstraße, Klosterstraße und Blautopfstraße zum Blautopf. - Alternativ kann man auch folgenden Weg wählen: Nach der Stadtkirche rechts über den Kirchplatz, 100 m dahinter wieder rechts in die Aachgasse - am Bach entlang stehen hier schöne Fachwerkhäuser - und am Ende der Gasse links über den Innenhof des Klosters zurück auf die Klosterstraße. Beide Wege führen teilweise über die Altstadtrunde. - Man wandert links am Blautopf entlang. Nach 50 m weisen die [Rote Gabel] und [Asch 5 km] links aufwärts und der anstrengende Aufstieg beginnt. Zunächst in Serpentinen steil aufwärts. Man kreuzt unter Beibehaltung der Richtung die Zufahrt zu einem Haus, danach die K 7406 und dann wieder einen Querweg. Nach dem Aufstieg kommt man oben kurz aus dem Wald und geht auf dem Querweg rechts mit der [Roten Gabel]. Der Weg wird allmählich eben. Ein Trampelpfad führt mit einem kurzen Abstecher rechts zur Hangkante mit dem Wilhelmsfels. Vorbei am Rast- und Spielplatz Landsitzle kommt man zur Flughalle. Nach der Halle geht man nach links. Man umläuft das Fluggelände, indem man erst nach rechts und dann zweimal nach links wandert. Etwa auf Höhe der

Flughalle auf der anderen Seite des Fluggeländes biegt ein geschotterter Wiesenweg nach rechts von der Asphaltstraße ab. Der Weg führt geradeaus durch eine leichte Senke zum Wald Flinsenlauh. Man durchquert den Wald. Wo man wieder aus dem Wald herauskommt, wandert man auf dem Asphaltweg geradeaus leicht aufwärts. Der Kirchturm von Asch ist bereits sichtbar. An der nächsten Kreuzung bleibt man geradeaus. Über eine Kuppe und einen anschließenden Rechtsbogen erreicht man Asch. Auf dem Seißer Weg kommt man zur Dorfstraße. Hier geht man nach rechts zurück zum Ausgangspunkt und zur gemütlichen Einkehr im Gasthaus zum Lamm.

TOUR 54

Heroldstatt-Sontheim - Eistal - Tiefental - Sontheimer Höhle - Sontheim

13½ km

4 Stdn.

340 m

Charakteristik - Von der hügeligen Kuppenalb führt die abwechslungsreiche Rundwanderung abwärts und erreicht am Ende des Eistals den tiefsten Punkt, bevor es im Tiefental wieder bequem aufwärts geht. Nach einem steilen Anstieg erreicht man die Sontheimer Höhle, das Highlight der Wanderung.

Anfahrt - Von Bad Urach auf der B 28 Rtg. Ulm, 12 km hinter Zainingen nach rechts auf der L 230 nach Heroldstatt. - A 8 Stuttgart - München, AS Merklingen, dann weiter an Laichingen vorbei und auf der L 230 nach Heroldstatt. - Von Ulm mit RE bis Blaubeuren, von dort mit Buslinie 365 (Rtg. Laichingen Mitte) bis Laichingen Supplinger Straße und weiter mit Buslinie 335 (Rtg. Münsingen Bahnhof) oder von Ulm mit Buslinie 30 bis Laichingen Mitte (Endstation) und von dort mit Buslinie 334 (Rtg. Hülbenstraße, Heroldstatt). - Von Bad Urach mit Buslinie 345 A bis Münsingen Bahnhof (Endstation) und von dort mit Buslinie 335 (Rtg. Laichingen Mitte) oder von Bad Urach mit Buslinie 7646 bis Laichingen Mitte (Endstation) und von dort mit Buslinie 335 (Rtg. Münsingen Bahnhof). Bushaltestelle in allen Fällen in Heroldstatt (Sontheim) ist Lange Straße (etwa 200 m vom Wiesenhof entfernt).

Parken - Gäste-P beim Landhotel-Restaurant Wiesenhof oder P in der Wiesenstraße neben der Bäckerei nahe des Dorfplatzes.

✪ **Heroldstatt** - Heroldstatt mit knapp 3000 Einwohnern ist eine 770 m hoch gelegene Gemeinde im Alb-Donau-Kreis und besteht aus den beiden Ortsteilen Ennabeuren und Sontheim. Die bis dahin selbständigen Gemeinden schlossen sich 1973 im Zuge der Gemeindereform zusammen. Sehenswert sind die Cosmas- und Damiankirche Ennabeuren und die Peter- und Paulskirche Sontheim. Herausragendes Naturdenkmal ist die Sontheimer Höhle, die älteste Schauhöhle Deutschlands.

Landhotel-Restaurant Wiesenhof - In einer der schönsten Naturlandschaften Deutschlands verwöhnt das Hotel-Restaurant seine Gäste in ländlich-stilvollem Ambiente und lässt mit dem angeschlossenen Reiterhof nicht nur Wanderer- sondern auch Reiterherzen höher schlagen. Die komfortablen Gästezimmer bieten Raum für Erholung während die exzellente regionale Küche für das leibliche Wohl sorgt. Viele kulinarische Aktionen wie »Pasta in flagranti« oder Steakhouse-Abende zeugen vom Ideenreichtum der Köche und auch das Albwirte-Bier ist überzeugend lecker. Zahlreiche Möglichkeiten zur Freizeitgestaltung werden geboten. Das Restaurant ist barrierefrei. - ÖZ: Montag bis Samstag ab 15 Uhr, warme Küche 18-22 Uhr. Sonntag 11-20 Uhr, durchgehend warme Küche.

Der Rundweg - Ausgangspunkt der Wanderung ist das Landhotel Wiesenhof. Man überquert die Lange Straße und biegt schräg gegenüber des Wiesenhofs links in den Haselweg ab. Auf diesem wandert man [ohne Markierung] leicht aufwärts aus dem Ort bei schöner Sicht auf die Albhochfläche. An einer Kreuzung geht man geradeaus. Der Asphaltweg führt geradeaus leicht abwärts. Man folgt wenige Meter der Markierung [Gelbes Dreieck]. Dort, wo es nach rechts abzweigt, geht man weiterhin geradeaus, nunmehr mit der [Gelben Gabel] in Richtung eines auf der gegenüberliegenden Höhe stehenden Mobilfunkmasten. Man schreitet durch eine Senke, anschließend wieder aufwärts. Oben vor dem Mobilfunkmast biegt man nach rechts auf einen Schotterweg ab. Man geht an einer großen Scheune entlang und danach mit [Gelber Gabel] geradeaus im Wald leicht abwärts. Der Schotterweg führt zwischen Wald und Wiesen durch eine

leichte Senke und mündet dann in eine Asphaltstraße. Hier geht man nach rechts und ist bald wieder auf Schotterbelag. Vor der nächsten Rechtskurve geht man geradeaus auf einen Feldweg, der leicht aufwärts führend bald wieder in einen geschotterten Waldweg mündet. Diesem folgt man nach links weiterhin aufwärts. Nach etwa 150 m zweigt ein weiterer Schotterweg nach rechts ab, dem man mit der [Gelben Gabel] folgt. An der nächsten Kreuzung trifft man auf die von links kommende Markierung [Roter Strich] des [HW 7], des Schwäbischen Alb-Oberschwaben-Wegs. Man bleibt geradeaus mit dem [Roten Strich] und dem Wegweiser [Justingen] und erreicht fast eben die schmucke Lindenhütte mit Grillstelle. Hier wandert man wieder geradeaus mit [Rotem Strich] durch den Wald »Behwinde« hinab ins Eistal. Unten erreicht man eine Mehrfachkreuzung. Mit der [Gelben Gabel] und dem Wegweiser [Tiefental] wandert man links weiterhin auf einem Schotterweg leicht abwärts. Der Weg im engen Eistal führt stetig abwärts. Man folgt der Markierung [Gelbe Gabel] und kommt an einigen kleineren Felsen und kurz vor dem Ende des Tals nach einem langen Wegstück an zwei größeren Felsen vorbei. Nach der Schutzhütte »Basennase« mündet das Eistal in das Tiefental. Hier geht man nunmehr mit dem [Gelben Dreieck] links stetig leicht aufwärts. Nach gut 2 km trifft man wieder auf den von links kommenden [Roten Strich = HW 7], dem man nun mit dem Wegweiser [Sontheimer Höhle] folgt. Kurz darauf zweigt der Weiterweg mit [Rotem Strich] nach rechts ab. Der Wanderweg führt in Serpentinen am Hang steil aufwärts. Oben erreicht man den mächtigen Höhleneingang und das Rasthaus der Sontheimer Höhle.

✪ **Sonheimer Höhle** - Die Sontheimer Höhle gehört zu den bekanntesten Schauhöhlen der Schwäbischen Alb. Sie kann entlang eines 192 m langen Führungsweges bis in eine Tiefe von 34 m besichtigt werden (ÖZ: von Anfang Mai bis Ende Oktober samstags von 14 Uhr bis 17 Uhr, sonn- und feiertags von 10 Uhr bis 17 Uhr, werktags für Gruppen nach Vereinbarung, Tel. 07389/906404. Aus Gründen des Fledermausschutzes ist sie von November bis Ende April geschlossen). Die erste Beschreibung der Höhle erfolgte im Jahr 1488. Der erste und damit älteste Höhlenplan einer Höhle der Schwäbischen Alb stammt aus dem Jahr 1753. Seit 2011 erstrahlt die Höhle im neuen Licht einer innovativen LED-Beleuchtung.

➡**Fortsetzung des Rundwegs** - Von der Höhle wandert man mit [Rotem Strich] auf der Asphaltstraße fast eben hoch über dem Tiefental weiter. 80 m vor einer Schranke kreuzt schräg ein Waldweg. Hier geht man mit dem [Roten Strich] halb links auf dem Waldweg, wobei die Markierung schlecht zu erkennen ist (**!**). - Alternativ kann man auf der Asphaltstraße geradeaus weiter wandern bis zu einer Fahrstraße und dort nach links, wo beide Wege nach wenigen Metern wieder zusammentreffen. - Auf dem Waldweg verlässt man bald wieder den Wald und wandert in leichtem Auf und Ab über eine Wiese, wobei man auf die Markierung [Roter Strich] achtet. Der Ausgangs- und Zielort Sontheim ist bereits in Sichtweite. Man erreicht die bereits erwähnte Fahrstraße, der man links folgt. An einer Gabelung geht man nunmehr [ohne Markierung] halb links auf einem asphaltierten landwirtschaftlichen Weg steil abwärts. Beim ND Buchengruppe wandert man rechts weiter abwärts. Bei schöner Heidelandschaft durchschreitet man eine Senke. An der nächsten Gabelung geht man links aufwärts. Weiter oben trifft man auf die von links kommende Markierung [Gelbe Gabel]. Man erreicht auf dem Blaubeurer Weg den Ortsanfang von Sontheim. An der nächsten Kreuzung wandert man geradeaus weiter. Auf der Wiesenstraße geht man vor bis zur Lange Straße und dort links zurück zum Ausgangspunkt mit gemütlicher Einkehr im Landhotel-Restaurant Wiesenhof.

TOUR 55

Feldstetten - Nattenbuch - Laichinger Tiefenhöhle - Hohler Stein - Feldstetten

14 ½ km

4 Stdn.

330 m

Charakteristik - Die abwechslungsreiche Rundwanderung bietet schöne Aussichten auf die Albhochfläche und führt an einigen Naturdenkmälern vorbei.
Anfahrt - A 8 Stuttgart - München, Ausfahrt Merklingen, dann weiter Richtung Laichingen. - A 8 bis zur Ausfahrt Hohenstadt-Westerheim. - Feldstetten liegt an der B 28 Bad Urach - Blaubeuren/Ulm. - Von Bad Urach mit der Buslinie 345 A bis Münsingen und von dort mit der Buslinie 335 in Richtung-Laichingen Mitte. - Von Bad Urach mit der Buslinie 7646 in Richtung Laichingen. - Von Ulm mit der Buslinie 333 bis Schelklingen und von dort mit Buslinie 335 in Richtung Laichingen-Mitte. - Von Ulm mit der Buslinie 30 bis Laichingen-Mitte und von dort mit der Buslinie 7646 in Richtung Bad Urach. - Die Buslinien 335 und 7646 halten in Feldstetten.
Parken - Gäste-P beim Hotel Post. Weitere P-möglichkeiten im Bereich des Dorfplatzes.

✪ **Feldstetten** - Der auf 763 m Höhe gelegene Teilort der Stadt Laichingen liegt verkehrsgünstig an der B 28 zwischen Bad Urach und Ulm. Erstmals urkundlich erwähnt wurde Feldstetten im 12. Jahrhundert. Sehenswert ist die Evangelischen Pfarrkirche von 1737 mit dem noch gotischen Chor aus dem 14. und Wandgemälden aus dem 14. und 15. Jahrhundert.
➥ **Der Rundweg** - Ausgangspunkt der Wanderung ist das Hotel Post an der B 28. Von hier wandert man [ohne Markierung] gut 200 m auf der Langen Straße/B 28 in Richtung Laichingen. Bei der dritten Abzweigung nach rechts verlässt man die B 28. Auf dem Nattenbucher Weg wandert man aufwärts und oben geradeaus über eine Kuppe. An einem Ahornbaum weisen die [Gelbe Gabel] und [Sontheim 6 km] weiter geradeaus. Der Asphaltbelag endet und nach einem kurzen Schotterweg vorbei an einem Bauernhof kommt man auf einen Wiesenweg, der entlang einer Telefon-

leitung mit der [Gelben Gabel] abwärts führt. Hinter einer Senke geht es wieder aufwärts neben einem Wiesengrundstück mit Elektrozaun. Etwa auf halber Höhe, am Eck des Elektrozauns, weist die [Gelbe Gabel] nach links. Man geht nun fast eben am Elektrozaun entlang. Kurz darauf biegt man markierungsgemäß nach rechts ab. Der Wiesenweg führt aufwärts in den Wald. Beim Waldaustritt wandert man rechts über einer Wiese zu einem Schotterweg. Hier verläuft der Weg nur noch leicht aufwärts. Vorbei am Vereinsgelände des Schäferhundevereins hält man sich an einer Gabelung geradeaus. Man wandert auf dem Schotterweg über den 822 m hohen Nattenbuch. Die weitgehend erhaltene Heckenlandschaft steht unter Landschaftsschutz. Auf der Hochfläche hat man eine schöne Aussicht. Bevor der Weg steiler abwärts führt, erreicht man eine Kreuzung, an welcher der Asphaltbelag beginnt. Hier biegt man **(!)** nach links ab, nunmehr [ohne Markierung]. Der Asphaltweg führt abwärts und weiter unten im Linksbogen zur B 28. Man überquert die Bundesstraße und geht auf halb rechts auf-

Laichinger Tiefenhöhle

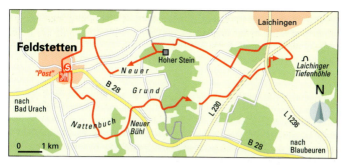

wärts. Oben wandert man nunmehr auf einem Schotterweg zum Waldrand. Hier rechts mit dem [Schwarzen K] des Karstwanderwegs leicht abwärts laufen. Am nächsten Abzweig führt das [Schwarze K] noch vor einer Waldecke nach links in den Wald. Bei einer Hütte zweigt man nach rechts ab und geht der Markierung nach am rechten Waldrand entlang und zuletzt über eine Wiese zu einer Baumgruppe, wo man erneut einen Schotterweg erreicht. Bei der Baumgruppe informiert eine Tafel, dass sich hier das ND Erdfall Doline befindet. Erdfälle entstehen dadurch, dass darunter liegende Hohlräume zum Einsturz kommen. Der Weg verläuft ca. 150 m nach links. Beim Beginn des Asphaltbelags weist das [Schwarze K] nach rechts auf einen Wiesenweg, der geradeaus zur L 230 führt. Man geht vor der Landstraße nach links bis zur Unterführung unter der L 230. Nach der Unterführung wandert man [ohne Markierung] links aufwärts bis zur L 1236, die man überquert und der man wenige Meter nach links folgt. Hier weisen der [Rote Strich] und [HW 7] nach rechts auf einen Waldpfad, der in einen weiteren Schotterweg mündet. Diesem folgt man nach links. Nach einem Rechtsbogen am Waldrand entlang kommt man zur Laichinger Tiefenhöhle.

✪ **Laichinger Tiefenhöhle** – Die Tiefenhöhle ist die einzige auf 350 m Länge und 55 m Tiefe begehbare Schachthöhle Deutschlands. Ihre Gesamtlänge beträgt 1300 m und die maximale Tiefe etwa 80 m. Die Höhle liegt im Einzugsgebiet des Blautopfs, wie Färbeversuche nachgewiesen haben. - ÖZ: Von Palmsonntag bis Ende Oktober täglich 9-17 Uhr.

➥ **Fortsetzung des Rundwegs** – Von der Tiefenhöhle wandert man immer weiter konsequent mit dem [Schwarzen K] auf dem Gehweg neben der Zufahrtsstraße in Richtung Laichingen. Man verlässt die Straße ca. 200 m nach der Brücke über die L 230 nach links. Zunächst auf Asphalt-, dann auf Schotter- und Wiesenweg geht man zur L 1236 und überquert diese. Der geschotterte Weg führt durch den Wald, zunächst eben, dann abwärts. Nach dem Waldaustritt wandert man rechts weiter abwärts zum Strommasten, wo man einen asphaltierten Querweg erreicht. Man geht rechts parallel zur Stromleitung und an der nächsten Kreuzung geradeaus. Hier steht eine Infotafel zum ND Feldhüle. Eine Hüle (= Hülbe), in der sich Niederschlagswasser sammelte, diente früher als Viehtränke. Nach der nächsten Kreuzung geht es auf einem Schotterweg weiter, bis von rechts eine Asphaltstraße kommt. Man wandert geradeaus weiter unter der Stromleitung zu einem nahen Gebäude, der Talstation des Skilifts. Von dort geht man schräg links aufwärts mit dem [Schwarzen K] über die Wiese zum

Strommasten an der Waldecke. Hier wandert man fast eben am Waldrand entlang. Man betritt den Wald und erreicht kurz danach das Ende eines Asphaltsträßchens. Hier geht man links aufwärts. - Bald lohnt ein Abstecher von 50 m auf einem schmalen Waldweg zum ND Hohler Stein, einer beeindruckenden, 12 m tiefen Höhlenruine, die durch einen Einbruch entstanden ist. - Wieder zurück wandert man der Markierung folgend weiter aufwärts bis zu einem breiteren Querweg, auf dem man nach rechts abbiegt. Nach zunächst ebenem Verlauf führt der Weg wieder abwärts. Kurz nach Waldaustritt folgt man nicht (!) dem [Schwarzen K] nach links aufwärts, sondern geht geradeaus [ohne Markierung] weiter abwärts. Von hier sieht man bereits die Häuser von Feldstetten und hat zudem eine schöne Sicht auf die offene Landschaft. Man geht rechts an einer Baumgruppe vorbei bis zu einem Weg und auf diesem nach rechts zur nahen K 7423. Nach deren Überquerung wandert man geradeaus aufwärts und an der folgenden Kreuzung wieder geradeaus. - Hier besteht die Möglichkeit, die Wanderung um etwa 600 m abzukürzen, indem man den Weg nach links beschreitet. - Es geht weiter aufwärts, bis der Asphaltweg in einen ebenfalls asphaltierten Querweg mündet. Hier wandert man nach links. Man bleibt nun auf diesem Weg, der nach einem Links- und einem Rechtsbogen zu den ersten Häusern von Feldstetten auf der Straße Auf dem Berg führt. Nach etwa 150 m biegt man links ab auf einen Fußweg, den Steinweg, der abwärts führt. Unten geht man rechts bis zum Dorfplatz Bei der Hülbe. Man wandert an einer Linde (ND) vorbei und anschließend nach links und zurück zum Ausgangspunkt der Wanderung und zur gemütlichen Einkehr im Hotel Post - Im Hotel Post werden die Besucher mit Charme und Seele empfangen. Diverse Ausflugsziele in der näheren Umgebung machen es zu einem idealen Ausgangspunkt für Wanderungen im Biosphärengebiet. Die komfortablen Gästezimmer und der Wellnessbereich sind Garanten für ein Wohlgefühl im Haus. Im gemütlichen Restaurant wird - vom Chef persönlich - für das leibliche Wohl gesorgt. Neben zahlreichen köstlichen Spezialitäten wie Wild- und Fischgerichten gehören auch vegetarische Speisen und ein reichhaltiges Frühstücksbuffet zum Angebot. Biosphärengastgeber. - ÖZ: Montag bis Freitag 11.30-14 Uhr und 17-21.30 Uhr, samstags durchgehend 11.30-21.30 Uhr und sonntags durchgehend 11.30-21 Uhr.

ORTSREGISTER

A

ALB-GOLD- Kundenzentrum	171
Albstadt	161
Albstadt-Ebingen	94, 153, 158
Albstadt-Laufen	163
Alpenblick (AP)	161
Alter Berg	112
Altes Schloss	94
Altes Schloss Baldenstein	167
Am Eichbühl (AP)	140
Amalienfelsen	130
Anhausen	193
Aspenhof	103
Auental	47

B

Backofenfelsen	80
Bad Imnau	83
Bad Urach	14
Bad Urach-Wittlingen	39
Bahnhöfle	23
Balingen	84
Bärenhöhle	59, 193
Behwinde	212
Berg- und See-Tour	99, 103
Bettelhöhle	204
Beuren	25, 27, 30, 35
Beurener Fels	35
Beuron	92, 127
Binsenlache (ND)	24
Biosphärengebiet Schwäbische Alb	12
Birkenhof	47
Bischofsfelsen	93
Bittelbronn	83
Blaubeuren	204, 208
Blaubeuren-Asch	208
Blautopf	208
Böhringen	18
Bolberg	61
Böttingen	112
Brielhof, Hechingen	76
Brieltal	200
Bröller	142
Bruckberg	166
Brühlhof	192
Brunnental	165
Buchbrunnen	62
Buchhalde	120
Buchstock	194
Burg Derneck	189
Burg Hohenneuffen	36, 37
Burg Hohenzollern	76, 78, 94
Burg Straßberg	94
Burg Wildenstein	93, 126
Burgberg	41
Burgruine Altfridingen	122
Burgruine Kallenberg	113
Bürzel	186, 189

D

Dautmergen	102
Degental	49
Denkingen	108
Dettingen a. d. Erms	42
Dickenloch	120
Dietfurt	128
Donau-Zollernalb-Weg	89, 90
Donaubergland	110
Donauberglandweg	110
Donautal	126
DonauWellen	113
Dreifaltigkeitsberg	108, 112

E

Echazquelle	51
Eckfelsen (AP)	54
Ehem. Truppenübungsplatz Münsingen	14, 20, 180
Ehestetten/Hayingen	189
Ehestetter Tal	189
Ehingen	196
Ehingen-Dächingen	200
Eichfels	93
Eistal	212
Eninger Weide	46
Erholungsgebiet Donau-Heuberg	120
Erkenbrechtsweiler	35
Eyach-Rundweg	82

F

Fehlatal	94, 166
Feldstetten	215
Felsdach Inzigkofen	131

Fichteltal	194
Finstertäle	178
Fischburgtal	41
Flinsenlauh	212
Fohlenweide	160
Föhnerquelle	52
Freilichtmuseum Beuren	17, 25, 30
Freilichtmuseum Neuhausen ob Eck	114
Fridingen a. d. Donau	112, 118, 120
Fridingen-Bergsteig	120
Friedrichshöhle	191
Fürstlicher Park Inzigkofen	128

G

Galgenfels	160
Gammertingen	165
Gansnest (AT)	112
Gebrochen Gutenstein	128
Geowanderweg	88
Gerberhöhle	193
Glashöhle	193
Glastal	191, 193
Glemser Stausee	45
Gomadingen	174, 176
Gomadingen-Dapfen	176, 178
Gomadinger See	177
Gosheim	109
Gossenzugen	191
Gräblesberg	94
Grafental	167, 169
Grasberg	46
Großer Föhrenberg	47
Grüner Fels (AP)	43, 44
Gundelfingen	187
Gundelfingen-Wittstaig	185, 187
Gutenstein	128, 133, 140

H

Haigerloch	82, 94
Hainbuchenhof	178
Hängender Stein	80
Hartbergfels	41
Hartheim	151
Hauff-Denkmal (Schloss Lichtenstein)	51
Haus der Natur	124, 127
Haussener Hof	75
Hayingen	191
Hayingen-Ehestetten	189
Hayingen-Indelhausen	193
Hechingen	65
Hechingen-Boll	80
Hechingen-Stein	71, 74
Heidengraben	35
Heidensteinhöhle	162
Heiligental	187
Heinstetten	152
Heinstetter Weg	151
Hennenstein	167
Henstetten	83
Herbertingen-Hundersingen	146
Heroldstatt-Sontheim	212
Hettingen	166
Heuneburg Keltenstadt Pyrene	146
Hexenlinde	76
Himmelberg	61
Hirschguldenweg	89
HochAlbPfad Tieringer Hörnle	106
Hochbuch	167
Hofgut Hopfenburg	180
Hofgut Übersberg	56
Hohe Warte	42, 43
Hohenneuffen	35
Hohenzollernweg	90, 96
Höhle Steinernes Haus (ND)	23
Hohler Backofen	106
Hohler Stein	215
Höllenlöcher	42
Holzelfingen	54
Hörnle	94
Hossingen	152
Hossinger Leiter	94, 164
Hülenbuch (NSG)	107
Hundersingen	185
Hursch (AT)	18, 20

I

Imenberg	57
Inzigkofen	128
Inzigkofer Grotten	93

J

Jagdschloss Lindich	74

Junginger Wald	80
Jungnau	133

K

Kaiseringen	148
Känzele (AP)	130
Kapelle Maria am Weg	200
Karlshöhle	60
Käthrakuche	200
Katzenbuckel	161
Keltenmuseum Heuneburg	147
Kirchen	202
Klammerfels	204
Klarafels	162
Kleiner Föhrenberg	47
Kleiner Greifenstein (AP)	54
Kletterpark Waldheim	160
Klippeneck	108, 111
Kloster Beuron	113, 118, 126
Kloster Inzigkofen	93, 128
Knopfmacherfels	112, 118
Kohlwinkelfelsen	80
Kolbinger Höhle	112
Kreuzbühl	163
Kübelhansfels	164
KZ-Gedenkstätte Schömberg	103

L

Laibetal	83
Laibfelsen (AP)	118
Laichinger Tiefenhöhle	215
Laiz	133
Lauchert	167
Lauchertsee	168
Laucherttal	168
Lauertal	17
Lauterach	202
Lauterdörfle	194
Lautertal	193, 204
Lautlingen	94
Leibertingen	126
Lemberg	96
Lichtenstein-Honau	51
Liebfrauental	119
Linsenbühl	42, 45
Lochenstein (AP)	52, 96
Lonsinger Tal	49
Lourdesgrotte	118

M

Mädlesfels	56
Mägerkingen	167, 170
Marbach	177
Margrethausen	94
Martinsfels	162
Mattheiser Kapelle	118
Mehlbaum (NSG)	161
Mengen-Ennetach	143
Meßstetten	94, 151
Metzingen-Glems	44
Mühlenfels	160
Mühlheim a. d. Donau	112
Mühlheimer Felsenhöhle	112
Münsingen	14, 180
Münsingen-Bichishausen	185, 187
Münsinger Beutenlay	182
Münsinger Hardt	180

N

Nägelesfels	41
Nattenbuch	215
Naturpark Obere Donau	124
Nebelhöhle	59, 63
Neuhausen	46

O

Oberes Schlichemtal	96, 97
Oberschmeien	133
Obstbaummuseum Glems	17, 46
Olgafels	43
Olgahöhle	53

P

Panorama Therme Beuren	25, 27
Paulsfelsen	126
Petershöhle	126
Pfaffental	174
Pfullingen	56
Planetenweg	94, 176
Plaun	178
Plettenberg	96, 104
Prälatenweg	191

R

Rabenfelsen	140
Ratshausen	104
Riedernberg	61
Rissifelsen	120

Römermuseum Mengen-Ennetach	143
Römerstein	14
Römerstein-Zainingen	18, 20
Römersteinturm	18
Römisches Freilichtmuseum »Villa Rustica«	70, 71, 74, 94
Rossberg	42, 160
Rossfeld	43, 45
Rossfels (AP)	43
Rötelstein (AP)	53
Ruchberg	61
Ruine Alter Lichtenstein	51
Ruine Falkenstein	93
Ruine Greifenstein	54
Ruine Hohengenkingen	64
Ruine Hohengundelfingen	185, 187
Ruine Maria Hilf	120
Ruine Niedergundelfingen	188
Ruine Rusenschloss	208
Ruine Stahleck	54
Ruine Wartstein	193
Rundweg Fischburgtal	39
Rundweg Lauchert- und Fehlatal	165
Rundweg Täbinger Hörnle	99, 101

S

Sägental	151
Saubergh	202
Schaufelsen	93
Schertelshöhle	17, 23
SchieferErlebnis	101
Schlichemtal	106
Schlichemwanderweg	99, 101
Schloss Ehrenfels	191
Schloss Lichtenstein	51, 52, 59
Schloss Mochental	202
Schloss Sigmaringen	93, 134, 138
Schlossfelsenturm	160
Schlupffels	41
Schmeiental	94
Schmeietal	131, 148
Schnecklesfels	162
Schömberg	101, 103
Schömberger Stausee	96, 103
Schopfloch-Lenningen	23
Schopflocher Alb	17
Seeburg	41
Sigmaringen	93, 133
Sitz der Weisheit	83
Sonderbuch	208
Sonnenbühl	58
Sonnenbühl-Erpfingen	58
Sonnenbühl-Genkingen	58, 63
Sonnenbühl-Undingen	58
Sonnenbühl-Willmandingen	58, 61
Sontheimer Höhle	212
Spaichingen	108, 111
Speicherbecken (Pumpenspeicherkraftwerk Glems)	44
St. Johann	45
St. Johann-Gächingen	47, 49
St. Johann-Lonsingen	49
St. Maurus	126
Stahlecker Hof	54, 55
Stauffenberg-Schloss	94
Stauffenburger Hof	70, 75
Steighof	185, 189
Steingen	178
Sternberg	174
Stetten-Frohnstetten	148
Stiegelesfels	118
Storzingen	148
Straßberg	94

T

Täbingen	102
Täbinger Hörnle	103
Teufelsbrücke	130
Teufelsloch (AP)	93, 128
Teufelslochhütte	131
Teufelstor	93
Thiergarten	140
Tiefental	190, 214
Tieringen	106, 152
Tieringer Hörnle	107
Torffelsen	94
Traifelbergfelsen	51
Traufelberg	52
Trauffelsen	80
Traufgang Einzigartige Ochsenbergtour	158, 161
Traufgang Hinauf über die Hossinger Leiter	158, 163

Traufgang		Wehningen	111
Schlossfelsenpfad	157, 158	Weichenwang	152
Traufgänge	157	Westerheim	17
Trillfingen	82	Wiesental	166
Trillfinger Kapf	82	Wiesfels	43
Trochtelfingen	167, 170, 171	Wilhelmsfels	36, 211
		Wimsen	191
U		Wimsener Höhle	191
Uhenfels	40	Winterlingen	94
Unterhausen	57	Wolfsfelsen (ND)	44, 46
Untermarchtal	202	Wollenfels (AP)	56
Unterschmeien	133		
Urselhochberg (NSG)	56	**Z**	
		Zeller Horn	80
W		Zellertal	56
Waldgreut (AT)	20	Ziegelbacher Hof	76
Wallfahrtskirche		Zimmerbachtal	75
Mariazell	70, 80	Zollernalb	90
Wallfahrtskirche Palmbühl	103	Zwiefalten	191

Bildnachweise:

Ustill - Ulrich Tichy, Wikimedia Commons, lizenziert unter CreativeCommons-Lizenz by-sa 3.0/de (S. 17); Karin Kaplan (S. 29); Reiner Enkelmann (S. 30 und S. 34); Hubert Renz (S. 33); Hr. Grohe/Axel Vetter (S. 37); www.uhenfels.de (S. 40); Andreas Tille, Wikimedia Commons, lizenziert unter CreativeCommons-Lizenz by-sa 3.0 (S. 52); Pressestelle, Gemeinde Sonnenbühl (S. 58); Stadt Hechingen (S. 65 und S. 68); ninoco, Zollernalb-Touristinfo (S. 71, S. 91, S. 95 und S. 96); A. Kniesel -donald-, Lauffen, Wikimedia Commons, lizenziert unter CreativeCommons-Lizenz by-sa 3.0 (S. 79); Lukas Riebling - Luke1ace, Wikimedia Commons, lizenziert unter CreativeCommons-Lizenz by-sa 3.0 (S. 80); Rainer Halama, Wikimedia Commons, lizenziert unter CreativeCommons-Lizenz by-sa 3.0 (S. 86, S. 87 und S. 88); Oberes Schlichemtal (S. 105); Hansueli Krapf, Wikimedia Commons, lizenziert unter CreativeCommons-Lizenz by-sa 3.0 (S. 112); Flominator, Wikimedia Commons, lizenziert unter CreativeCommons-Lizenz by-sa 3.0 (S. 114 und S. 116); Piotr Tysarczyk, Wikimedia Commons, lizenziert unter CreativeCommons-Lizenz by-sa 2.5 (S. 122); Geolina163, Wikimedia Commons, lizenziert unter CreativeCommons-Lizenz by-sa 3.0 (S. 125); Geof (S. 130); Andreas Dahms (S. 134); Tourist Info Stadt Sigmaringen (S. 137 und S. 138); Rüdiger Hartmann, Römermuseum Mengen-Ennetach (S. 144); Marion Friemelt, Landesamt für Denkmalpflege im Regierungspräsidium Stuttgart (S. 147); Saeft80 (S. 154); ALB-GOLD, Steffen Schanz (S. 172); Dr. Eugen Lehle, Wikimedia Commons, lizenziert unter CreativeCommons-Lizenz by-sa 3.0 (S. 196); Franzfoto, Wikimedia Commons, lizenziert unter CreativeCommons-Lizenz by-sa 3.0 (S. 209); Jduckeck, Wikimedia Commons, lizenziert unter CreativeCommons-Lizenz by 3.0 (S. 216); R. Bitzer, Wikimedia Commons, lizenziert unter CreativeCommons-Lizenz by-sa 3.0 (S. 228).

URLs:
http://de.wikipedia.org
http://commons.wikimedia.org
http://creativecommons.org/licenses/by/3.0/deed.en
http://creativecommons.org/licenses/by-sa/3.0/de/deed.de
http://creativecommons.org/licenses/by-sa/3.0/deed.de
http://creativecommons.org/licenses/by-sa/3.0/deed.en

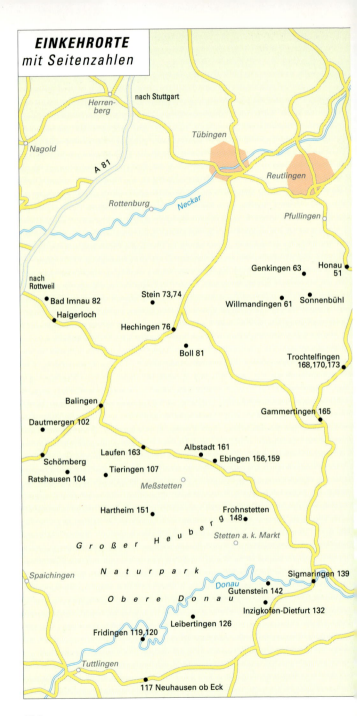

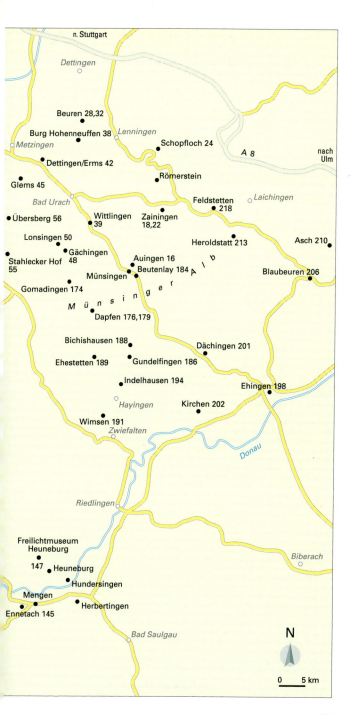

225

Register der Gasthöfe, Restaurants und Hotels

Albstadt - Ochsenhaus	161
Albstadt-Ebingen - Linde	156
Albstadt-Ebingen - Zum Süßen Grund	159
Albstadt-Laufen - Brunnental	163
Asch/Blaubeuren - Lamm und Lammwirt Stadel	210
Auingen/Münsingen - Biosphärenzentrum Schwäbische Alb	16
Bad Imnau/Haigerloch - Eyachperle	82
Bad Urach-Wittlingen - Stefanie	39
Bergsteig/Fridingen - Donautal	120
Beuren - Engelberg im Freilichtmuseum	32
Beuren - Panorama Therme Beuren	28
Bichishausen/Münsingen - Hirsch	188
Blaubeuren - Ochsen	206
Blaubeuren-Asch - Lamm und Lammwirt Stadel	210
Boll/Hechingen - Löwen	81
Dächingen/Ehingen - Köhlers Krone	201
Dapfen/Gomadingen - Hirsch	176
Dapfen/Gomadingen - Lagerhaus an der Lauter	179
Dautmergen - Wiesental	102
Dettingen a. d. Erms - Rößle	42
Dietfurt/Inzigkofen - Mühle	132
Ebingen/Albstadt - Linde	156
Ebingen/Albstadt - Zum Süßen Grund	159
Ehestetten/Hayingen - Rose	189
Ehingen - Adler	198
Ehingen-Dächingen - Köhlers Krone	201
Ennetach/Mengen - Café Domus im Römermuseum	145
Feldstetten - Post	218
Fridingen a. D. - Löwen	119
Fridingen-Bergsteig - Donautal	120
Frohnstetten/Stetten - Rössle	148
Gächingen/St. Johann - Failenschmid	48
Gammertingen - Kreuz	165
Genkingen-Sonnenbühl - Rosengarten	63
Glems/Metzingen - Zum Waldhorn	45
Gomadingen - Zum Lamm	174
Gomadingen-Dapfen - Hirsch	176
Gomadingen-Dapfen - Lagerhaus an der Lauter	179

Gundelfingen/Münsingen - Wittstaig 186
Gutenstein - Donauperle 142
Haigerloch-Bad Imnau - Eyachperle 82
Hartheim/Meßstetten - Lammstuben 151
Hayingen-Ehestetten - Rose 189
Hayingen-Indelhausen - Zum Hirsch 194
Hayingen-Wimsen - Friedrichshöhle 191
Hechingen - Der Brielhof 76
Hechingen-Boll - Löwen 81
Hechingen-Stein - Lamm 74
Hechingen-Stein - Römisches Freilichtmuseum 73
Herbertingen-Hundersingen - Heuneburg. 147
Heroldstatt-Sontheim - Wiesenhof 213
Honau/Lichtenstein - Rössle 51
Hundersingen/Herbertingen - Heuneburg. 147
Indelhausen/Hayingen – Zum Hirsch 194
Inzigkofen-Dietfurt - Mühle 132
Kirchen - Zum Hirsch 202
Laufen/Albstadt - Brunnental 163
Leibertingen - Adler 126
Lenningen-Schopfloch - Der Sommerberg 24
Lichtenstein - Stahlecker Hof 55
Lichtenstein-Honau - Rössle 51
Lonsingen/St. Johann - Bauder 50
Mengen-Ennetach - Café Domus im Römermuseum 145
Meßstetten-Hartheim - Lammstuben 151
Metzingen-Glems - Zum Waldhorn. 45
Münsingen - Hofgut Hopfenburg 184
Münsingen-Auingen - Biosphärenzentrum Schwäbische Alb 16
Münsingen-Bichishausen - Hirsch. 188
Münsingen-Gundelfingen - Wittstaig 186
Neuffen - Burg Hohen Neuffen. 38
Neuhausen ob Eck - Freilichtmuseum Neuhausen ob Eck. 117
Pfullingen - Hofgut Übersberg 56
Ratshausen - Adler. 104
Römerstein-Zainingen - Zum Engel 18
Römerstein-Zainingen - Zum Löwen. 22
Schopfloch/Lenningen - Der Sommerberg 24
Sigmaringen - Schloss Sigmaringen 139
Sonnenbühl-Willmandingen - Sonnenbühl. 61
Sonnenbühl-Genkingen - Rosengarten. 63
Sontheim/Heroldstatt - Wiesenhof 213
Stahleck - Stahlecker Hof 55

St. Johann-Gächingen - Failenschmid	48
St. Johann-Lonsingen - Bauder	50
Stein/Hechingen - Lamm	74
Stein/Hechingen - Römisches Freilichtmuseum	73
Stetten-Frohnstetten - Rössle	148
Tieringen - Berghütte	107
Trochtelfingen - Albquell Bräuhaus	168
Trochtelfingen - Rössle	170
Trochtelfingen - Sonne im ALB-GOLD-Kundenzentrum	173
Übersberg - Hofgut Übersberg	56
Willmandingen/Sonnenbühl - Sonnenbühl	61
Wimsen/Hayingen - Friedrichshöhle	191
Wittlingen/Bad Urach - Stefanie	39
Zainingen/Römerstein - Zum Engel	18
Zainingen/Römerstein - Zum Löwen	22

Albpanorama nahe Reutlingen